青年時代の是清（明治８年）

右より鈴木知雄、是清、箕作佳吉
(明治6年)

右より横田慶太郎、鈴木
知雄、是清(明治11年)

左は妹かね(明治8年)

ロンドン滞在中の是清
(明治19年)

農林学校長時代の是清
(明治22年)

明治22年11月、ペルー銀山へ出発直前の送別会。前から２列目中央が是清

中公文庫

高橋是清自伝（上）

高橋是清
上塚　司編

中央公論新社

上巻　目次

序　11
手記者の言葉　上塚 司　13
〔一〕私の生い立ち時代　15
生れて四日目に襲う波瀾の人生／生みの母とただ一度の対面
運のよい児／寺小姓から洋学修業へ
祖母の愛情――火事に追われる／ボーイに住込む
〔二〕海外流浪時代　36
外国への脱走の企て／いよいよ故国出発――慶応三年の春
旅費を飲む／桑港の少年赤毛布／米人の家庭労働者となる

オークランドに移る／牧夫となる
支那人との喧嘩／売られた身体／噂に聞く明治維新
奴隷より脱離／そのころのハワイ移民

〔三〕帰朝と青年教師時代　76

帰国の船中／帰り来れば天涯の孤客
森有礼氏の書生から大学南校の教師へ／閑居の藩公
ダラース、リング事件の当時／その頃の森有礼

〔四〕放蕩時代　100

その機縁と「二百五十両」／茶屋遊び／フルベッキ先生の一語
つのる放蕩／箱屋の手伝い／落ち行く先
花魁の強意見／英語の先生／酒量日に三升
漢文学の独学／酒盃で喀血／唐津の騒動

〔五〕大蔵省出仕―失職―文部省―校長―浪人　133
大蔵省十等出仕／「免職辞令」の受書を拒絶
一生徒に還る――『膝栗毛』の英訳／末松謙澄君のこと――箕作校長に膝詰
外国新聞の種を売り歩く／文部省に入る／福地桜痴と末松謙澄
私の結婚／妹の死――臨終に侍する心得／モーレー博士と開成学校の改革
西郷従道氏の宴と夫人連の通訳係り／勝海舟先生に驚く――小間使は令嬢
孤高の友と校長辞職の事情／悲痛なフルベッキ先生の晩年
吉原通いの校長追出し／馬場辰猪君と貿易論を闘わす
〔六〕養牧業―翻訳稼ぎ―相場　177
乳牛事業の誘惑／「珍談」山の風呂／「女蚊やり」の悪戯
車夫との奇縁／忙しい翻訳業／共立学校再興
相場に手を出す／仲買店の開業／相場師の内幕
〔七〕再び官途へ―専売特許所長　202

放埒の経歴が祟る――文部省から農商務省へ／御用掛から雇員に下る
商標と暖簾――商標登録所長／専売特許所長
馬をやめてシカを置く――精神家前田氏／挫折した興業意見書
大蔵省と衝突――興業銀行条例／大臣と次官――西郷侯と品川子

〔八〕欧米視察の旅――米・英・仏・独　227

串田万蔵と吉田鉄太郎／盛んな送別宴／便所の洗面――食堂の失敗
思い出の樫の木――月下の感慨／シカゴからニューヨーク／洋服の新調
タイプライターに驚く／ダンスを学ぶ／サアプライズ・パアティ
記念の命名――コレキヨ・タカハシ／名優の腹芸／倫敦赤毛布
梅ケ枝の手水鉢／パリーの原敬／奇傑河島醇
料理の腕前／ベルリンにて／ビスマーク哲学の講義
発明と裁判／無言の食卓／老農ガイエンの人生観
帰船矢のごとし／特許法規完成／黒田伯の酒癖／特許局独立

〔九〕旋風時代の国情　298
鹿鳴館時代の人々／ボアソナードの条約改正意見
箱根の雑煮／井上侯を説く／名物賄征伐
〔一〇〕ペルー銀山の失敗とその後の落魄時代　319
おもい起すペルー銀山事件／純銀に近いカラワクラ銀鉱
官を辞し、いよいよペルー行き決行／「述懐」の手記／三たび桑港へ
子供のしつけ方／船中四十六日／リマ府にて
農場と鉱山――朝風呂のたたり／談判まとまる／船中の活劇――髪への悪戯
俸給問題で田島技師の不満／坑夫の喧嘩――誓約書を返す
古墳を掘る――インカ帝国の興亡／アンデス登山――何という寒さ
登山中の奇禍――落馬、谷底へ／鉱山開坑式――神酒を酌交す
馬もろとも泥沼に沈む／万事休す！　良鉱、実は廃鉱／十二万円水泡に帰す
ヘーレン怒る／保証状の看破――ヘーレン泣く／引揚げに際し善後策に悩む
旧契約破棄のひと安心／さらばさらばアンデスの山よ

出資は丸損で、ついに手を引く／田島技師懲役――小池の裁判ざた
内地の天沼鉱山でも失敗／裏店ずまい――一家涙をのむ

下巻　略目次

〔一一〕実業界への転身とその修業時代
〔一二〕日清戦争の頃――日銀馬関支店長時代
〔一三〕正金銀行支配人時代
〔一四〕正金副頭取から日銀副総裁へ
〔一五〕日露戦争の勃発
〔一六〕外債募集に使して
〔一七〕第五回外債成立までの経路と対英米独仏財界の回顧
附録　高橋翁の実家および養家の略記
解説――明治日本のセルフメイド・マン　井上寿一

高橋是清自伝（上）

序

私は最初自分の伝記を公刊するの考えは少しもなかった。ただ子孫に残すために、その概略を綴っておきたいと、数年前から暇を見ては、日記、手帳、往復文書など諸般の資料を整理して来た。

何しろ、維新前に遡《さかのぼ》ってからの諸資料であるから、誠に多種多様でかつ広汎《こうはん》なものである。それを順々に整理して、資料になりそうなものはすべて上塚《うえつか》君に渡しておいた、すると上塚君はそれを分類し、各資料について私に話を聞きに来る。それに対して私は記憶を呼び起して口述する、上塚君はそれを筆記し、清書して持って来る。それをまた私が補正するというようなわけで、最初の間は別段順序もつけず、ある事柄を中心として話をして、それが纏まると、記述中の事実に相違なきや否やを確かめおく程度に止《とど》めておいた。そうしてかくのごときことが数年間続いた。

その後、東京大阪朝日新聞社より一代記の発表方の交渉を受け、それより順序をつけて口述することにした。

それを上塚君が手記して、さらに原稿紙に書き直して持って来る。目が悪いから、自ら一々見て加除訂正を加えるわけには行かないから、それを上塚君に読上げさして事実に間違いなきや否やを確かめた。そうして出来上ったのが一代記である。今回、さらに自伝として、一冊に纏めて版にするに際し、補正、校訂と編輯の一切を上塚君に任した次第である。本書の補遺はあらためて上塚君の手によってなされることと思う。

昭和十一年一月

高橋　是清

手記者の言葉

翁の側近に在ること二十余年。しかして私が翁に仕えたのは、翁が最も円熟の域に達せられ、しかも非常なる難関に遭遇し、身を挺して邦家の大事に奮闘せられつつある時代からであった。従って、私は事々物々に、翁の純忠至誠の発露を見て、訓《おし》えられるところ甚だ大なるものがあった。

その後私は、翁が朝《ちょう》に在る時も、野《や》に在る時も、翁の膝下《しっか》に参じては、その謦咳《けいがい》に接している。常に私にとっては翁の傍《かたわら》に在ること自体が、大なる感激であり、修養である。

翁の行蔵《こうぞう》には神韻縹渺《ひょうびょう》の趣がある。翁の言葉には無限の含蓄を包蔵する。私は翁に参じ、翁の訓《おしえ》を受けるごとにその一句をも聞き漏らすまじと、いつの間にか筆を走らせて記録に留めるようになった。かくて、あるいは表町《おもてちょう》の翁の居間において、あるいは応接間において、あるいは庭前の芝生にて、時には大臣室にて、あるいは自動車の中において、あるいはまた湘南葉山の別邸において、翁の口より漏れ出ずる言葉は、私のノートのページを、後から後からと埋めて行った。

その中に、私は翁の一生の思い出を書き綴っておきたいと願って、その許しを得た。春の朝《あした》、冬の夕《ゆうべ》、書き続けた私のノートはすでに三十余巻の多きに達している。私は尊《とうと》むべき翁の言葉をありのままに残さんと欲して、細心の留意をなした。ただ恐れる所は、私ごとき未熟の筆と心境とをもってして、果してよく翁の真髄を伝え得るや否やであった。従って、この物語の中には、手記者自身の私見や第三者の意見は少しも含まれていない。しかして書き取られたる物語は、一節を終るごとに清書して翁の検閲を請うた。翁は親しく筆を執ってこれを補正せられた。しかして、この補正は一回、二回に止まらず、三回、四回、中には五回に及ぶものすらある。

本書は、波瀾重畳《ちょうじょう》、数奇《さっき》極まる七十有余年の思い出を、数年の長きにわたり翁自ら口述せられたる、偽らざる告白である。翁に関するいかなる記述も、これ以上に正確を帰する能わざるべく、また翁自身の物語の世に公《おおやけ》にせらるる、これが唯一《ゆいいつ》無二のものであろうことを確信する。

本書は、先に東京大阪両朝日新聞社より発表されたものを、今回さらに全内容を整備し、訂正して、これを全一冊に収め、高橋是清翁自伝《たかはしこれきよおうじでん》として刊行するに当り、翁の与えられた深甚なる御好意に、更《あらた》めて感謝の心を捧ぐるものである。

昭和十一年一月三十日

上塚司記

〔一〕私の生い立ち時代

生れて四日目に襲う波瀾の人生（里子から養子に）

私は、生れて（安政元年）から三、四日もたたぬうちに、仙台藩の高橋家に里子にやられた。二年ばかりたつと三田《みた》聖坂《ひじりざか》の菓子屋で相当な店であったのが、私を養子に欲しいとて、生家川村へ相談に来た。川村でもそれとなく貰《もら》い手を探しておった時なので、話はスラスラと運んで、いよいよ縁切りでやることになった。それで川村から高橋の所へ、里子たる私を取戻しに往《い》った。すると、高橋の祖母は、「二年も育てて来たこの可愛い子を、士《さむらい》ならとにかく、町人へやるのは可哀そうだ。足軽《あしがる》でもまだ自分の家へ貰っておいた方がよい」といって、留守居役《るすいやく》の大浪太兵衛《おおなみたへえ》という人の所へ行って相談した。この家は、祖母が始終出入りした所で、私などもたびたび連れて行かれ、その妻女や家人などは、非常に私を可愛がってくれておった。そこで大浪のいうのには「そりゃお前の考えがよい。すぐ貰いなさい、そうして、お上《かみ》へは実子として届けなさい」と親切にいってくれた。よって高橋家ではすぐに貰うことにきまり、改めて川村の家に相談した。川村家では、元より異議のあろう筈はなく、即座に菓子屋を断って、縁切りということで、高橋家へ遣《や》ることになった。かくて私は今日のごとく、高橋覚治《かくじ》の実子として、高橋姓を名乗るに至ったのである。

そこで思う。人間の運命というものは実に妙なものだ、もしこの場合、私が菓子屋の養子となっていたら、あるいは一生菓子屋で終ったかも知れぬ。少くとも今とは全然異なった立場にあったに相違ない。人の一生は実に間髪の間に決るものだ。

そういう風で、私は高橋家に入ったが、同家は足軽格でも、苗字帯刀は許されておったので私の生家川村家とは、始終往来した。私も祖母につれられて、しばしば川村の家を訪ね、実父庄右衛門守房《もりふさ》にも会ったものだ。

五つか六つのころになって私は高橋の生れでなく、川村の生れだということを、祖母に聞かされた。が、川村の方からは、私に対して、少しも実父としての言葉や態度を取らなかった。私もこれが実父とは考えながらも、決してそんな身振りをせず、川村へ行く時も、ただ立派な家へ行くというような心持でいたばかりだ。

アメリカから帰って文部省に勤めるようになってから、川村家とは頻繁に往来した。実父庄右衛門も、折にふれ、飄然《ひょうぜん》としてやって来ては、私を相手に酒を酌《く》むことを楽しみにしておった。こんな場合でも、川村は私にサン附けをして呼んで、少しも自分の子だという態度はあらわさなかった。

維新後、川村が非常に困って深川閻魔堂《えんまどう》橋側に団子店《だんごみせ》を出した、私はその当時、一月に一度ぐらいは必ず露月町《ろげつちょう》の川村の家を訪問していたが、ある時訪ねると、多分団子屋の店を出すにつけ金が要《い》ったのであろう、川村の義母から、「実は、お前にこんなこと話せた義理ではないが、家もこんな時世となって大変に困っているところへ、今度よんどころないことで急にお金が入用《いりよう》になった。お前には誠に頼み兼ねるが、二十五金《きん》ばかり手伝ってくれないか。」という話が出た。今でも覚えているが、私は義母からこの言葉を聞いた時ぐらい嬉しく感じたことはなかった。もちろん、私は当時すでに大学南校《なんこう》の教員をしておったので、直ちに才覚して、有難く持って行った。

今、高橋家に、父守房の筆になる鍾馗《しょうき》及び飛鳥山《あすかやま》春景《しゅんけい》の絵がある。鍾馗の絵は朱筆で、なかなか豪快な格好をしている。これは、私が五歳の祝いとして、父より贈られたものである。また飛鳥山の絵は、明治八年ごろだったと思う。私が、何か一つ記念のために書いておいて下さいと頼むと、父は維新以来絶えて絵筆をとらなかったのだが、先年たまたま飛鳥山に遊んだ時その風景を写しておいたから、それを書いて贈ろうと答えた。そして明治十年になって、前約を履《ふ》んで持参してくれたものである。これには、探昇翁《たんしょうおう》の落款《らっかん》がある。この時父が説明していうのには、男も七十になったら翁《おう》といっても差支えないから、今年始めてその年に達したので、翁と書いたと笑ったものだ。

それから、明治十年三月（二十四歳）に、長男の是賢《これかた》が生れたので、五月の初節句に、座敷で飾る五月幟《ごがつのぼり》を書いて送って来た。それは、絹地に鍾馗を画き、その上方に、高橋家の家紋笠《かさ》の図が書いてある。これは随分古くなったが、今もなお高橋子爵家に保存されている。

実父庄右衛門守房は、翌十一年に病いを得て、大変重体に陥った。それで、私は当時横浜に開業しておったセメンズという外国医に頼んで診断を乞うた。いろいろと手を尽したが、同年の七月二十八日にとうとう亡くなってしまった。（実父母および養父母については上塚司記の本書附録参照）

生みの母とただ一度の対面（三歳の頃）

私と生母との縁は、誠に薄かった。私は生れるとすぐ里子にやられたので、世の常の人のように、生母の乳を呑み、その慈愛の下に育つことは出来なかった。祖母に聞《いだ》いた話であるが、たしか私がまだ三歳の時養父母たる高橋覚治と妻文《ふみ》の二人は私を抱き上げて、打揃うて、赤坂の氷川《ひかわ》神社に参詣した。するとたまたま境内で私の生母きんに邂逅《かいこう》した。きんとふみとは、互いに見知り合いの仲であったから、早速挨拶を取交《とりか》わした。その時生母は十八歳、丈高からず、いずれかといえば少しく肥った方で、円顔、眉目清秀で髪は髷《まげ》に結い一見二十四、五にも見えたそうである。養父母らはあらわに告げはしなかったが生母は心中さてはこれが我が児であったかと、私を見つめて、懐しさと嬉しさに心取られ、恍《こう》として側を離れ得なかったそうだ。養父母の方では、そうした生母の姿がいかにも恩愛に溢れ、親子の情切なるものがあったので、生母の意中を察して、涙ながらに別れを惜しんで袂《たもと》を分った。これが私が生母に対面したそもそもの始めで、また最終であった。これが安政三年の出来事である。

世間の有様は、このころからして、ようやく騒がしくなって来た。嘉永六年六月には、アメリカの黒船が浦賀に渡来し、国内は鼎《かなえ》の沸《わ》くがごとく動揺し始めた。京洛《きょうらく》には志士横行し、尊王攘夷の叫びは、隠然として六十余州の到るところから巻き起った。ついに万延元年三月三日、桜田門の変となり、世の中の不安は、一層に濃くなって血なまぐさき風は到るところに吹き荒《すさ》み、仕事はなくなり、商売は不景気となるばかりであった。

その内に、私もだんだんと成長して、後段述べるように、大崎猿町《おおざきさるまち》の寿昌寺という仙台藩の菩提所《ぼだいしょ》に奉公することとなった。そのころのことである、養祖母は、私の生母が浜松町の塩肴屋《しおざかなや》に嫁いで女の子を生んだことを聞き知り、それに世の中がこう騒がしくなっては、お互いにいついかなる事変に遭わんとも限らないので今のうちに兄妹対面して、見知りおくがよかろうと、一日寿昌寺に来て私にその話をした。

ところがその塩肴屋がどこにあるか、私も祖母も知らない。たまたま私が塩肴屋の菩提所は、高輪《たかなわ》の妙源寺であることを聞き知っておったので、菩提所に行けば、塩肴屋の在所《ありか》も分るであろうと、祖母と二人で妙源寺に行き、坊さんに会って、その在所を尋ねた。

しかるに、図《はか》らざりき、今喜び勇んで会わんことをのみ願っていた生母はすでにこの世を去って二年、呼べど叫べど応《こた》えなき身となり、終りおらんとは。坊さんに案内せられて、泣く泣く一遍の回向《えこう》をなし、いま、寺の坊さんから聞いた浜松町の塩肴屋に尋ねて行った。

肴屋の主人は幸治郎《こうじろう》といったが、ちょうど祖母と私とが、訪ねて行った時には、後妻おすずが亡妻の遺《わす》れ形身《がたみ》おかね（私の義妹）を抱いて乳を哺《ふく》ませている所であった。

肴屋幸治郎は先妻きん女が亡くなると、まもなく後妻おすずを迎え、先妻の名を継がしめておきんと呼んでいた。この後妻も心だてのよい女で、その翌年かに直次郎という男の子を挙げたが、その時、先妻の遺児おかねは、まだ二歳であったので、後妻おきんは先妻への義理を立てて、幸治郎にも納得させ、己《おの》が実子直次郎は他に里子にやり、先妻の子おかねを自分の乳で育てて居った。

祖母と私が訪ねて行くと、おきんは右の事情を語り出した。私もこれを聞いて、非常に感動した。しかし、祖母は何を考えてかそこにいる私が、先妻きんの子でおかねの兄であることはおくびにも出さなかった。

その後数年、慶応三年私が十四歳の時、仙台藩からアメリカへ留学する時、祖母は再び私を連れて塩肴屋を訪ね、今度ははじめて、私の素性を語って、これから遠い異国に留学することを話した。後妻おきんはおかねの義兄にこんな立派な人があったかと非常に喜んで挨拶してくれた。

この日、祖母の勧めでおきんはおかねを抱いて、我々と四人芝《しば》妙源寺に行って私の生母瑞香信女《ずいこうしんにょ》の墓を弔《とむら》った。その時、祖母は私に生母の法名を書き取らせ、それを観世音菩薩の守札と併《あわ》せて、私の守札に入れ、亡き生母が観世音菩薩と共に、私の身を守るようにと、祈願してくれたものである。

運のよい児

世の人は私を楽観論者だといい、自分自身でも過去を考えて見ると、何だかそうらしく思う。しかし、そうなった原因はどこにあるだろうかと、静かに思い廻らすと、私がまだ三ツか四ツの幼い時であった。そのころ仙台中屋敷の北東の通用門の側に、稲荷《いなり》の祠《やしろ》があって、そこにはいつも長屋中の子供が大勢遊んでいた。自分の長屋からもすぐ近くであったので、私も始終そこへ遊びに行っておった。ある日、いつもの通り遊びに行った。いずれ子守か近所の娘にでも連れて行ってもらっておったと見える。ところが、そこへ俄かに藩主の奥方が参詣せらるるという知らせがあって、一同のものは皆その祠から人払いになった。しかるに、どういうものであったか、私が一人、稲荷の神殿の背《うし》ろにおったと見え、そこへ奥方はお供を連れて参詣された。その時、奥方に附いて来た女中が、後年私が漢学を学んだ鈴木諦之助《ていのすけ》君の妻女で、もと御殿に奉公し、奥方の大変なお気に入りで、後、諦之助君に嫁したのであった。

さて奥方が拝殿に上って、神前に礼拝《らいはい》をされると、私が神殿の背ろからノコノコと這《は》い出して奥方の前に進み、その綺麗な着物を取って、

「おばさん、いいべべだ」

といったそうだ。奥方も周囲の者もこれには驚いた。どうなることかと見ていると、奥方は、

「どこの子だか、可愛い子だネ」

と頭をなでながら、おっしゃった。すると妻女が、

「これは高橋という者の子供です」

という内に、私はのそのそと奥方の膝の上にはい上ってしまったそうだ。

このことを聞いて、親父など恐縮してしまい、何かおとがめでもないかと、ビクビクしていると、その夜になって、鈴木の妻女から奥方が明日あの子を連れて来いとの仰せである旨を報じて来た。

奥方は芝新銭座《しんせんざ》という所に上屋敷《かみやしき》があって、そこに住まわれていたから、そこへ上らねばならぬが、何しろ貧乏であるから、上るのにも衣服がない。それで、俄かに川村の家へ

駈けつけて衣物《きもの》を借りる。手元の品を質に入れて、その夜のうちに襦袢《じゅばん》を造るというような風で、やっとのことに仕度を調《ととの》えて、翌日参殿した。すると奥方は大変に喜ばれて、お叱りどころか、いろいろな品を頂戴して帰って来た。それで、同輩の人々からは「高橋の子は幸福者《しあわせもの》よ」と大変に羨ましがられた。それもそうであったろう、足軽の子供が殿様の奥方に呼ばれるなんてことは、まことに例のないことであったから。そうして、「幸福者だ、幸福者だ」ということが評判になってそれが子供心の自分の耳にも這入《はい》った。そうして自分は幸福者だという信念が、その時分から胸中ふかく印せられておった。

また五歳の時に、御三家の一家《け》が上洛せらるるというので、市中の者は皆お通り筋に出て見物しておった。私も芝の露月町《ろげつちょう》に出て待っていたがいざお通りという間際に、かねて私を大変に可愛がってくれたおばさんが、通りの向う側から「おいで、おいで」と手まねきしたので、私は思わず飛出した。一生懸命に走って行ったが、どうしたハズミかけつまずいて転んだ。そこへ前駆の騎馬士が二人、疾風《しっぷう》のごとく馬を飛ばして来たが、ハッと思う間もなく、私はその馬蹄《ばてい》に踏まれてしまった。皆が驚いて、急いで抱き上げて見ると、どうもなっていない、改めて見たが、僅かに羽織の紋の上に、馬の草鞋《わらじ》の型があるばかりで、まことに運よくも危難を免れた。

後で、仙台藩の馬の指南役岩淵英記《いわぶちえいき》という人がそれを聞いて、さすがは御三家の馬乗りだ。あんな場合に、馬上の人が、少しでも自分から驚いて狼狽《あわ》てて手綱を引いたりしたならば必ず踏まれて死ぬところであった。御三家の騎馬士はえらいものだといたく褒めておったということである。

この時も、高橋の子は運のいい子だ、幸福な子だと、皆が評判して、それがやはり子供心の私の耳に入った。そういうわけで私は子供の時から、自分は幸福者だ、運のいい者だということを深く思い込んでおった。それでどんな失敗をしても、窮地に陥っても、自分にはいつかよい運が転換してくるものだと、一心になって努力した。今になって思えば、それが私を生来の楽天家たらしめたる原因じゃないかと思う。

寺小姓から洋学修業へ（十二歳の頃）

私は右の事情で、もっぱら芝愛宕下《あたごした》の仙台屋敷で、祖母の撫育の下に成長した。この仙台屋敷の中には、留守居役《るすいやく》の住居《すまい》が三軒、物書役《ものかきやく》の住居が同じく三軒、それに六十余軒の足軽小者《あしがるこもの》らの住宅があった。留守居役は時々かわることになっていたがいずれも仙台から妻子を連れて来ておった。私の祖母はいつでも、これら留守居役が江戸へ上って来た時には、その奥さんたちの面倒を見ておった。そうしてお客などがあれば、女中の指図をしたり、饗応《もてなし》の用意をしたり、いろいろと世話をやいていたので、留守居役とはみな懇意で、重宝がられていた。もとより私の家は足軽であったからその留守居役の配下に属していたわけであるが、足軽の中では私の祖母が一番重宝がられて、再々出入りをしていた。

文久元年のころであったと思う。この留守居役として、大童信太夫《おおわらしんだゆう》という人がやって来た。まだ英気溌剌《はつらつ》たる若侍で、私の子供心に聞いたことだが、今度の留守居役は大変に若くて、やり手だといわれたくらいで、まあ見込まれて来たのである。従ってこの人は、世の中の変遷にも一番早く気がついて夙《はや》くから、外国の事情を極めておかねばならぬという考えを持った目覚めたる一人であった。それで、洋学でもやろうという同藩の若武士《わかざむらい》たちにはことに目を掛けてくれた。

その中に、大童さんの母堂が亡くなって、大崎猿町の寿昌寺（伊達《だて》政宗公の正堂《せいどう》田村氏――松島瑞巌寺《ずいがんじ》の雲居和尚《うんごおしょう》によって得度《とくど》落飾し戒名を陽徳院殿栄庵寿昌大姉《ようとくいんでんえいあんじゅしょうだいし》と云う――の発願《ほつがん》開基せられたもの）という仙台藩の菩提所に葬られた。親孝行な人であったので、毎月命日には、必ず墓参をして、それが済んだ後はお寺に上って和尚さんと物語りをしたり、碁《ご》を囲んだりするのが常であった。私の祖母も、終始お寺詣りをしておった。

ある時その寺の和尚さんが、私の祖母に、給仕をしたりする子供が一人欲しい、誰か藩中で心当りの者があったら世話して貰いたいということであった。当時のお寺は一種の登竜門で、士分の子弟をお小姓《こしょう》におき、成人すると、御家人《ごけにん》の株を買っては立派な侍にしてやるということが流行《はや》った。現に私の祖母の義弟も芝増上寺《ぞうじょうじ》に奉公しているうち、御家人与力《よりき》の株を買ってもらい、小身ではあるが、斎藤といって旗本の末席に坐るようになったので、非常に出世したと、人々に羨ましがられておった。それで祖母は、私に対しても足軽では出世が出来ぬ。お前は足軽にはなさぬと、始終いっていたくらいである。そういう風であったから、今和尚さんからお小姓の話が出ると、ちょうどその時一緒に行っていた私を顧りみて、この子ではどうですかと頼み込んだ。

和尚さんは、即座に承知してくれたので、私は間もなくこの寺に奉公することになった。大童さんは、毎月命日には必ずお寺へやって来たが、参拝が終ると、その後は、和尚さんと食事を共にしたり、碁を囲んだりして、夕方まで遊んで行くことが常であった。その時、私はいつも側にあって給仕をしておったので、大童さんは、私に話しかけたり、または和尚さんから、私の平生《へいぜい》の様子など訊《き》いたりしておった。自然私もだんだん馴染《なじ》みとなった。

前にもいったように、大童さんは、時勢に目覚めた人で、すべて旧来の法式ではいかぬといっていろいろの方面に改革を行なった。始めて西洋の兵式教練を、足軽どもに授けたのもこの人である。当時の先覚福沢諭吉先生とも、親しく往来して先生に願っては外国新聞など翻訳してもらい、それによって外国の事情など究めていた。時々福沢先生が大童さんを訪ねて来られたということも聞いていた。また福沢さんが始めて洋行せらるる時、大童さんは洋銃を購入して貰うために三千両を福沢さんに託したが、福沢さんはその金をもって洋書を買入れて仙台藩に送って寄越されたということであった。

そういう風で、大童さんはだんだんと外国の事情を研究しているうちに、これはどうしても英仏の学問をする者を横浜に出さねばならぬと考えるようになった。さていよいよとなって誰をやるか、この人選にはなかなか骨が折れる。当時江戸住いの藩士はみな交替勤番で、独身者が多い。そうして、妻子のあるのは、中屋敷にある六十軒ばかりの足軽小者よりほかはなかった。それで、大童さんは、この足軽小者の子供の中から選定しようと考えた。一人は私と極《き》めてしまったが、後の一人がなかなかに極《きま》らない。ところが足軽の組頭や何かの推薦で、あれならよかろうという一人の少年が出て来た。それは当時鈴木六之助といった人で、後に日本銀行の出納《すいとう》局長までなった鈴木知雄《ともお》君であった。

しかるに、大童さんは六之助を知らない。それでしばらく自分の家へ引取って、一通り人物を見極めてから、決定しようといって、鈴木を自分の家の玄関番に入れて試みた。その結果、これならばよかろうということになって、ここに改めて、私と鈴木とが、横浜へ洋学修業に出された。これが元治元年のことで、鈴木も私も同年の十二歳の時であった。

祖母の愛情——火事に追われる

元治元年といえは、例の桜田事変の直後で、幕府は名のみ存すれどもその威信は地に墜《お》ちて、尊王攘夷の叫びが四方に高調せられ、坂下門の変、生麦《なまむぎ》の変等相次いで起り、下関では攘夷論の急先鋒であった長州が、アメリカ商船を始めフランス、オランダの軍艦を砲撃し戦端を開き、鹿児島には英艦が襲来してここでも戦いが開かれた。

長州藩が外艦を砲撃した報が京都に聞えると、朝廷は勅使を遣わしてこれを賞せられ、やがて真木和泉《まきいずみ》の建議に基づいて攘夷親征の詔《みことのり》が下った。御製、

戈《ほこ》とりて守れもののふ九重《ここのへ》の御階《みはし》の桜風そよぐなり

はこの時に下されたものである。

かような有様で、攘夷論者が非常に力を得て、外国人のいるところと見れば、どこでも切込んで行くというなかなか騒がしい時代であった。

そこで、私と鈴木とがいよいよ横浜に英学の修業に行くこととなったにつけ、第一番に心配し始めたのは私の祖母である。横浜という所は、なかなか物騒な所だから、子供をやる前に一度どんな所か、自分で行ってよく見て来よう、と大童さんにも相談をして、わざわざ横浜まで状況視察に出掛けて行った。

それから帰って来て、どうも横浜という所は、出るにも這入《はい》るにも橋がたった吉田橋一つしかない。浪人者がやって来て、この吉田橋を壊したら、出ることも入ることも出来ない。自分の可愛い孫を、そんな所へ一人手放すことは出来ないから、自分も一緒に行って、飯の世話から、衣服の世話まで一切してやりたいといって、大童さんに話した。

大童さんも、それは大変によい、まだ十二歳ぐらいの子供であるから、誰か世話をやい

てくれるものがなくてはならぬが、お前が行ってくれるなら誠に好都合だといって賛成された。

ちょうどそのころ横浜の太田町《おおたまち》に、支那語の通訳をしておった太田源三郎《げんざぶろう》という人があった。その人の役宅の庭の一部が空《あ》いていたので、それを仙台藩から借受けて急に十畳敷ばかりの小さな家を建てて台所なども拵えて、そこへ我々が行って住うことになった。

その時の一行は、祖母と、鈴木と私の三人に、も一人、以前からフランス学をやっておった同藩の木村大三郎という人で、この人は後に木村信卿《しんけい》といって陸軍少佐まで進んだが、我々の監督役という格で、一緒に同居することとなった。もちろん、煮炊きその他家事一切のことは、祖母に世話をして貰った。

横浜に出てから最初の間私と鈴木とは「ドクトル・ヘボン」の夫人について英語の稽古をしておった。たまたまヘボン夫妻が帰国するようになったので、同夫妻は我らを当時横浜在住の「バラー」という宣教師の夫人に託して行った。それで我々両人は、毎日朝早くからバラー夫人の宅へ出掛けては稽古をした。

慶応二年の冬いつもの通り、バラー夫人の許《もと》に稽古に行っていると、吉原から火が出た。自分たちの家は太田町だから帰ろうと思うけれども、バラー夫人は今は授業中だからといってどうしても許さない。その内にバラー邸の隣に英国領事館の新築が出来かかっておったが、その軒先に火がついたのでバラー夫人も驚いて、私らの帰ることを許した。

その朝、祖母は月の手当を受取りに江戸へ行って留守であった。私と鈴木とが帰って見ると火の手はもうすぐ間近にある。何はともあれ夜具だけは出さねばならぬと、両人は持って帰った教科書を夜具に包んで、それを屋外に引出した。そうして一生懸命に火の手を避けているうちに、私と鈴木とは分れ分れになってしまった。私は幸い近所の知っている人に出会ったのでどこへ行ったらよかろうかと聞いて見ると、吉原の河向うに埋立地がある、あすこがよかろうと夜具を担いで、そこへ連れて行かれた。行って見ると、吉原の衣《え》紋坂《もんざか》の通りはどんどん焼けている。仕方がないから私は夜具を地面に敷いて、その上に坐って見ておった。その時に目について今もなお頭の底に残っているのは、船におった外国の水兵が上って来て、吉原と埋立地との水面を横ぎって綱を引張り、吉原の通りに逃げまどっている老若男女《ろうにゃくなんにょ》を救ってやったことである。

一方鈴木の方はどうなったかというに、夜具を担いで行く鈴木の姿を見てイギリスの兵隊が気の毒がり、それを担いで英国兵営のある浅間山《せんげんやま》の方へ連れて行ってくれた。その時鈴木が、お礼の印《しるし》に幾干《いくら》かの銭を包んで差出したら、それは受けないで、浅間山下の酒屋へ行って、そこで桝《ます》で酒を飲んで喜んで帰って行ったそうである。鈴木はしばらくそこでジッと見ておったが、私のことが心配になるので、私を探して、弁天池《べんてんいけ》の近所までやって来た。すると、ちょうどそこで、今朝江戸に発《た》った祖母が、神奈川台まで行った所で、横浜の火事と聞いて引返してくるのに出会《でくわ》した。二人は私の身を案じて、探し廻って埋立地までやって来ると、私が夜具の上で寝ていたというワケだ。三人は大いに喜んだ、それに腹も減っているので、祖母に連れられて、煮出し屋へ行き食物など与えられた。

その時の火事で、吉原はもちろん、太田町、弁天通を始め、内国人の店舗や住宅は、ほとんど焼き尽し、なお余勢は外国人居留地に進んでその一部を焼き払った。

かくて我々は、家も何もすっかり灰になってしまったので、一旦江戸の藩邸に引揚げることとなり、夜具は知人に頼み、教科書だけを持って、最初の日は神奈川台に一泊し、翌日江戸に入った。

我々が藩邸に帰って見ると、内部の事情が以前とは全然変っている。第一に目についたのは藩邸の模様である。元来藩邸は二町四方もあるなかなか広い所で、日蔭町《ひかげちょう》通りが馬場になっていて、あとの三方は足軽長屋が列《なら》んでおり、真中の所はまるで空地になっていた。ところが、いつの間にかその広い空地を畑にしてそれぞれ区劃をつけ、それを足軽どもに授けて、出来るものは皆自分で作れといって、そこに茄子《なす》や胡瓜《きゅうり》その他の蔬菜《そさい》を作らしてあった。

このほかに変ったことは、新式歩兵の調練が始まって、子供たちは太鼓をたたいて教練をしたり、それから撃剣や柔道の稽古が盛んになっておった、また一方には、漢学の学校順道館《じゅんどうかん》が出来て、玉虫佐太夫《たまむしさだゆう》氏が教頭となり、青年子弟を教養しておった。これらの事柄は、我々がしばらく留守していた間に、変った著《いちじる》しき事柄である。

ボーイに住込む

一方大火後、横浜の状況はどうなったかといえば、当時いわゆる浪人者が居留地に切込んで来るというような評判がもっぱらで、大火事も浪人者が放火したのだと噂《うわさ》せられたくらいであったから、幕府は大火以来、横浜と神奈川との間の渡船及び吉田町の関門に警護を増し、横浜へ入り込む人々を厳重に監視することとなった。もっとも従来でも帯刀のまま関内に入ろうとするには、藩の印鑑をもたなければ許されなかったが、大火以来はそれが一層に厳しくなった。そういうわけで、我々もまだ横浜へ帰らずにいた。

そこへ太田栄次郎という訳読の先生がやって来て、

「折角英語を習い始めて、今が一番大事な時だ。永く江戸にいては、ようやく覚えた英語も忘れてしまう。やはり横浜へ出て修業したがよかろう。それについても今までの住居はみんな焼けてしまったから、一層のこと奮発して一つ異人館のボーイにでも住込んではどうか」

と注意してくれた。太田氏とは祖母も極めて懇意にしていたのでそれじゃ一つ願いましょうということになった。

そのころ「金の柱の銀行」――銀行の門が鉄の柱で建てられていた――と通俗にいわれ

ていた英国の「バンキング・コーポレーション・オブ・ロンドン・インデヤ・アンド・チャイナ」という銀行の支配人シャンドという人が、一人ボーイを欲しいとて懇意な間柄の太田氏にその周旋方を頼んで来た。

太田氏はそのことを私の祖母に話す、祖母はまたこれを大童さんに相談したところ大童さんは、

「どうせ永く江戸へ帰しておくつもりはない。いずれ鈴木六之助も横浜へ出すつもりだから、そういうところがあるなら、やったがよかろう」

と賛成してくれた。

そこで私は太田栄次郎さんに連れられて、その鉄の柱の銀行へボーイとして雇われることとなった。この銀行には支配人格の人が三人もいて、三人ともにボーイを置き、部屋の掃除や食事中の給仕をさしたりしておった。三人の内自分のほかになお一人の日本人ボーイがおり、他の一人は当時横浜の山の上に駐屯しておった英国兵通称赤隊《あかたい》（この赤隊は毎日楽隊を先に立てて、市中を押歩いておった）に属する兵士の子供であった。そうして、これらのボーイ頭《がしら》のようなことをしておったのが、芸州藩士の織田《おだ》という人であった。当時二十二、三の年輩で、やはり英学修業のために出て来ておった。

私はここのボーイを勤めながら、暇の時には太田栄次郎さんの所へ行って訳読を教わったり、また自分で勉強したりして、別段極って学校へ行くというわけではなかった。

しかるに、その銀行には、馬丁《ばてい》もおればコックもいる、その間にはならず者も交《まじ》ってお
り、朝夕酒を飲む、賭博《ばくち》は打つという有様であった。当時、私は十三歳の子供であったが、
その時分から老《ふ》けて見えて、体も大きかった。それで馬丁やコックたちとも一緒になって
酒を飲んだりなどしておった。随分悪戯《いたずら》をしたもので、毎日鼠《ねずみ》取《と》りで鼠を捕えては、「シ
ャンド」のビフテキ焼で焼いて食べていたが、いつの間にかシャンドがそれを二階から見
て、「私の道具で鼠を焼くことだけは止して下さい」と穏かに言われたのには恥入った。
またシャンドのベッドに取付けてあった西洋蚊帳《かや》のヘリにどういう考えであったか、多
分重しのつもりであったろう、たくさんの天保銭《てんぽうせん》がクッ付けてあった。馬丁どもが天保銭
を重しにするのはもったいない、あれを取って来いとそのかすものだから、早速行って
それを石と取替えた。何でも三、四枚取替えたところ、これは悪いことだと心付いて止めて
しまった。
また、その当時洋妾《ラシャメン》というものが流行《はや》って、夜になると、婆さんに連れられて外国人
の住居へ通《かよ》って行く、それが憎たらしいので馬丁どもが悪戯をする。私も面白いものだか
ら、一緒になって悪戯をやった。何でも先頭に立って行く婆さんの提灯の火を打落して真
暗になったところで、洋妾《ラシャメン》の簪《かんざし》や何やを引抜いては棄ててしまう、女どもが仰天して逃
げて行くのを見て手をたたいて笑うという風であった。従って私の評判が次第に悪くなっ
て行ったのは自然の成行きであったろう。

そのうちに、鈴木六之助は大槻《おおつき》文彦という人たちと一緒に浅間山下の洗濯屋の座敷を借りて、毎日太田さんの所に通って勉強しておった。時々は、私の所にも訪ねて来ていろいろ話をしたり、私の良からぬ評判などを聞いたりしたらしい。ある時鈴木が帰りがけにやって来て自分は今度アメリカに修業にやられることになったが、お前はどうも異人館の馬丁や小使と一緒に交って大変評判が悪いというので、省かれそうだという話をした。私は考えた。二人一緒に横浜へ出された内万一鈴木のみが洋行して自分独りが取残されては、第一祖母に対しても申しわけがない。藩の方で、自分を遣らぬというなら、魁《さきがけ》して自分一人で洋行してやろうという考えを起した。それで、私はボーイ頭の織田に相談して、

「いつまでこうやってても見込みがないから、一つ外国へ踏出したいと思う、何とか手ブラで外国へ行ける方法はあるまいか、あったら世話をして貰いたい」

と、いうと織田は、

「そりゃあるとも、近ごろは頻々《ひんぴん》外国から船が来る、うまく船長にでも頼めばボーイに使ってくれるだろう、君が強《し》いて行きたいなら俺が一つ探してやろう」

「是非頼む」

というわけで、織田は快くこれを引受けてくれた。

〔二〕 海外流浪時代

外国への脱走の企て

ちょうどそのころ、イギリスの捕鯨船の船長がボーイを一人欲しいといっているのを織田が聞き込んで来ていうには、この船に乗ることになれば、外国への渡航は出来るが帆前《ほまえ》船《せん》だからなかなか難儀だ、それでもよけりゃ自分が一つ肝煎《きもい》りしようということであった。

「いや難儀してもかまわぬ」と私はあくまで行く決心をして、船長と会うことになった。

船長は私を見ると、

「一体君は何のために外国に行きたいのか」

と聞く。

「私は英学修業のために行くのだ、どこでもよいから、修業の出来る所に世話して貰いたい」

「この船は捕鯨船で見らるる通りの帆前船だ、終《しま》いにはロンドンへ帰り着くが、それまで半年かかるか一年かかるか判《わか》らない、しかし船の中では皆英語を使うから、英語の稽古は十分に出来る。それでよけりゃおいでなさい、私は君をキャビンボーイに使って上げよう、そしてロンドンへ着いたら君が学問の出来るような所に世話をしてやろう」

「それは有難い、是非そうしてもらいたい」

と話をきめた。それからこの船はいつごろ横浜を出帆するかと聞くと、まだ一月半くらいは碇泊《ていはく》して、それから出帆するということであった。

私は帰って右のような船長との話の顚末《てんまつ》を織田にも話した。織田もそれを聞いて大いに賛成してくれた。右のようにして、私はいよいよ外国行きを決心したが、それにつけても、大恩を受けた祖母にだけ一言断って行かねばならぬ。だが断れば祖母はあるいは留めるかも知れない。祖母に止められては志を成すことは出来ぬ。一層のこと黙って脱走して行こう、と、覚悟はしたものの、祖母のことが気がかりになってとつおいつ考え込んで躊躇《ちゅうちょ》しておった。

これには、織田も大変に同情して、祖母《そぼ》さんにだけは、事情を話して、承知しておいて貰わぬと、あとの嘆きが思いやられる。と、いろいろ心配してくれたが、さらに名案がない。約一週間も頭を捻《ひね》って考えた揚句、とにかく一応船に乗込んでしまって、それから、手紙をもって、祖母の諒解を得るようにしたがよかろうということに一決した。ところがここに同じく仙台藩士で、星恂太郎《ほしじゅんたろう》という人が、英国兵式修業のために横浜へ出ていた。この人は、後に榎本武揚の手下となって、五稜郭《ごりょうかく》に拠った人であるが、当時は衣食のために、ヴァンリードというアメリカ商人の店に働いておった。この店は各藩に鉄砲や何かを売込んでおったが、星氏はその手伝いをしながら、傍《かたわ》ら英式の兵学を研究しておった。

織田よりは少し年長であったが、この二人は極めて懇意に往来《ゆきき》しておったので、ある日織田が、

「君の藩から出ている高橋という者が、こういうわけで、イギリスの捕鯨船に乗って洋行したいという。祖母さんに話しておけばよいけれど、留められると困るので、この間からいろいろと考えた揚句、船の中から手紙を出して諒解を求めるということにしていよいよ一月半ばかり経《た》つと、出帆することになっている。聞けば、一緒に横浜に修業に出された鈴木六之助は、藩の方からアメリカにやられる。高橋は異人館のボーイに住込んでいて、周囲の者がよくないので、いろいろ悪い評判がある、それがために省かれるということだ、どうせ鈴木をやるなら、高橋も一緒にやってはどうだ」

というような話を星にした。すると星は、

「うん、そりゃ今度勝さん(安房《あわ》)の息子の小鹿が、アメリカに留学するので、庄内藩からは高木三郎という人が同行することになったが、仙台藩からも富田鉄之助を同行さしてはどうかと、勝さんから、留守居役の大童《おおわら》信太夫まで話があったので、藩では富田を留学

せしむることにきめた。それにちょうどよいついでであるから、かねて横浜に修業に出してある子供らも一緒にやろうという話が出て鈴木はすでに決ったが、高橋はどうも行状が悪いというので問題になっているところだ。高橋がそれほど堅い決心なら、君のいう通り、二人一緒に修業にやるように、自分から大童に話をして見よう、とにかく、一度本人にも会って見たいから高橋を自分の所へ寄越してくれ」

ということであった。それで織田は帰って来て、この旨を私に伝えたので、私は翌日星の所へ訪《たず》ねて行った。すると星は私を見ていうのには、

「君は織田に頼んで、捕鯨船に乗って外国へ行くという話だが、その志は誠によいけれども、その年輩では少々無謀だ。今度藩の方で留学生を出すについては君もきっとその中に加えるだろうから、捕鯨船に雇われるかわりにこの手紙を持って、江戸の大童氏の所へ行け」

といって、一通の添書《てんしょ》を書いてくれた。それで私は、その添書を持って早速江戸に上り、大童さんを訪ねた。大童さんは、私の姿を見るとすぐ打解けた態度で、

「何しに来た」

と問われるので、

「実は今度藩の方から、洋学修業に鈴木と私が遣られることになったから、この手紙を持って大童さんの処へ行けと星さんからいわれて来ました」

と答えると大童さんは笑って、

「そうか、まだ決ったわけじゃないが、とにかく横浜へ行って待っておれ」

ということであった。私は洋行の願いが叶《かな》ったものと思って喜び勇んで横浜に帰り、星と織田にその話をして捕鯨船の方は織田からわけをいって断って貰い、静かに時機の至るを待っていた。

いよいよ故国出発——慶応三年の春

慶応三年（十四歳）の春も早終りに近いころとなって、我々のアメリカ行きのお許しが出た。勝小鹿《かつころく》、富田鉄之助、高木三郎の三氏には、それぞれ藩から、学校に入って勉強出来るだけの手当をくれることになったが、鈴木と私はまだ幼いので、向うで誰かに世話を頼まねばならぬと、大童氏から星氏に話があったので、星はそのよしを自分の主人、ヴァンリードに話した。するとヴァンリードは、

「ちょうど好《よ》い、自分の両親は現在桑港《サンフランシスコ》にいるが、自分は日本に来ているし、一人の弟は軍人で目下ワシントンに住んでいるので、非常に淋しがっている。それで、その二人の子供は自分の方で引受けて、両親に世話をして貰うことにしよう」

といい出した。大童さんもそうなりゃ大変に好いと大いに悦《よろこ》び、私も祖母も、それで安

心して一切のことはヴァンリードの両親に頼むこととなり、我々の旅費や学費は藩の方から直接ヴァンリードに渡してしまった。

かようにして、船出の日もだんだんと押迫って来たある日のこと、祖母は私を膝近く呼んで一振《ふり》の短刀を授けていうのには、

「これは祖母が心からの餞別《せんべつ》です。これは決して人を害《そこ》ねるためのものではありません。男は名を惜しむことが第一だ。義のためや、恥を掻いたら、死なねばならぬことがあるかも知れぬ、その万一のために授けるのです」

といって、懇《ねんご》ろに切腹の方法まで教えてくれた。また仙台藩の物書役《ものかきやく》をしておった鈴木諦之助《ていのすけ》という人は、

大海の外《そと》もの国に出づるとも我が日の本のうちな忘れそ

と一首の歌を餞《はなむけ》して私を励ましてくれました。この歌は扇子に認《したた》めてあったが、私はよき教訓として、アメリカにいた間、常に座右《ざう》に置いて眺めていたが、いつ紛失したものか、このごろ探しても見当らぬ。

そのころ、我々はまだ髷《まげ》を結《ゆ》うて日本服でいた。いよいよ洋行するについては、断髪して洋服を着ねばならぬ。しかるに、その時分のことだから、西洋人の仕立屋はあったが日本人の仕立屋にはろくなものはない。やむなくそのころ流行っていた白金巾《しろかなきん》の綿《めん》ゴロで、チョッキとズボンを拵《こしら》え、黒の絹ゴロで上衣《うわぎ》を拵えたがその上衣が面白い。子供の癖に一

列ボタンのフロックコートだ。帽子はフランス形《がた》を板紙で拵え、それに白い布片で後の方に日除《ひよ》けを垂らしたものだった。また靴は買うとしても、まだどこにも靴屋がなかった時代であるから、実に困った。余儀なく古靴を探したが、横浜中探しても子供の足に合うものとては一つもない、みんなイギリス兵のはいた大きなものばかりであった。ほうぼうを探して、やっとこれなら足に合いそうなものと探し当てたのは婦人用の古靴で、それも革じゃなくて絹シュスで作ったものであった。それですら私には大きかったが、とにかくそれを買って、ひとまず頭から足までの装束《しょうぞく》を揃えたわけである。

かくて出立の準備を整え待っていたところ、七月二十三日（慶応三年）に至ってアメリカ船コロラード号が香港《ホンコン》から横浜に入港して来た。我々はこの船に乗ることになっていたので、いよいよ乗船の前晩、祖母は手ずから私の髷《まげ》を切って散斬頭《ざんぎりあたま》にしてくれた。その髷が不思議なことには古い手文庫の中から出て来た。今でもそれは取ってある。

七月二十四日祖母に送られて船に乗込んだ。ところが船の中は何だか妙なにおいがして、祖母などは折角に出された紅茶が気持が悪くて飲めなかったくらいであったが、私たちはとにかく嬉しくてたまらなかった。

旅費を飲む

我らの乗船コロラード号は七月二十五日（慶応三年）朝六時に三発の号砲を合図に桑港《サンフランシスコ》に向って出帆した。この船は今日から見れば実に小さい、僅かに六、七百トン足らずの外輪船《がいりんせん》であった。そのころ、アメリカ通《がよ》いの船は、毎月一回ずつ香港《ホンコン》から上海《シャンハイ》、横浜を経由して桑港《サンフランシスコ》との間を往復しておった。盛んに、支那人が米国に移民する時代で、その時も、たくさん支那人が乗っていた。

富田、高木、勝の三人はいずれも上等に乗った。そのほかに上等の日本人客には筑前藩《ちくぜん》の書生が五、六人いた。これを引率して行ったのが平賀《ひらが》磯三郎といって、今大阪にいる工学博士の、平賀義美《よしみ》君の父君だ。私と鈴木は支那人と一緒に下等室に乗込んだ。

その時、同じく下等で同船した人には薩州藩の伊東四郎（後に海軍軍令部長の要職についた伊東祐亨《すけゆき》大将）と、固葉英次郎《こばえいじろう》並びに芸州藩の中尾某らがあった。伊東さんは大きな人で、その時分は夏であったから縮緬《ちりめん》の単衣《ひとえ》を着て大髻《おおたぶさ》に結っていたので、相撲《すもう》のような格好であった。この大髻は船に乗る前に切りは切ったが、何しろ目につく姿であった。

船の中では下等と上等とは非常な区別があって、下等の者は自由に上等へは行かれない。船室も下等の方は薄暗くて、臭気がムッと胸をつく。それに多数の者が広い部屋《へや》に同居して、寝床のごときも四本柱に布で作ったハンモックが上下三段に吊ってあるばかり、伊東、固葉、鈴木ならびに私はそれに寝た。

朝は八時ごろになると掃除が始まる。我々は衛生のためだといって甲板《かんぱん》に追い出され、部屋の中は、唐辛子《とうがらし》で燻《いぶ》される。掃除が済めば部屋へ戻る。朝飯などは大きな鉱力《ぶりき》の桶に入れて、支那人と一緒に食わされるという風であった。それから、便所はと見ると外輪車の上の床に四斗樽《しとだる》見たような桶が三ツ四ツ列《なら》べてあって、その上に板が渡してある。それを跨《また》いで皆が大小便をやる。行って見るとたくさんの支那人の男女が、これを取捲いて用を足している。とても堪《たま》らんので、私は上等の客が食堂に出ている間にコッソリ上等便所に這入《はい》ることを覚えた。鈴木も私に習ってやっていた。それから、富田さんは、何か食べたいものがあるなら部屋にあるから、来て食べろというので富田さんが食堂に行っている間にその部屋に上って行った、そうしてちょっと食堂の方を覗《のぞ》くと、立派な御馳走でやっている。下等の方とは雲泥の差である。しかし富田さんの部屋にはいろいろの菓子や果物等があって我々も食物には不自由をしなかった。おかげで支那人の下等の食物は食べずに済んだ。

船が横浜を出てから一週間ばかりの後であった。下等に乗っている日本人船客は、我々四人だけと思い込んでいたらまだぞくぞくと日本人がいる。皆船に暈《よ》っているので顔を出さないから何人いるか判らないが、その中の通弁らしいのが図《はか》らずも私の横浜時代の先輩で名前は忘れたが、上唇《うわくちびる》が少し裂けていたので俗に三ツ口と仇名《あだな》されたその人であった。それに聞くと、この一行は大阪の独楽廻《こま》し早竹虎吉《はやたけとらきち》の一座で、ポルトガル人タロサに引率されてアメリカから欧州に興行に赴くところであるということであった。

船の中ではまたいろんなことがあった。伊東さんは例の大兵《だいひょう》で、いつも浴衣《ゆかた》がけで酒ばかり飲んでいた。

「君は飲めるか」というから「うん飲める」といってともに杯《さかずき》を傾けた。私は「金の柱」にボーイをしていた時分から飲むことを覚えてすきになっていた。ところが先生いつも浴衣がけでいるから、酒場《バー》へ行って酒を買ってくるわけにいかぬ。それで君行って買って来ないかと私に酒買い掛りを頼む、私は使賃だといっては飲む。その内にどうも人の酒ばかり飲んでいても旨《うま》くない。船に乗る時に、富田さんが小遣いにといって、鈴木と私にアメリカの二十ドル金貨を一枚ずつくれたので、三度に一度は、自分の金で買って飲む、すると、たちまち、それがなくなって、終いには酒を飲まない鈴木の金貨まで取上げて飲んでしまった。

桑港の少年赤毛布

海路二十三日を費して八月十八日（慶応三年）午前十一時ようやく目指す桑港《サンフランシスコ》に到

着した。富田氏の一行は直ちに出迎えの馬車に乗って桑港《サンフランシスコ》一流のホテル「リックハウス」に行ってしまった。

我々は前に仙台藩を脱走同様にして修業に来ている一条十次郎、越前藩《えちぜん》の窪村純雄《くぼむらすみお》のいずれかが迎えに来てその案内で、「ヴァンリード」の家へ行くことになっていた。ところがどういうものかその迎えが来ていない。しばらく待っていたが迎えの人の姿はさらに見えないので、伊東さんが、

「いつまで迎えの来るのを待ってても仕方がない、自分は「シティカレッジ」にいる金子という人に紹介状を持って来たから、これからその人を訪ねようと思う。君も一緒に来て、通弁をしてくれないか」

というから、「うんそれじゃ一緒に行こう」というわけで二人はノコノコ歩き出した。その時伊東さんの服装《なり》を見ると、羅紗《らしゃ》は羅紗だが金ボタンの附いた海軍服で、マア鹿児島あたりの軍人服ででもあったろう、それを一着《いっちゃく》に及んで大威張りで歩いて行く。私は例の綿《めん》ゴロのフロックコートに、船の中でよれよれになって膝《ひざ》まで縮み上った白金巾《しろかなきん》の洋袴《ズボン》をつけ、婦人用の靴を穿《は》いて何の気遅れもなく附いて行く。

すでに右のように異様な服装をした、毛色の異なった二人の男が、キョロキョロと見るもの聞くもの珍しずくめの町の中を歩いて行くのであるから、傍《はた》の目にはさぞ可笑《おか》しかったであろう。往来の奴らがトキドキ私の帽子の頭を叩《たた》いて行く。年は幼いし、自分の身な

りが可笑《おか》しくて軽蔑されているとは気が付こうはずもなく、始めて見る町の有様や馬車鉄道などに興がりながら、何度も聞いては、「シティカレッジ」の方角指《さ》して歩いて行った。

やっとのことで行きついて見ると、学校は暑中休暇で、金子氏はどこへ行ったかおらぬという。そこで、伊東さんは大いに失望して、これは困った、誰か迎えに来ているかも知れぬから、も一度最前の船へ帰って見ようと、帰りかかると、サアたった今来た道が分らぬ。この時私はふと考えた。我らの乗って来た船が桑港《サンフランシスコ》の湾内に入ると、何のためか、檣頭《マスト》高く日の丸の旗を樹《た》てた。私はそれを見て大いに喜んだ。で、高い所に上って海の方を眺め、日の丸の旗が樹っていたらそれが我々の船だから、その方角さして行けばよい、と話しながら、高い所に上って見ると果して日の丸の旗が見つかった。二人は飛立つ喜びで、それを目当てに急ぎ帰った。

船へ帰りつくと間もなく、迎えの人がやって来た。伊東一行の迎えには、鹿児島の谷本という人が、また我々の方には、一条君がやって来たので、ここで伊東一行と分れ分れとなって、我々はひとまず一条の所におちつくこととなった。その後に聞いたことであるが、伊東、固葉《こば》の両君は桑港《サンフランシスコ》へ着いたは着いたが、すぐ同じ船で、前記の谷本も一緒に日本へ帰ってしまった。そうして、維新の騒ぎの際に、庄内の藩士が、芝・田町の薩摩《さつま》屋敷を砲撃した時、固葉氏はそこに居合せて、不幸の戦死を遂げ、伊東氏もその際同じく薩摩屋敷におったが、これは幸いにも船で品川の沖合に逃れ一命を全《まっと》うしたということである。

さて我々は翌日になると、早速「リックハウス」に行って富田氏の一行を訪《おとず》れた。すると富田氏は開き直って「君はこの船で帰れッ」と、大変な権幕で私を叱りつけた。私が船の中で酒を飲んで、おまけに鈴木の金まで飲んでしまったことをチャンと知っているんだ。一条が仲に立ってこれから十分に監督をして、決して乱暴なことはさせぬからと懇々と頼み込んだが、始めのうちは容易にお詫《わ》びが叶《かな》わず前後三日間ばかりも通《かよ》って、やっとお勘《かん》気《き》が直った。それで、我々は一条に伴われてヴァンリードの家へ行くことになった。

このごろ書類を整理していると、珍しくもこの時桑港《サンフランシスコ》から両親宛てに出した手紙を発見した。

一筆啓上仕候　順寒の節御座候処益御祖母様始め御両親様御機嫌能被遊御座恐悦至極奉存候然者拙者共儀二十五日朝六ツ時出船海上二十三日振にて無滞米利賢湊へ着、朝六ツ時晴天其後降て無事罷在ヴァンリード処寓居罷在一先安心仕候間御安心可被下候
就者先日チャイナ飛脚船に書状可さし上候処に御座候得共、用事有之、三四日遅れ申候間実に申訳無之猶寿昌寺様御始皆々様に書状可さし上候処に御座候得共、御両親様より宜敷御伝言可被下様奉願上候
一御祖母ゟ一本御父様ゟ一本右二通西洋十一月十九日に相届申候　此次の便船には御母様ゟ御手紙可被下候様奉願上候　就者船中にても時々くじらなど見、六之助事船中

にては二三日中少々よゐ申候へ共格別の事も無之、拙者事何之事も無之米利賢へ着仕候　船中にては富田様の御せわに成申候　日々にぱんばかり食居申候間食物は実によろ敷御座候　下等の食物はなんきん米ぶたのあぶらみをまぜ実に不食候　此船に横浜の佐藤百太郎と申者おババ様有御ぞんじ米利賢に参り申候先は用事ばかり申上候　恐惶謹言

十二月三日　　　　　　　　高橋和喜次

御両親様

米人の家庭労働者となる

ヴァンリードの家へ行くと大変に喜んで、今日からすぐ家におれ、お前たちの部屋はあすこだといって台所の向うにある離れ間に案内してくれた。私と鈴木とはその部屋に同居した。そうして、老人夫婦がいかにもよさそうな人であったので我々もひとまず安心した。

かような有様で始めは大いに歓迎され、食物のごときも当り前のものを食わされたが、それがだんだんと悪くなって、どう見ても老人夫婦の食い残し物としか思えないものばかりとなった。それにどういうものか、学校へもやってくれないのみか、下女もいない老夫婦ばかりの家とて、煮焚き料理の手伝いから、部屋の掃除や、走り使いまでさせられる。

お昼ごろになると、妻君はパンにバターをつけ、それに葡萄《ぶどう》か何かを一房ぐらいくれて、それを部屋の外の飼犬が食っている場所で食べたがよいという。あまり酷《ひど》いと思っている内に、今度は横浜の息子の所から取寄せた百合《ゆり》の根に馬糞《ばふん》の肥料をやれといって買って来た馬糞をほどかせる。こうして、一日中家の廻りで働くほかに、毎日、妻君が市場に買物に出掛ける時はいつでも大きな笊《ざる》を持ってお供をし、馬鈴薯《ばれいしょ》や野菜を提《さ》げては帰って来るという風で、日中は学校へ行けぬのはもちろん、家にいても勉強などはとても出来ない。それで、私は鈴木と相談して夜に入って勉強することとした。するとそのランプの明りが窓に映るのを二階から見つけて、ランプはあぶないから点《つ》けてはならぬと喧《やかま》しくいうので、夜分もおちおち勉強が出来ない有様であった。

食事は右のような状態であるから、夜になると腹が減って仕方がない。向いにパン屋があって大きな片《きれ》が一つ五仙《セント》で買える、それを買って来ては鈴木と二人で窃《ひそ》かに食べるというような惨《みじ》めな有様であった。

かように、事情があまりに最初の予想を裏切っているので私は非常に憤慨して、俺はこんなにこき使われるために来たのではない、こう約束が違う以上俺はもう働かないといって、何を命ぜられても言うことを聞かなかった。ただし鈴木は温順《おとな》しいから嫌《い》や嫌《い》やながら働いていた。それで妻君は何事でも鈴木にばかりいい付ける。すると私が傍《はた》から止せ止せというては邪魔をする。

その内に、妻君は私にいよいよ見切りをつけたものか、あるいはまたこんな者と一緒に置いては、鈴木までが悪くなると考えたのか、ある日のこと、オークランドに自分の知り合いで、大変大きな金持があるが、そこへ行くから一緒に来ないかという。私はこんな所にぐずぐずしているよりも、異《ちが》った所が見られると思って、喜んでお伴をして行った。

その時分のオークランドは、その名の示すがごとく樫《かし》の木が一面に繁茂して、町は一丁ぐらいの十文字町で、家は点々と散在しておったが、服屋や、帽子屋や靴屋、雑貨屋等一通りの店は揃っていた。我々が降りたステーションというのは、ほんの名ばかりで、雨除《あまよ》けのために、五間に一間半ぐらいの屋根があるきり、腰掛も何もない。そうして、その金持の家というのは、川沿いの風景の佳《よ》い所にあり、屋敷も大きく、畑や庭も広いもので牛や馬も飼ってあった。家も立派で、そこには若い夫婦きりで、それに西洋人と支那人の召使いが各一人ずついた。両親その他の兄弟姉妹はワシントンに行っているということであった。

オークランドから帰って来るとヴァンリード夫妻が、お前はあすこはすきかと聞くから、感じたままに大変好《い》い所だと答えた。すると、

「それではあそこに行かないか、あの若夫婦は大変に親切で、若主人の方は桑港《サンフランシスコ》の銀行員だから毎日桑港《サンフランシスコ》へ通《かよ》っている。それで昼は暇だから奥さんが学問を教えてくれる」

というから、「それなら行っても好《よ》い」と答えると間もなく、ヴァンリードの親爺《おやじ》が私

と一条とに一緒に自分の役所まで来てくれという。今考えると、ヴァンリード老人は公証人をしていて、役所というのは公証役場のことであったのだ。

行って見ると、そこにはこの間会ったオークランドの若主人も来ている。やがてヴァンリードは一枚の書附を一条に渡して二人でサインをしろという。一条はそれを見ていたが、何しろフランス語から英語に移って間もない時であるから、何が書いてあるかさっぱり分らない。要するに、ヴァンリードの話を聞けば、オークランドのブラウンという家に住み込むこと、そこへ行ったら学問も出来るということだけは分った。ともかく望むところの学問が出来るというので、私は喜び勇んで、その書附に署名した。何しろ人のいうことなどにはチットも疑いを持たない年ごろではあるし、それに学問のことなんかも一向分らぬ、横浜の時もヘボンの奥さんに就いて学び、ヘボンの奥さんが一時国へ帰ると今度はバラーの奥さんに学んだ、それで英学というものは奥さんに学ぶものだくらいの単純な考えのほか持たない時であったから、一条が書附を見て「何だかお前があっちへ行ってしまう、何でも三年ということが書いてある」というけれども、さらに疑いは起さなかった。それればかりじゃない、大威張りで家へ帰りそのことを鈴木に話して羨ましがらせたものである。

オークランドに移る

書附に署名した翌日かにいよいよオークランドへ引越すこととなった。手荷物も何もありゃしない。裸一貫で約束のオークランド渡し場へ行って見ると、若主人のブラウンが迎えに来ておって、私は、その人に連れられて、いよいよブラウンの家の人となった。そこでは若主人は毎朝早くから桑港《サンフランシスコ》へ行き夕方でなくては帰らぬ。その間若い妻君は、あるいはピアノを弾いたり読書をしたり、また暇があれば私に「スペンセリアン」の英習字を教えたり、読本を復習《さら》えたりして非常に私を可愛がってくれた。

こういう風にして約一週間ばかりたったある日のこと、食事の後でブラウン夫妻は、日本でいえば茶の間という所で話をしておったが九時ごろでもあったろう、自分は平常の通り寝るつもりで、まず靴をぬいだ、そこへ茶の間から妻君の声で自分を喚《よ》んでいる。それで私は何の気もなくそのまま跣足《はだし》で食堂へ這入《はい》って行った、すると主人はそれを見ていきなり、

「何で靴もはかずに来た」

と小言をいう。すると妻君は、

「小さな脚《あし》で可愛いじゃありませんか、日本から来たばかりのまだ小さな子供でなんにも

知らない者を、そんなに小言をいうものではありません」と庇《かば》ってくれた。しかし、主人はなおも、「行って靴を穿《は》いて来い」と邪慳《じゃけん》にいう。妻君は、

「いや、お前の寸法を取るばかりだから穿《は》かずともよいよい」と止めてくれた。私は済まないことをしたと思いつつも、ただニコニコとしていると妻君は「お前に着物を作って上げようと思うから」といって寸法を取ってくれた。若主人には大勢の兄弟《きょうだい》があって、その内には私とあまり年輩も違わず身長も同じくらいの人があったので、その古着を縫い直して三組ばかりのジャケツやズボンを作ってくれた。

ところがこの家には、支那人のコックと、アイルランド人の夫婦者がいた。支那人は料理のあい間には洗濯や薪割りをやり、アイルランド人は二頭の馬と二頭の乳牛の世話とそれから、畑の手入れとを受持っていた。

ある日のこと、このアイルランド人は朝早く馬に鞍《くら》を置いて、大慌《おおあわ》てに出て行くので「何しに行く」と驚いて訊《たず》ねると「お医者へ行く」といって飛出した。すると間もなく一人の医者と、相当年輩の婦人がやって来た。それからしばらくすると、二階に当って何だか赤ン坊の泣き声がする。私は怪しんで、

「二階で赤ン坊の泣き声がする。そうして、いつも見馴れぬ医者と婦人が来ているが、あれはなんだ」というと、アイルランド人は、

「お前は知らないが、赤ン坊が生れたんだよ」

　驚いたのは私である。妻君は前日まで畑に出たり二階へ上り下りして、その様子は平常とチットも変らなかったに、赤ン坊が生れたのか、そう知ると共に私は、はしなくも幼年時代の自分を思い出した。私が、今の高橋家に養われるようになってからも高橋夫婦の間には、幾人も赤ン坊が出来たが、皆数日の内に死んでしまった。ひとり広次という子供は一年近くも無事に育った。しかしそれもとうとう亡くなった。その時、私は悲しくて、かあいくて、広次の死骸に取縋《とりすが》って泣き崩れた。後で祖母がいうのには、

「家中のものは子供の死には慣れ切って、さほどにも思わなかったが、和喜次《わきじ》が泣いたので家中が泣いてしまった」

　と。今自分の主人の家に赤ン坊が生れたので、広次のことまで思い出し生れた赤ン坊が可愛くて仕方がない。しかし産婦の部屋に這入《はい》ることを禁ぜられているので、赤ン坊は見たいけれども、見ることは出来ない。

牧夫となる

　三週間ばかり経《た》つと、看護婦も帰ってしまった。それで朝八時には、寝室で赤ン坊に湯をつかわせるから湯を持ってこいと命ぜられて持って行ったのが寝室に入るはじめてであ

った。何よりも先に赤ン坊の顔が見たくて仕様がない。妻君が、顔を洗う器《うつわ》の中に湯と水とをよい加減に入れて、やがて、赤ン坊を裸にしてその中で洗う、可愛い真丸《まんまる》と肥った女の子だ、私は嬉しくて仕方がない。

ところが湯を使わすと、赤ン坊を隣の部屋に寝かしてしまって今度はいくら泣いてもかまわない、私は子供が可哀そうでならないから泣いています、お乳が欲しいのでしょう、というと妻君は、「お乳は時間を極《き》めてやらねばならぬ、子供が泣くのは却《かえ》ってよい」といって子供が泣いても時間外には決してお乳をやらなかった、それでも、私は子供が泣くと可哀そうでたまらない。二階で泣き声が聞えると、駆け上って行っては赤ン坊をあやし、妻君にもこんなに泣かしては可哀そうじゃありませんかと本気になって訴えた。

その中に一月ばかり経つと赤ン坊は泣かなくなって、キチンキチンと定《きま》った時間に乳をやればそれでよくなって来た。私は赤ン坊の躾《しつ》けというものは、こういう風にせねばならぬかと子供心にも考えた。

泣かないようになっても、私は日に二度や三度は赤ン坊の顔を見に、二階の部屋に上って行った。

そういう風であったから妻君も私の性質をよく呑み込んでくれて、正直で、情に厚い子供だという風に、認めてくれたようだ。今になって、当時のことを思い廻《めぐ》らして、なにゆえブラウンの妻君が私をあんなに可愛がってくれたかと考えて見ると、右のようなことが、因《もと》をなしていたと見るよりほかない。

しかるに、その内に、支那人に対して暇《ひま》を出した。支那人が出て行ってしまうと、料理する者がないために、妻君が自分で台所に出て三度三度の食事を作った。妻君は私にも料理法を教えて、覚えろ覚えろという。また支那人がいなくなったために、私がランプの掃除や部屋の掃除、それから窓硝子《まどがらすふ》掃きまでやらなくてはならなくなった。それでも相かわらず勉強する暇はあった。

ところが、どんな行違いか、この若主人とアイルランド人との間に争いが出来て、アイルランド人は夫婦共にこの家を去ってしまった。そのために馬や牛を世話する者がなくなった。すると若主人は私にお前馬と牛の世話をしてくれという。ところが、こっちは横浜の「金の柱」で馬丁と一緒にいたのだから、馬の取扱い方ぐらいは解《わか》っている。それに実はこの家に来て馬のいるのを見てからそれに乗りたくて堪《たま》らなくなっていたので、私は自由に馬に乗ってよければ世話をしましょうと答えてやった。

「そりゃ乗ってもよいが、一体お前は馬に乗ったことがあるか」

「いや、乗ったことはない」

「それではよく注意せねばならぬ、馬というものは無理をすると動かない、馬の言う通りにせなければいかぬ」

といってとにかく馬に乗ることを許してくれたので、私は嬉しくて堪らぬ。そこで、毎朝早く起きては馬と牛とを小舎《こや》から引出して、畑の中に連れて行き、草のありそうな所に杭《くい》を打って、四、五間くらいの綱で繋《つな》いでおけば、牛も馬もその間をグルグル廻って草を食っている。手入れといっても日ごろアイルランド人が刷毛《はけ》で擦《こす》っているのを見ていたので、その通りやると、牛も馬も従順《おとな》しくいうことを聞いた。夕方になると、小舎に入れて食事をやる。可愛いもので、食物をやったり、手入れをしてやったりする者には、誠に柔順《おとな》しいものだ。ただ、ここに弱ったのは、乳搾《しぼ》りの一件である。これまでアイルランド人がいたが、いなくなったので私に搾れというけれどもなかなかうまく搾れない。折角搾れたかと思うとそのバケツを、牛が後脚《あとあし》で引覆《ひっくりかえ》したりして、これには実に閉口し、全く情なく感じた。

その中に、一旦暇を出した支那人を再び呼び戻した。そうして支那人は乳を搾ることと、料理や洗濯の仕事をやり、これまでアイルランド人がやっていた牛馬の世話と、畑の手入れ、それにもう一つ薪を鋸《のこぎり》で挽《ひ》くことが私の仕事に廻って来た。もっとも私の挽いた薪材を割ることは支那人の分担ということに決った。その時分オークランドは木材がたくさんあって、ストーブなどには石炭を用いず、薪のみを焚いていた。

こうして一週間の内六日間は日々こんな仕事を繰返し、日曜日になると馬に乗って広い野原を飛び廻った。

支那人との喧嘩

ブラウンの家から三里ほどを隔《へだ》った所にカビテン・ロッジャーとよぶ金満家があった。この人はブラウン家とは親類同様の交《まじ》わりをしていてよく遊びに来た。またロッジャーの娘さんもたびたびやって来た。

ある日娘さんが来て、

「今度私の家へお前の国の保兵衛《やすべえ》という人が来て、大変よく働くけれども言葉がさっぱり解《わか》らない。お前時々来て通弁をしてもらいたい」

という。私は馬に乗る楽しみがあるから、快く引受けて、日曜が来ると、早速馬を飛ばして出掛けて行った。

保兵衛という人は姓を関口といって私よりも、十くらいは年上であったろう、この家へ来て給料はアメリカの二十五ドルほどをもらっていた。そのころ言葉の解らない始めての者の給料は二十五ドルが相場であった。支那人でも同じであった。半年も経つと言葉も少しは解り料理も覚えて来るからすぐ六十ドルぐらいに上る。洗濯が出来るようになると、九十ドルから百ドルも貰《もら》えたものだ。それで、当時支那人などは毎船便ごとに潮《うしお》のごとく出稼ぎにやって来た。支那人仲間では、三年おって千ドルの貯蓄が出来ない者は落伍者として数えられていた。大概の者は三年半ぐらいで千ドルを貯める、そうして、その金を持って国に還り、今度は兄弟や親類を稼ぎに出すという塩梅《あんばい》であった。向うに二年もいる者に聞いて見ても、アメリカの物を買ったのはこの長靴一つ、それが十一ドルで、あとは皆国から取寄せているというような次第で、全く、守銭奴《しゅせんど》式に金を貯めていた。ところが日本人はいささかそれと趣きが違う。ある日ロッジャーの娘さんが、ブラウンの所へやってきていうのには、

「日本人と支那人とは大変にちがう。家にいる保兵衛が、始めて貰った給料を何に使うかと見ていると、真先にヘボンの辞書を買って勉強する、支那人なら何を措《お》いても金を貯めるが、それとは大変な相違だ」

と、非常に日本人に感心している。さて、私は相変らず、日曜日になると、馬に鞭《むち》うってロッジャーの家に出掛けて行った。ある日曜の朝、例によって出掛けたいと思って、支那人が牛の乳を早く搾《しぼ》ってくれればよい、そうすれば、早く牛を畑に繋《つな》いで行けるがナアと、念じているのに、どうしたことか、その日に限って、いつまで経っても搾ってくれない。その支那人は私より七つ八つ年上の奴だが、私も少し癪に触ったので、何だ意地の悪いことをするのならこっちにも考えがあると、まだ乳を搾らぬ内に牛を引出し、遠くの方に繋いで、そのまま馬を急がせて、ロッジャー家へと行ってしまった。

その夕方になって帰って来ると妻君が、「今日お前はコックが乳を搾る前に牛を遠方へ

繋いで出て行ってしまったそうだネ」というので、今日は日曜日だから「フイ（支那人の名）は私が例の通り早く出掛けるのを知っておりながら一向搾ってくれないので行ってしまった」と答えると、これからあんなことをしちゃいかぬと優しく注意されてその晩はそれで済んだ。

　しかるに、その翌朝になって、いつもの通り乳を搾った後で、牛を繋いで帰ってくると、支那人の奴しきりと薪《たきぎ》を挽《ひ》いている。先にもいったように薪《まき》を挽くことは私の役目である。それを支那人がやっているから私は至極善意に解して、これはてっきり、今日の洗濯日に薪がないから代って挽いてくれているものだろうと、あっさり考えて、私はその薪材《まきざい》を割り始めた。すると、支那人は大変な権幕で怒鳴りつけた。

「俺の仕事をなぜするか」

と。薪を割ることは支那人の役目であった。で私も敗けずに、

「変な奴だ、お前が俺の仕事をするから、俺もお前の仕事をして上げるのだ。そんならその薪を挽くことを止めろ」

　と怒鳴り返してやった。すると支那人はまた、

「一体今日は何曜日と思う、月曜日じゃないか、月曜日は洗濯日で薪《たきぎ》がたくさん要《い》るのは分り切っているじゃないか。それにお前は少しも薪を挽いてない。俺の仕事を妨《さまた》げるつもりだろう、それならそれでよい、俺はお前のお世話にはならぬ、俺は俺で仕事をするから

手を着けるな」

と食ってかかって来た。支那人の意外の言葉に、私はカッとなって、いきなり鉞《まさかり》を振り上げて叩き付けようとすると、支那人はいち早く逃げ出したから、追掛けて投げつけると小舎の木戸にぶっつかった。支那人の奴これには驚いてしまったらしい、しかし私はいまいましくて堪《たま》らないからよしこれでやっつけてやろうと、日本を発つ時、祖母が恥を掻いたらこれで切腹せよ、決して人を害《あや》めるのではありませぬ、と切腹の方法まで教えて、自分に授けてくれた短刀を引出して、窃《ひそ》かにこれをポケットに入れておいた。支那人もそれを見て気味が悪かったと見えて、小さな斧《おの》があったのを自分のポケットに入れて用心していた。かくて二人の間に殺気溢るるこの瞬間において私はふとかねて祖母から戒められておった「堪忍」の二字を思い出した。ここぞ堪忍すべき所だ堪忍せねばならぬ、しかしお祖母《そぼ》さんは、堪忍の大事なことを諭《さと》すと共に恥を掻いたら腹を切れと教えて下さった。腹を切るくらいなら、まず彼をやっつけねばならぬ、が、彼をやっつけたら自分はどうなるだろうか、と、ふと自分の胸に疑問が湧いて来た。

夕方主人が帰って来て、夕飯を済まし、夫婦して話しているところへ、いきなり出掛けて行って、

「私が支那人を殺すとドウなるでしょう」

と聞いた。すると主人は妙な顔をして、

「人を殺せばお前も殺される、なぜそんなことをいうか」

「いや、フイの奴、悪口雑言《あっこうぞうごん》して人を軽蔑したからこのままでは済まされぬ」

と、一伍一什《いちぶしじゅう》を話した。すると主人は、

「そのことは自分も聞いている、だが、お前も悪いのだ、昨日の朝乳を搾る前に牛を遠方の方に繋いだり今朝はまた薪を挽かなかったり、お前がすべきことをしないから悪いのだ」

とたしなめた。

売られた身体

私はこの主人の言《げん》には少からず不満があった。それから自分の部屋に引下って、翌日一日考えて見た。支那人を殺して自分が殺されちゃ詰らぬ。あんな者と生命のやりとりは馬鹿らしい。さりとてあんな奴と一緒にいることはもう真平《まっぴら》だ。で、その夕方主人が帰って来ると、私は「暇《ひま》を下さい、私はあんな奴と一緒にいるのは嫌《いや》です」と申出た。すると主人は、

「お前は勝手に暇を取って帰るわけには行かぬ。お前の身体《からだ》は、三年間は金を出して買ってあるのだ。現にお前は友人と二人で、書附にサインまでしたではないか」

という。私は驚いてしまった。あの時署名したのは身売りの契約書であったのか、実にけしからぬことだ。これやこのままじゃおられない、なんとかしてここを逃げ出さにゃならぬと考えた。そうして主人に向って、

「そんなら一日だけ暇を下さい、明日桑港《サンフランシスコ》へ行って友達と相談をしてくるから」

というと、主人は「生意気ナッ」といっていきなり私の頰を殴った。私は殴られたひょうしに思わず屁《へ》が出た。少しきまりが悪かったので、怒りながらニッコリすると、側にいた妻君が、

「貴方、そんなに手荒なことをなすっちゃいけません」

と、留めてくれた。

翌朝になっても私の憤激は止まらない。主人も昨夕からの私の態度を少からず心配していたようであった。その内ヴェランダの所におった主人が、「馬具を持って来い」と私に命じた。私は気分がクシャクシャしている時とて癪には触るし、馬具を引担いで行っていきなり主人に投げつけ、そのままサッサッとこっちへ来てしまった。妻君はまたそれを見て、

「そんな手荒なことをするものではない、馬具は元の所へ直しておいで」

と宥《なだ》めていうので、私はその通りにした。

この日、私は桑港《サンフランシスコ》に行って、一条にこのことを話した。一条も困惑して、「困ったナ

ア、困ったナアア」を連発するばかりである、私は「俺はモウ帰らずにいようと思うがドウだ」というと、一条は、

「そりゃいけない、そんなことすりゃみんなお前が悪いことになる。マアも少し辛抱しろ、俺が何とか話をつける」

とて止める。私も考えた。主人の家に帰らずに逃げ出したりすれば、事は一段とむつかしくなって、みなに迷惑をかける、それもそうだ、と、子供心に思うには、自分から出ようとすればこそむつかしい。何でもウンと乱暴して、呆《あき》れ返らせ、向うから暇を出させるようにしてやろうと、それから毎日ランプはよし、皿はよし、手当り次第打ち毀《こわ》してやった。ところが一向利《き》き目《め》がない。主人も妻君もそれを見ながら怒りもしない。そればかりではなく、妻君は却《かえ》ってそんな荒っぽいことをしてはいけぬと親切に訓《おし》えてくれる、これには私も当惑した。

そうこうしている内に、ワシントンにいたブラウンの父親ジョン・ロース・ブラウンといったのが、新たに支那駐在の公使をいいつかって、支那に行くこととなったので、ワシントンから大勢の家族や召使を連れて、オークランドの邸《やしき》へ帰って来た。その中には七歳から十一、二歳ぐらいの子供も二、三人いた。女中たちが帰って来たので、部屋やランプの掃除はその方でするし、牛や馬は売ってしまったのかいなくなったので、私の仕事はまるで暇になった。何しろ、私もまだ数え歳の十五ぐらいであったから、いつの間にか、そ

の子供らと仲良しになって、その後約二カ月ばかりの間というものは、毎日毎日この子供らと遊んで、真に愉快なる月日を送った。

その内に、一家の人々はいよいよ支那に発《た》つことになったので、一旦老ブラウン夫婦は私に向って、

「自分たちは今度支那に行くこととなった。ついては、自分らの親戚で桑港《サンフランシスコ》の税関に勤めている親切な人がいる。お前はそこへ行ったらよかろう。そうしたら、昼間は主人について税関のお手伝いをしながら事務を覚えることが出来る。夜や暇の時には、その家のお嬢さんが、家庭教師を呼んで勉強しているから、それと一緒に学問を教わることが出来る。是非その家へ行きなさい」

といって親切に話をして、その上二十ドルの金貨をくれた。もうそのころは、私の心持も直って、その上二カ月余も遊んで暮した間に、前のことはすっかり念頭を去って、老ブラウンのいうままにハイハイと承知してしまった。それでいよいよお別れというので、家族の人々は五ドルとか十ドルとかそれぞれの心付けを私にくれた。

噂に聞く明治維新

その後間もなく、ブラウンの一族は支那に向け出発することとなったので、私は一行を

サンフランシスコの埠頭《ふとう》まで見送った。すると、そこに、その親戚の税関吏が同じく見送りに来ていたので、その場からすぐ連れて行かれた。行って見るとこの人も妻君も、大変によい親切な人であった。その人のいうのには、自分は税関に出ているから、お前も一緒に来て手伝え、そうすると仕事も覚えるし語学の修業にもなる。また書物の勉強がしたいなら、自分の妻や娘と一緒に勉強したらよかろう、といってくれた。そうしてまた私のために、ブランケットやシートやら、寝床に用うるいろいろのものを買ってくれたり、ここはお前の部屋だといって、私に一つの部屋を与えてくれたりした。

さて、その晩一応帰って、右の事情を一条に話すと、

「それもいいけれど、今度行けばまた三年間はおらにゃならぬぞ、税関に行って仕事を覚えたり娘と一緒に学問を習ったりすることも悪くはないが、それではいつまで経っても、学校へは行けぬぞ。今が好い機会だから、このまま行かずにおれ」

としきりにそそのかす。そういわれて見るとまさにその通り、それに先だってから貰った金が四、五十ドルと、若主人が毎月の給料四ドルを銀行へ預けておいてくれた通帳《かよいちょう》とが、そのままそっくり残っているので当分は不自由がない。

「だが、折角親切に、夜具蒲団《ふとん》まで買ってくれてるのを放ったらかすのは気の毒だナア」

というと、一条は、

「それはそうだけれども、向うではお前を奴隷《どれい》に買ったつもりでいる。南北戦争以来奴隷

の売買は法度《はっと》になっているのに、向うはその国禁を破っているのだから、こっちに言い分はいくらでもある、行かずにおれ」

とあくまで引留める。それで、私もいよいよ決心して、不義理千万ではあるがそのまま行かずにしまった。しかるにその後向うからも尋ねて来ず、その家との関係はそれきり切れてしまった。

そのころ、林董《ただす》氏の親戚で、佐藤百太郎《ももたろう》という人が、日本茶や日本の雑貨を売る米人の店に勤めていた。この人は佐藤泰然《たいぜん》という医者の息子で、年は私より一つ下だったと思うが、横浜時代へボンさんの所に稽古に来ていた仲間の一人であった。私はこの人の所へ行って事情を話したところが、

「そんなことなら俺の店へ来い。店では人手がなくて困っている。今は毎日夕方になると、自分で売上品を配達しているがそれでは俺が忙しくて困る。君が来て店に寝泊りをして、それをやってくれれば大助かりだ。それに品物を配達するとお得意先からは一個十仙《セント》とか、二十五仙《セント》とかのお使賃をくれるんだよ」

という。「それじゃそうしよう」というわけで、私は佐藤の店に引越すこととなった。

私がアメリカで、そんなことをしている内に、日本では非常な変転が行われておった。慶応二年十二月二十九日、孝明天皇は宝算三十六、偉業半ばにして遽《にわ》かに崩御遊ばされた。翌三年正月、明治天皇践祚《せんそ》せられ、この年十月十四日には討幕の密詔薩長《さっちょう》の二藩に下り、

土州侯山内豊信《やまのうちとよしげ》、安芸侯浅野長勲《あきあさのながこと》は各政権を朝廷に奉還すべきことを将軍慶喜《よしのぶ》に勧め、慶喜にまた到底、祖業を保《たも》つこと能《あた》わざるを知って、書を朝廷に奉って、政権を奉還し政令一途《とい》に出でんことを奏請した。これ実に討幕の密詔の下ったと同日であった。

故国でかような騒動が起っていようとは思いも寄らず、私は相変らず佐藤の店で、売上品の配達をしていた、そこへ、日本から、『もしほぐさ』という当時の新聞が着いた。それによると、徳川家の処分に対して不満を抱く一部の志士は、彰義隊《しょうぎたい》と号して上野に立籠り、輪王寺宮《りんのうじのみや》を奉じて官軍の命を拒んだ、そこで、五月十五日の雨を冒して官軍は四方から上野を攻め、ついに火を寛永寺に放ってこれに迫ったが、彰義隊は決死の勇士のみで、これを陥《おと》すに三日間もかかったと書いてある。

一条や私たちはみんな集まって、上野に三日かかるくらいなら、幕府が勝つようになるかも知れぬと話し合った。

奴隷より脱離（十五歳の頃）

その内に維新の戦争のことが、だんだんと判《わか》って来たので、富田、高木の二氏は、日本へ帰るといってニューヨークからやって来た。そうしていうのには、戦いが始まったから一度様子を見て来ねばならぬ。しかし自分たちがいきなり日本へ帰ることは少し危険だから、ひとまず上海《シャンハイ》に着いて、そこで様子を聞いた上、日本へ帰れるようだったら帰ろう、もしいけなかったらこちらへ引返すことにするから、君らはそれまでここに留まっておれという。我々は一緒に帰ろうといったけれども、とにかく一応日本の様子を見た上のことにしたがよいと留めるので、その通りにした。

ところで、私は一条と二人で、実は自分はこういうわけで奴隷に売られていると、一伍《いち》一什《ぶしじゅう》を話したところが、富田氏も非常に驚いて、それは、まず第一に契約書を取戻さねばならぬと、いろいろ相談の結果藩から命令を受けたことにして、当時幕府から桑港《サンフランシスコ》の名誉領事を嘱託されていたブルークスに訴えて見ることとなった。そこで富田氏は藩から、こういう命令が来たとて手紙を拵えて、それを持ってブルークスの所に行き、契約書の破棄を頼んだ。

そこでブルークスは双方の言い分を聞くために、ヴァンリードを呼んで尋ねることとなり、ここに対決が始まった。ところが富田、一条両氏とも英語は十分に出来ない、高木がいくらかよく話せたけれども、その対決を私が聞いていると、どうも誤解があるようだ。何でも、高木は、

「自分たちのいうことが道理である、だから自分たちの請求する通り契約を破棄することをお前が承諾するのが当然だ」

という意味のことをいっているが言葉が不十分で発音が拙《まず》いために、ヴァンリードはア

グリー（同意する）という言葉をアングリー（怒る）と聞いてしまって紳士に向って怒っているという、いやそうじゃないという言葉の取違いで、両方ともなかなか折れない。しかし終いにはそれが誤解であることが判って、互いに大笑いとなったような始末であった。

さて対決の結果はドウなったかというと、こちらからは、第一仙台藩から高橋、鈴木の両名分としてヴァンリードに渡してある金の清算書を見せて貰いたい、第二には奴隷の契約を破棄して貰いたいということを申出でた。すると、ヴァンリードは、自分は金を受取っている。しかし高橋をブラウンの所へ三カ年期五十ドルの約束で売ったのは横浜から桑港《サンフランシスコ》までの渡航費五十ドルが立替えてあるためだといい抜けた。そこでブルークスが、間をとって、それじゃ清算は別としてヴァンリードの立替えた五十ドルはこれを返すこととし、同時に身売りの契約は破棄する、ということに採決されて私はここに始めて天下晴れての自由の体となった。

さてヴァンリードと私との問題が落着すると、富田さんがいうには、この際鈴木もヴァンリードの手から取戻さねばならぬ、あれに暇を貰うようにいえという。

それで、私が行って会おうとするけれども、もうヴァンリードの家では私に警戒して玄関にも寄せつけない。仕方がないから、垣根に隠れて鈴木が畑に出て来るのを待っていて、富田氏の言葉を伝えると鈴木は何だか躊躇《ちゅうちょ》している。すぐに決心がつきそうにないから、「とにかく富田さんがそう言っているから暇を貰え、明日ここへ来る、それまでに考えをきめて、ここに出ておれ」

といってその日は別れた、翌日になってまた出掛けた。鈴木が出て来るのを待って、

「どうだ主人に話したか」

と聞くと、鈴木は、

「まだ話さぬ。実は近くお婆さんがロスアンゼルスの親戚の処へ行くのに自分をつれて行くことにきまっている。出入りの医者も一緒だ。それで向うへ行って帰って来てからいい出そうと思っている」

という。帰ってそのことを富田さんに報告すると、富田さんは大変に心配して、

「ソリャ鈴木を田舎《いなか》へ連れて行って隠してしまうのじゃないか、ソリャいかぬ、その前に会って早く逃げて来いといいえ。それに万一のこともあるから、行くのはいつのことかと聞いて来い」

というので、また垣根の所へ行って鈴木に会ってこのことを伝えると、

「そんな心配はない、万一そんなことがあれば、俺は一人で逃げてくる。モウ明日《あす》たつことになっているのだ、富田さんにそう伝えてくれ」

という。このことをまた富田さんに伝えると、富田さんは、

「それは鈴木が欺《だま》されているのだ、仕方がない、明日途中で奪い取ってやろう」

と、それから富田さんを中心に鈴木奪取の相談をした。

そのころのハワイ移民

翌日になって、富田、一条それに私の三人は、ヴァンリードの家の近くに行って待っていると、果して、お婆さんと医者と鈴木とが出て来た。富田さんが「コッチに一緒に来い」というと、鈴木はいわれるままにやって来た。鈴木が呼ばれると、医者が早足で後からついてくる。何、かまうものか、鈴木を連れて、三人の者が大急ぎで行くとあいにくと袋町に這入《はい》り込み、逃げようがなくなってとうとう医者に捕まってしまった。医者は鈴木を引張って、家へ帰れという。富田さんが昂奮して、自分を指さしながら、

「ミー、トミタ、ミー、トミタ、ジャパン」

という。日本の富田といえば分るくらいに考えていたのらしい。すると鈴木が、

「御安心なされ、万一隠されるようなことがあったら自分一人で逃げてくるから」

といって、医者に連れられて行ってしまった。

我々は鈴木がどうなるかと心配していたが、一週間ばかりすると帰って来て、すぐヴァンリードに暇をもらってやって来た。その時鈴木の計算書を見て驚いた。私の場合はさほどでもなかったが、鈴木の分には、ヴァンリードの親爺が着古したフランネルのシャツや古ズボンの値段を一新調の代価で取っている。それでも精算の結果はいくらか金が余った。

その後鈴木は、一条の所に私と一緒に下宿することになった。

その内に、富田氏の一行は、桑港《サンフランシスコ》をたって帰国の途についた。そうして私は富田氏らからの便りが来るまでに、出来るだけ金を作っておかねばならぬと、十銭飯《めし》を食べながら相変らず、佐藤の店で品物の配達をして働いていた。

この時、ちょうど越前《えちぜん》の医者某というのが、維新の騒ぎに、いろいろの品物を二束三文に買倒して、それをアメリカに持って来て一儲《ひともう》けしようとかかった。その通弁として来たのが城山静一《きやませいいち》という宇和島の藩士であった。

ところが、城山氏が着く少し前桑港《サンフランシスコ》の新聞に、今度日本政府から城山という領事が来る。それは、ハワイにいる日本人を救いに来るのであると書いてあった。当時ハワイには約三百人ばかりの日本人が耕地に雇われていた。いずれもヴァンリードの世話で、月給四ドルという安い賃銀で契約労働者として送られたものである。これが非常にひどい目に逢って、病気になれば賃銀はくれない。中にはお産をしても始末がつかず、自殺したものさえあるという評判であった。

それで、我々は本当に日本の領事が来るものだと思って、城山のつくのを迎いに行くと、城山は船の上から八丈の羽織に八丈の着物、それに博多織《はかたおり》の袴《はかま》といういでたちで下りて来た。早速一条の下宿に連れて行ったが、いかにもその姿が変なので、近所の者は日本の女が来たともっぱら噂《うわさ》しておった。ところが幾程もなくその城山が洋服を着て市中を歩き出したので今度は女が男になったと、皆が二度びっくりしたという次第であった。

さて、城山が着いたので、新聞記事の話をすると、城山も驚いて、

「実は自分も医者もヴァンリードの世話で来たものだ、ヴァンリードがそんなに悪い奴なら、ここにいてはどんなひどい目に会うかも知れぬ、俺は帰る」

といい出して、帰るについては、通弁を断り、医者とも縁を切らねばならぬ。それで早速医者と縁を切って我々と同居することとなった。

〔三〕帰朝と青年教師時代

帰国の船中

富田氏らは、国へ帰ったきり、何の音沙汰《おとさた》もない。ただ便々と待ったとて、いつになったら便りが来ることやら一向に想像がつかない。それに維新後の様子も皆目判《わか》らぬので、何といっても故国の空が気にかかる。それで我々は相談してひとまず帰国することに決定した。城山は曩《さき》に医者と手を切ったので無一文となったが、幸いにヴァンリードの立替えを精算した残金が一条《いちじょう》の手許《てもと》にあったので、その金で一条、鈴木、城山それに私の四人分の船賃（一人前五十弗《ドル》ずつ）を払い、また出来合いではあるが新しい洋服を一着ずつ買い求めた。それでもなお一条の手許には幾何《いくばく》かの余裕があったように思われる。

船に乗込んでから、事務員に、

「どう、五十弗《ドル》の切符で、支那人と一緒でない部屋へ入れてもらいたい」

と頼み込んだ。その当時は、一般に、日本人の渡航者は極めて稀《まれ》であって、たまたま出て行く人があってもそれは大概学問をしに行く人が多かった。従って教養もあれば礼儀も正しく、支那人の出稼ぎ人などとは比較にならぬものであったので、船長以下船員らも、我々日本人に対しては、非常に好感を持っていた。それで、我々の申込みに対しても、

「それは心得ているが、何しろ今は忙しいから、船が出たら取計らうことにしよう」

ということであった。

船が金門湾を出ると、船員が来て部屋に案内してくれた。見ると、その部屋には、ダブルベッドが三つ、三段になって作られてある。海の方に明り取りの丸窓が一ツ、部屋の戸は締められるようになっている。中央のベッドには、すでに大きな支那人が陣取っているので、我々には上と下の寝台が廻された。そうして一条と鈴木が上、私と城山が下のベッドに寝ることとなった。

しかるに狭い部屋に六人であるから、夜、戸を締めて寝ると、何となく窮屈だ、それに支那人がしきりに鼾《いびき》をかき、かつ無遠慮に屁を落す。あまりにひどいから四人が寄って何とかして、支那人を上か下かの寝台に追いやろうではないか、どうしたらよかろうかと凝議した。

すると、城山がいうのには、そりゃわけはない。我々が上と下とに陣取っているからまず上のものは紙屑でも果物の皮でも何でもよいから棄てる振りして真ン中のベッドの上へ

落すがよい。また下の者は下から足で突ッ張って、支那人を寝台から突き落したらどうじゃ、という。うんそりゃ妙案だ、やろう、やろうということになりその晩早速実行した。

何しろ、突然上から紙が落ちる、果物の皮が落ちる、下からは足で突上げられたので、支那人は驚くまいことか、ひどく狼狽してとうとう一人の支那人は、寝台から転げ落ちてしまった。そうして何だか支那語で陳ぷん漢ぷんいうけれども解らない。といって、こっちに喰ってかかって来る勇気もないらしい。何だか手答えがなくて、拍子ぬけの態《てい》だ。それで今後は屁をひった場合にのみやろうということになった。

支那人の方でも、こんな連中に相手になっていては、堪らぬとでも思ったのか、しまいにはだんだんと御機嫌を取り出して来た。そうして、部屋の隅にかけてある袋の中から、干鮑《ひあわび》を出して来たり、部室《へや》の外にも果物などを用意していたが、それを持って来たりしてしきりに我々に勧める。そうなってはいつまでも邪慳《じゃけん》な悪戯《いたずら》もしていられぬので、とうとう懐柔されて、仲好しになってしまった。

しかし我々の悪戯はまだなかなかに止まない、毎朝、部室の掃除が始まると衛生のためだといってトウガラシを燻《く》べて下等船客全体を一旦甲板に追上げる。それが済むと、支那人らは下等船室の広間の各所に陣取って賭博《とばく》を始める。

ある日のこと、例によって、我々が船の中を廻っていると、たまたま、支那人が賭博を打つところを、事務員が見つけて打壊している。聴いて見ると、「船中では賭博を禁じてあるのにどうも止めないので困る」という。

「それじゃ、僕らが取締ってやろう、それでよいか」

よろしい、というのでその後というものは、毎日船内を廻っては賭博を取締った。それで、支那人らは、我々を非常に恐がった。殊に城山が大小を差して、時にはそれを抜いて見せたりして威《おど》したものだから少し薬がききすぎてその後は、我々が賭博場へ行きかけるとすぐに、果物や何かを持って来て、どうぞよろしくとお愛想をするようになった。我々は僅か四人で七百人の支那人を征服したような感をもって航海中意気揚々たるものがあった。実に往路とは大変な相違であった。

それから支那人は不潔だから自分たちの食事は支那人とは別な場所でやらしてくれと申込んだ。すると料理場の台の所で食えという。料理人は支那人であったが私が大食だと知っているものだから、いつでも、大きなビフテキを焼いてくれる。そうして、「お前一人でオランダ三つ」といって笑っている。意味は、お前一人で西洋人の三人分食べるということだ。当時は西洋人のことをオランダといったものだ。

帰り来れば天涯の孤客（十五歳の頃）

かくて、城山静一、一条十次郎（後に後藤常《つね》）、鈴木六之助（後に鈴木知雄《ともお》）ならびに私の四人が、いよいよ横浜に着いたのは、明治元年の十二月であった。

これより先慶応三年、私と鈴木とが、始めて洋行する時、幕府から貰った渡航免状には、私らの身分は、仙台藩の百姓ということになっていた。城山はそれを見て仙台藩は維新の戦争で賊軍となっている、かような免状が荷物の中にあっては上陸の際却って面倒だ、海へ棄ててしまえというので、その免状は、海の中へ投《ほう》り込んでしまった。

曙《あけぼの》の空に、薄ボンヤリと描き出されたる故国の山川、とりわけ、横浜の港こそ懐しき限りであるが、城山を除く他の三人は、思いがけなくも、今は賊軍に籍を置く身の、天涯《てんがい》地角《ちかく》、膝《ひざ》を容《い》るるの余地もなく、草木の揺るるにも、心措《お》かねばならぬ。

船が碇《いかり》を下すと運上所《うんじょうしょ》の人が乗込んで来た。何で来たのか分らぬが、その中の一人に、何だか見覚えのある男がいるので、ジッと考えて見ると、昨年渡米の時同じ船の上等に乗っていた、筑前藩士の一人であった、思わず、

「ヤア」

「ヤア」

と別に話とてもしなかったが、何しろ故国に帰ったのがむやみに嬉しく、自分たちの立場など、いつの間にか打忘れて、フト挨拶《あいさつ》してしまった。後になって、平賀義美《よしみ》君にその話をしたら、それは某（ちょっと名前を忘れたが）という者で、米国へいってから、よくないことがあって、先に帰された男がいる、多分それだろうといっていた。

旅券は海の中に投り込んでしまったので、関門の通過が大問題だ。それで、我々はひそかに相談して、荷物も何も持たずに、新調の洋服姿で上陸することにした。

城山のいうには、

「なるべく英語で話をしながら、外国人の真似をして関門を通り抜け、神奈川台の富田屋という宿屋へ行って待っておれ、すると、俺が三人の荷物を始末して後から行く」

というのであった。それで三人は船から上るとことさらに英語で話をし、また運上所《うんじょうしょ》の前に来ると、西洋の歌などうたって通ったら、幸い咎《とが》められることもなくて神奈川の富田屋に落着くことが出来た。

さて、そこで城山を待っているけれどやって来ない。何か変事でも起ったのじゃないかと、とやかく、心配しているところに、やっとのことで、城山が姿を現わしたのは、早や正午過ぎであった。城山は、

「大層待たした、実は荷物の検査を受けてる間に、高橋の行李《こうり》からピストルが出て、それが大変に手間を取らした。一体何であんなものを持っていたのか」

と訊《き》くので、私はそのわけを話した。それは前にも話したように、私がアメリカへたつ時、祖母は切腹の法を教えると共に一口《ふり》の短刀を授けて懇《ねんご》ろに男子万一の場合の心掛けを訓《おし》えてくれた。その刀はアメリカへ行った後も大事にして持っていたが、ある時、米人がそれを見て、大変に珍しがり、「何のためにこんな物を持っているか」と尋ねるので、護

身用として祖母から貰ったものであることを話すと、「それならこのピストルと交換してくれ」と、しきりに頼むのでピストルと換えたが、それをそのまま行李の底にしまい込んで忘れていたのである。それが、日本の運上所で障《さわ》りになろうとは、夢にも思い設けぬところであった。

翌日、三人は城山と共に神奈川から江戸に這入《はい》り込んだ。まだ明るい夕刻であった。三人は洋服姿であるから誰も気付くまいと高をくって芝の芝居町《しばいまち》まで来かかると、突然、一人の小僧が追掛けて来て「和喜さん和喜さん」と私の幼名を呼ぶ。振返って見ると、芝《しば》口《ぐち》の仙台中屋敷に出入りをしている清平《せいへい》という髪結床《かみゆいどこ》の小僧で、子供の時しばしば一緒に遊んだ幼友達である。私も懐しかったので、思わず傍《そば》によって話そうとしたら、城山と一条とが、突然大声を挙げて、小僧を怒鳴りつけた。その権幕がいかにも恐かったので、小僧は一目散《いちもくさん》に逃げて行ってしまった。その後で、城山が、

「まだ仙台藩の様子も判らないのに、今から帰ったことを見破られるようではいかぬ。注意をせにゃならぬ」

と戒めた。

露月町《ろげつちょう》まで来ると私の生家川村の家があった。一条に、「ここが自分の実父の家だが、今はどうなっているかナア」というと一条は、

「そうか、そりゃいい塩梅《あんばい》だ、川村でお前一人だけでも隠《かく》まってくれればよいがナア、俺

がちょっと行って掛合って来よう」

と、我々を露路の所に待たして、門の中に這入って行った。

間もなく出て来た一条は、

「どうも様子を見ると、頼んでも駄目のようだ、それに、そんなことをすれば、隠れているることが、よけいに広まってしまう。聞けば川村の家も、近々引越さねばならぬということだ」

という。すると、城山が、

「それじゃ、もう俺たちの行く所は牛込の汁粉屋よりほかにはない」

という。他の者には、別に当てにする家を持っている者もないから、一同揃って、城山の行く方向について行った。

森有礼氏の書生から大学南校の教師へ

その内に牛込堀端田町《ほりばたたまち》の汁粉屋に着いた。その家の裏に、小さな二階建ての隠居所《いんきょしょ》がある。それを城山が主人に相談して借り受けることとなり、我々三人は、この日からそこに閉じ籠ることとなった。

かくて、外出を憚り、一切世間との交渉を絶って、約一カ月も閉じ籠っている内に、城山が三人のことを森有礼《ありのり》さんに話して、お世話を願うことにしてくれた。

当時、森さんは西洋から帰って朝廷の役人となり、外国官権判事《がいこくかんごんはんじ》に任ぜられ、神田錦町《にしきちょう》に住んでおられた。慶応三年森さんが欧州から日本へかえられる途中、桑港《サンフランシスコ》を通過されたので、一条や鈴木はその時会って森さんを知っていた。そこで森さんは、三人の世話を引受けて我々を自分の邸内に引取られた。その時、三人が従前の名前でいては危険だからといって、森さん自身で鈴木を鈴五六郎、私を橋和吉郎《わきちろう》と改名され、一条は自ら後藤常《つね》と変更した。これ実に慶応四年、即ち明治元年の十二月、私が十五歳の時であった。

森さんは当時年歯二十三歳、まだ独身で、生活も極めて簡素であった。家には、会計係として、岸田吟香《ぎんこう》の甥《おい》で十八、九の若者が一人とほかには飯焚き夫婦がいるばかりであった。元来が無頓着《むとんじゃく》の方で何でも人に任せ切りであった。朝起きると、自分で雨戸を開けて、食事のごときも、書生らと一緒にやるという風であった。

始め、先生のお菜だけは別に作って出してあったが、森さんが見てそんなに区別してはいかぬ、書生らと一緒にせよと命ぜられたので、その後はそうなった。
五、六日たつと、先生は我々を呼んで、
「やはり課程をきめなきゃならぬ。俺が英学を教える。漢学は後藤について学べ。それから、俺は忙しいから皆に一々教えているわけにはゆかぬ。お前らの内で、一番覚えのよい者一人だけに教える。それに当った者は、よく覚えて、それを他の者に教えねばならぬ」

といい渡された。

しかるに、その一人というのに、計《はか》らずも私が選ばれた。それでいよいよ日課がきまって、森さんから教わったことを、私がさらに一同に教えるということになった。英学のほかは、習字は金井之恭《かないゆきやす》という人に教わった。

その内に、毛利《もうり》の藩士で、内藤誠太郎、中原国之助、肥後の藩士で江口高確《こうかく》ほか一人というような人々が、森さんの家に書生として這入って来た。しかし後の二人は間もなく他に行ってしまい、いつまでも長くいたのは、我々三人と内藤、中原の両名であった。

翌明治二年の正月、大学南校《だいがくなんこう》が出来たので、森さんは、もう俺が教えなくてもよくなった、お前らは学校へ入れといわれるので、我々は直ちにその手続きをした。ところが三人とも英語が読め話が出来るというので正則《せいそく》の方に廻され、横浜の居留地で、道路の技師をしておったバーレーという人について学ばされたが、三月の始めに至って、語学がよく出来るという廉《かど》で、三人とも大学南校の教官三等手伝いというものを仰せ付かった。

当時仙台藩は降伏謝罪の後で、藩主は芝の増上寺《ぞうじょうじ》に蟄居《ちっきょ》していた。維新当初の藩論は、勤王佐幕両派に分れ、勤王論は主に国学者によって唱えられていたそうだが、結局佐幕論が大勢を制して官軍に反抗することとなった。しかるに、いよいよ降伏謝罪となるや、勤王攘夷を唱うる者の勢力が俄かに擡頭して、洋学者のごときは捕縛してしまえというような激越なる議論が盛んとなり、ために当時の大家であった玉虫左太夫《たまむしさだゆう》氏のごときも捕縛投獄せられ、何の調べもなくついに斬首せられたくらいである。

　右の状勢であったから勤王派の洋学者を退治することをもって、朝廷に忠義を尽す所以《ゆえん》なりと考え、我々が洋行から帰って来たのを聞くと、何とかして捕縛せんものと、窃かに探偵を発して我々を監視した。しかるに我々はその時すでに大学南校の教官になっていたのである。学校は今の一ッ橋の商科大学の所にあり、その校内に教官の役宅があって、我々は間もなくそこに引越して行った。ところがある日鈴木が慌《あわ》ただしく飛込んで来て、

「大変だ、今学校の門外で、後藤が仙台藩の二人の岡ッ引らしいのに引立てられて行った」

という。私も、それは不都合だ。後藤は今日朝廷の役人ではないか。それを仙台藩の者が引立てて行くとはけしからん、と思ったから、すぐに、鈴木と一緒に森先生の所へ行って、そのことを訴えた。すると、先生は、

「よろしい、明朝自分が仙台屋敷へ行って、藩の公用人に談判する。お前らも随《つ》いて来い」

と一言凛《りん》として引受けられた。当時仙台屋敷は日比谷見附の所にあった。そこへ森先生に随って行くと、森先生は田中という公用人に会って、

「後藤は今日すでに大学南校の教官を拝命している。勝手に捕縛監禁せられては困る。速かに引渡しを願いたい、かつまた今後かような間違いが起っては迷惑千万であるから、こ

の三人は私が仙台藩から申受ける」
と厳談《げんだん》に及ばれた。公用人もこれには一言の返す言葉もなく、いわるるままに承認した。そこで先生は、我々三人を自分の附籍《ふせき》とせられた。私が一時、鹿児島県士族森有礼附籍となったのは、そういうわけからであった。

閑居の藩公

我々は、帰朝後牛込の汁粉屋の二階に、鳴りを静めて隠れていたが、噂千里の譬《たと》えに洩れず、いつとはなしに、我々の帰ったことは、国許《くにもと》の仙台にも知れわたって行った。ちょうどその時鈴木六之助の実父古山亀之助が藩用を帯びて上京して来た。そうして噂を便りに我々の住居を江戸中探し廻った。私の祖母もそれを聞くと、自分が行って江戸中を探したら判らないことはないと単独でも上京するといい出したが、老人が一人ではいかぬ、いずれ家族纏めて行くからといってやっと思い止まらせたそうだ。

さて、古山はほうぼう尋ね歩いて、ついに我々が錦町の森邸にいることを突き留め訪ねて来た。何だか非常に急ぐというので、草鞋《わらじ》がけのまま仲《なか》の口《くち》に腰掛けながら、私と鈴木とに会った。我々が森さんに大変お世話になっている話をすると、二人がこんなに息災《まめ》でいることが判った以上、自分は国許に急ぎの用があるからといって帰ってしまった。

すでに鈴木の実父に居所を突き留められたので、自然江戸藩邸の人々にもそれが伝わったと見え、ある日、江戸詰《づめ》の浅井利平《りへい》という人が訪ねて来た。この人は、元仙台藩に抱らるる時、親類が必要だというところから、高橋を表向きの親類としていたので、祖母なども非常に懇意にしていた。これが来て、

「今楽山《らくざん》公は、芝の増上寺に蟄居《ちっきょ》していられる。二人がアメリカから帰ったことを申上げたら会いたいとの思召《おぼしめ》しであるから、御目見得《おめみえ》したらよかろう」

といって、その手続きをしてくれた。

それで、日を期して、私と鈴木はアメリカより帰りたての洋服を着て、浅井に連れられ増上寺に罷出《まかりで》た。八畳敷ばかりのまことに狭い部屋に通されて控えていると、そこへ楽山公が、二人の家来を随えて這入って来られた。それで浅井がわれらを御紹介申上げた。二人は坐ってお辞儀をした。楽山公は起《た》ったままでいられたが、側におった侍が洋服のネクタイを首巻と思って、静かな声で、

「御前《ごぜん》の前だから首巻は取ってはどうじゃ」

という。

「これはネクタイでありまして附けているのが礼であります。これを附けなければちょうど人足《にんそく》のいでたちと同じようになります」

と申上げた。すると「そうか」といって顧みて笑ったような有様であった。それから、

楽山公が、
「何年修業していた、あちらはどんな風であったか」
とお尋ねがあったので、それぞれお答えした。すると楽山公がさらに「外国の詩を作るか」と仰せらるる。
「とても、我々は未熟で詩などは作れません」
「それじゃ、詩吟をやれ」
「それも別に稽古したことは御座いませんが、一つ二つ暗誦したのがあります」
といって、私は、幸い、サージェント・リーダー第四巻に載っている詩を記憶していたから、
The Spacious permanent on high, With all the blue ethereal sky.
と、それから、
The Spring is coming, the spring is coming.
Hark ! the little bird is singing.
の二つの詩を朗吟した。
「それはどういう意味か」
「一つの方は、大空は永久に広がり、目の限り緑ぞ流る……という意味で、も一つのは、春は来ぬ、春は来ぬ、聴けよ君小鳥は歌う云々《うんぬん》という意味です」

と答えると、「そうか」といって、大変御満足の態であった。そうして、

「なお今後とも学問をして朝廷に忠義を尽せ」

と仰せられ、かつ左右を顧みて、

「学問をするために、当人に手当をしてやれ」

と命じてお引込みになった。それで左右の人たちが、

「外国へ行ったおかげで、足軽《あしがる》の身分で御目見得《おめみえ》が出来た。有難き思召しがあったことを忘れるな」

といって祝ってくれた。

それから、浅井が、

「殿様もあんなにおっしゃるから、二、三日経ったら、田中公用人を訪ねて行ったがよかろう。思召しもあり、学資を下さるだろう」

と、いうので、二、三日経って、日比谷の藩邸に伺った。すると、田中公用人が、

「この間は御目見得があっておめでとう、ことに有難い思召しがあったそうで、誠に結構なことだ。ついては財政が窮乏で十分のことは出来ないが、毎月二分《ぶ》ずつ学資として支給する」

といって二分出してくれた。それで有難くお礼をいって受取った。それから、その後鈴木と相談して「自分たちは今森さんにお世話になっているから差当り学資は要らぬ。藩邸

も財政困窮の時であるから、これは御辞退申そう」といって、田中公用人を訪ねて辞退した。

ダラース、リング事件の当時

明治三年ごろであったと思う。大学南校にダラース、リング事件というものがあった。ダラースという人は、横浜の商人であったが、家柄のよい生れで何でも祖父《おじい》さんか何かが、米国の副大統領になったことがあるとか聞いていた。至極《しごく》上品ないい人であった。キャプテン・リングは、以前上海《シャンハイ》あたりにいて、日本へやって来た人で、この二人は共に相当教育のある人々であった。

当時護寺院《ごじいん》ケ原《はら》といって大学南校の前に原があり、外国教師の役宅はその原の中に別々になって建っていた。

ダラースの家には、南校の教員をしていた深沢要橘《ふかざわようきつ》という人が同居同様にしていた。またリングの方には小泉敦《あつし》という教員が常に出入りしていた。

これらの教員が外人のところに同居同様にしていたのは、語学の稽古をするためであった。

ところが、この二人の外人が、いつの間にか妾《めかけ》を囲うことを覚えてしまった。もちろん役宅に引入れることは出来ないから、時々妾宅に泊りに行く。そうして、この二人の日本人の教員はその周旋をしたり、あるいは泊りに行く時に一緒に行ったりしていた。

ある時、フルベッキ先生邸の私の部屋に、若い教員連が集まって、歴史の回読などしていると、そこへ慌《あわただ》しく小泉が駆け込んで来て今学校からの知らせに、須田町《すだちょう》の附近で、ダラースとリングの両先生が斬られて二人とも大通《おおどおり》の紙屋で手当を受けていると知らせた。そこで居合した一同は大いに驚き、早速現場に駆けつけた。行って見ると、二人は、店先に積み上げられた日本紙に寄りかかって苦しんでいる。すでに近所の医者がやって来て傷口を洗い縫ったところであった。いずれも後から斬られたもので、リングは背中を一《ひと》太刀《たち》、ダラースは背中と肩先に二太刀浴びせられている。店先には血の塊りなどが落ちている。

そのうちに大学東校から医者が来て、寒いものだから、火鉢に火を起して部屋を暖める。それに紙屋の店先では、場所も狭くて何かに不都合だから、ちょうど筋向いにある「しがらき」という待合茶屋《まちあいぢゃや》が座敷も広いし、設備もよいからといって、そこへ引越すこととなり、高さ四尺ばかりに綿を積み重ね、その上に布を敷いて寝台代りにして二人をそれへ寝かした。

一通り怪我人の始末がついてから紙屋の亭主にその時の模様を聞くと、店の者がその日の帳面を締括《しめくく》って店をしまい、また潜戸《くぐりど》だけを締めて戸は締めなかった。ところが突然二人の外人が転げ込んで来た。それはダラースとリングであった。

「私たちは大学南校の教師である、今斬られた、すぐ学校へ知らせてくれ」

というからすぐ学校へ知らした。しかるに傷はなかなかの大傷だから、急いで医者を呼んだが、町医者だから、まず焼酎《しょうちゅう》で傷口を洗って、それから縫う前に一升ばかりの酒を飲んで縫ったが手が顫《ふる》えていた。リングはよほど気丈の男で、いよいよ自分が危いと思ったのか、傷口を縫う時に、自分の下げておった時計を出して、自分が死んだら、学校からこれを遺族に贈ってくれと遺言《ゆいごん》した。ダラースの方は弱って、ほとんど口も利けなかったということであった。

「しがらき」に移ると、語学の出来る教員は、当分附き添うて看護することとなり、南校の小博士箕作奎吾《みつくりけいご》さんが、その看護長となって指図をした。それで、我々は日々「しがらき」へ行って通訳をしたり病人のいうことを聞いたりして看護の任に当っていた。

両人が負傷した翌々日になって英国公使のパークスが見舞のため、横浜から騎兵を随えてやって来た。もちろん政府はそれまでに非常に心配して、出来るだけの手配りをした。町医者の縫ったのがいかにもひどいから、大学東校の医者が来るとそれらを縫直した。それから「しがらき」の前十間《けん》ばかりの間は、馬や車を通行止めにした上に、道の上には、菰《こも》を敷いて、通行人の足音がしないようにした。また日本家《にっぽんや》であるから、温度を調節せねばならぬ。それで炭素の籠らないように真赤にした木炭を用いて部屋を暖めていた。

そういう風で、手当も十分に行届き、気分もよくなっているところにパークスがやって来たので、パークスも政府の手配りにはよほど満足したようであった。

三週間ばかりたつと、傷もだんだんと癒え、気分もよくなり、口も利けるようになった。我々は相かわらず交代で看護していたが、病人の気分のよい時をみてその夜の模様を聞くと、もともとリングの妾は日本橋界隈に住まっており、ダラースの妾は神田方面に住まっていた。その夜はリングとダラースはリングの妾を伴《つ》れ、提灯《ちょうちん》を持った小泉を先に立ててダラースの妾の方へ行く途中であった。神田近くになると、左手の方に屋台店が列んでいる。リングとダラースとは妾をまんなかにして、手を繋いで屋台店のところを通りかかった。無論小泉は弓張提灯《ゆみはりちょうちん》を持って先に立っていた。

するといきなりダラースが斬られた。ダラースは何だか冷《ひや》りとしたので左の屋台店を廻った。その間に二の太刀はリングに斬りつけて来た。リングは斬られると真直ぐに逃げ出した。そこへ屋台店の方へ廻ったダラースが再び右へ廻って往来へ出たから、また一太刀浴びせられた。妾は何のこともなかった。小泉も一緒に駆け出したが、モウその時はどこも店を閉めていて助けを乞うことが出来ない。須田町のあたりまで来ると、紙屋の店が三尺ばかり明いていたので、そこへ飛込んで助けを乞うた。小泉はそこから帰ってしまって、何喰わぬ顔をして、私の部屋へやって来た、ということが判明した。

このことが判ると、小泉という奴はけしからぬ。第一外人に妾を取持ったり、またこんな場合に逃げ帰るなんて、男の風上にも置けぬ奴だ。それに帰って来て知らぬ振りをしているなどますけしからんと、一同は大いに小泉を排斥して、とうとう学校から免職させてしまった。

その後ダラースを斬った男が捕まった。土佐《とさ》の人であったと思うがそのいい分は、

「一体皇国の婦人を夷狄《いてき》が引張って行くのが不都合だと思ったから」

といっていた。

ダラースは犯人が捕まったのを聞いて、

「ア、捕まったか、我々は今のところでは命は助かるから罪人はどうか死刑にならぬように希望する」

という、それで私が、

「かくなったのも畢竟《ひっきょう》貴公らの行動がよくなかったからだ、日本の婦人を二人の中に入れて行ったのが殺害の動機らしい、加害者は相当に気概のある人であるから、もし教育が足りて、世界の大勢を知るようになったら、偉大なる人物となるかも知れぬ、貴公がそんな考えなら、命乞いをして、アメリカへやって修業さしたらどうだ」

と話すと、ダラースは、

「君のいうのは尤《もっと》もだ、考えて命乞いをしよう」

という話であった。

その後一月ばかりたつと、大変に元気になって、もう部室の中を歩くようになった。二人はいつまでいても仕方がない、早く役宅へ帰りたいとばかりいっていた。ところがある時深沢に、

「男ばかりでは不自由だから、妾をここへ呼んでもらいたい」

といった。これを聞いて一同は、

「我々がいるのに妾を呼ぶなんてけしからぬ、俺たちは妾と一緒にいるワケには行かぬ」

とて大いに激昂《げっこう》した。その後両人は役宅に引上げたが、とうとう妾を呼んで世話をさしたということである。

話は後にもどるがこの事件があった翌日、学校では、学校の教員中に斬った者があるのじゃないかと、残らず刀を調べに来た。その時私の刀に血が附いているので、大騒ぎとなったが、それは前晩私の部室に鼠《ねずみ》が出て、箪笥《たんす》の後に逃げ込んだのを、私が刺したので、血の跡が残っていたことが判って大笑いとなった。しかしそのくらい調べたのであるから、他も随分調べたことであろう。

斬った人はとうとう斬罪《ざんざい》に処せられた。

その頃の森有礼

明治二年の始めごろから、森先生は廃刀論を主張され、その急先鋒であった。また政府では各藩の公用人を集めて会議所を作り、森先生は議長の職を摂行《せっこう》し、神田孝平《かんだこうへい》氏が副議長であった。我々は森先生と神田先生とが、時勢を論ぜらるるところをたびたび聞いた。森先生の廃刀論は、

一、官吏兵隊のほか帯刀《たいとう》を廃するは随意たるべきこと。

二、官吏といえども脇差《わきざし》を廃するは随意たるべきこと。

の二案で、これは会議所の会議に提出せられたが、大多数の反対に会い否決されてしまった。しかのみならず、森先生を攻撃するの声はいわゆる志士の間に満ち、その身辺が危なくなって来たので、先生が夜に入って三条公や岩倉公に会いに出掛けられる時には、鈴木と私は馬の両側に附いて護衛して行ったものだ。

その内に森先生攻撃の声は同郷の鹿児島人の間からも湧いて来た。由来《ゆらい》武をもって天下に誇っている鹿児島人でありながら、武士の魂たる帯刀を廃せよとは何たることだと囂々《ごうごう》たる非難の声に、政府は大いに狼狽して岩倉、大久保両公の庇護《ひご》があったにも拘わらず、ついに先生の職務を免じ位記返上を仰付《おおせつ》けたので、先生は意を決して故山に帰られるこ

とになった。

かくて森先生は鹿児島へ帰られたが、我々は依然として大学南校に奉職しておった。そのうちに、政府は長崎にいたフルベッキ博士を東京に呼んで、大学南校の教頭に任じ、校内に住わせることになったので、我々も博士について歴史の回読をした。そうして私は傍《かたわ》らバイブルの講義をもしばしば聴いて、自然耶蘇《ヤソ》教信者の一人となった次第である。

明治三年となって、森先生は勅命に会って、再び鹿児島から出て来られ、今度は小弁務使としてアメリカに行かれることとなった。その時先生のいわれるには「実は今度お前も連れて行きたいとおもったが、お前よりも歳上の者で希望者がたくさんにあるから、あるいは連れて行けないかも知れぬ。しかしお前も折角希望していることであるから、出来るだけ連れて行くようにしよう」とのことであった。ちょうどそのころ、私が維新前横浜にいたころの先輩で、江川太郎左衛門の家来《けらい》矢田部良吉《りょうきち》という人が、大学南校の教授になって来た。久し振りで会って、兄弟同様に親しく交わっておった。もとより私よりは歳上で、会話こそ上手《じょうず》でないが、英語を読むことは私よりも優《すぐ》れていた。この人がかねてから洋行したいという熱心な希望を抱いておったから、私はある日森先生に向って「私を連れて行かれる余地があったら、代りに矢田部君を連れて行って下さい」とお願いすると、では一度その人を連れて来いといわるるので、矢田部を連れて行って面会した。矢田部という人は私が兄としておったくらいで、なかなか頑固《がんこ》で、自分の意思を貫くことには非常な勇気を持った人であった。

森先生への紹介をすましてから、また先生の所へ行って、先生の考えを聞くと「どうも、あの人は少し狡猾《こうかつ》なような風がある。しかしお前もしきりに自分の代りにというし、ほかに見所もあるから、ハッキリは決らぬが、あるいは連れて行くことになるだろう」といわれた。それで帰って来て矢田部にありのままを話すと、矢田部は、「さすがに森さんだ、自分もそれには気づいている。しかし多くの人は自分にその欠点のあることに気がつかない、一見して見透《みとお》すとは偉い人だ。それにつけても、その欠点を補わねばならぬ。どうだろう、連れて行って貰えるだろうか」と、森さんの眼識には本当に驚いておった。この人はとうとう望み叶《かな》って森さんに連れられて米国に行きコルネル大学に入学して、植物学を修め、後年大学教授になって亡くなった。

その時心配したのは、森さんのところで一しょに書生をしておった長州の内藤誠太郎がしきりに森さんに連れて行って下さいと願っていた。森さんも新たに知合いになった矢田部を連れて行って、内藤を連れて行かぬワケにはゆかぬので、ついに連れて行かれることとなった。この人は、後に堀誠太郎といって、山口県の農業学校の先生か何かになり、私が日本銀行の馬関《ばかん》の支店長時代に一、二度会った。その後この人も死んでしまった。

〔四〕放蕩時代

その機縁と「二百五十両」

森先生は、私を日本に残すについて、万事をフルベッキ博士と当時の大学大丞《だいがくだいじょう》であった加藤弘之《ひろゆき》さんとに託して出発された。自分も一心不乱に勉強して、他日森先生が適当の機会に呼び寄せるといわれたその日の来るのを、ひたすら待ちわびていた。

ところがここにふとしたことから魔がさして来た。というのは明治三年（十七歳）の秋の頃であった。自分はその時すでにフルベッキ先生の許《もと》に引移っていたが、ある日のこと自分が学校から自分の部屋へ帰って見ると、留守中平生あまり懇意にしていなかった三人の立派な人が来て待っている。

いずれも大学南校の下級生徒で、外人教師の役宅に住まっている元越前藩の家老職をしておった人たちの息子——本多貴一《きいち》、本多丑之助《うしのすけ》、駒與楚松《こまよそまつ》の三人であった。「何の用事で来たのか」と聞くと、「実は、今度グリフィス教授を福井藩の学校へ雇入れることになったので、本多貴一は博士に附いて国へ帰れという命令が来た。折角修業に出たのに今引揚げて帰ることは誠に残念であるが、親の依頼で、藩の大参事《だいさんじ》から厳《きび》しき達しだ。これというも三人があまりに勉強を怠って遊んでいたことが判ったからである。しかるに困ったことには、借財があって、帰るにも帰られず、途方に暮れている。ついては貴殿の御配慮で何とかして、一時借財を返す工夫は出来まいか」という依頼であった。

で私は、「それは誠にお気の毒だ。一体どのくらいの借金があるのか」と尋ねると「二百五十両なければ立てない」という。私にそんな金のあろうはずはないが、幸い私の懇意な家で遠い親類筋に当る商人がいるからそれへ行って話をして見ようと、早速浅草の牧田《まきた》万象《ばんしょう》という商人の家へ出かけ、わけを話して頼み込んだら、その人も「そういう次第で友達を救おうということなら何とか工夫をして見よう、だが自分の所でもそんな金が立ちどころに揃う次第ではないから方々のを掻き集めて、二、三日中になるべく持って行こう」ということであった。

翌日になると、小判《こばん》だの二分金《ぶきん》だの一分銀《ぶぎん》だのを取交《とりま》ぜて、合計二百五十両を揃えて持って来てくれた。私がその借手になって証文を入れ、三人を呼んでこれを渡すと、三人は大いに喜んで厚く礼を述べて帰って行った。

しかるに、数日を経ると、三人がまたやって来ていうのには、この十二月にいよいよ帰国するということを大参事に届けに行ったら大参事のいうのには、「君たちも折角親から修業に出されたのに、今帰って行っては不本意であろう。しかし君らのこれまでの行蹟では、親たちに留学をすすめるワケには行かぬ。今後全く改心して本当に勉強する気なら、今度だけは自分から願って許しを受けてやろう」ということであったから、是非そうして戴きたいと一生懸命に頼み込んだ結果、帰国しなくともよいことになった。ついては二百五十両の大金を都合して戴いたお礼と、また本多貴一も踏み留まる以上、今後またまた教えを受けねばならぬから、かたがた一夕《いっせき》お招きを致したいという。

私も、「それは大変によかった。大参事のいわれる通り、勉強したがよかろう。さて夕飯はどこへ行くのだ」と聞けば、両国の柏屋《かしわや》でということであった。

茶屋遊び

私が立派な日本の料理屋へ行ったのは、これが始めてで、本式の座敷で芸妓《げいしゃ》を見たのも、この時が始めてである。その夜主賓《しゅひん》として招かれたので、三人（両本多及び駒）は、極めて鄭重《ていちょう》に私を持てあしらった。

宴席の万端のことは、越前の商人福井屋というのが、周旋役を勤めた。三人はいずれも芸妓たちとはお馴染みと見えて、大変に懇意な様子であった。そのころ、私は飲めばいくらでも飲めた方で、元気に任せて、やっていたが、フト気が付くと、自分がこの日の主賓なるにもかかわらず、何となく廻りの者から疎《うと》んぜられ、軽蔑せられているような風が見える。

そこで気をつけて見ると、他の三人は、いずれも美服で、縮緬《ちりめん》の着物や羽織を着て、博多の帯や仙台平《せんだいひら》の袴をつけている。腰の物を見ると、彼らの大小はいわば黄金造《こがねづく》りといったような立派なもの、私の刀も一しょに列《なら》べてあったが、それは明治二年の神祇官《じんぎかん》が出来て国学者の丸山作楽《さくら》氏らが、しきりに神道を盛んにしなくてはならぬというので、我々大学南校の教官にも、斬髪禁止、結髪せよの布令が出て、神祇官へ行くのには、裃《かみしも》大小をつけねばならぬということになったので、私は柳原《やなぎはら》へ行って一両二分で裃大小を整えて来た。それをその席でも差しておったのである。それに私の身装《みなり》は木綿の着物に小倉《こくら》の袴という拵《こしら》えだ。いかにしても見劣りがする。ハハア、これだナアと思っている内にいざ引上げということになった。すると三人の刀は芸者どもが、紫の袱紗《ふくさ》様のもので捧げながら玄関まで持って出たが、私のものだけは床の間に投げ出したままにしてあるので、私はいたく茶屋女や芸妓どもに軽蔑されたという念が起った。

さて、かくまで女どもに軽蔑せらるるのは、どういうわけからであろう、やはり自分の身装が著しく異なって粗末なためであろうか、とにかくあんな者どもに軽蔑されるようではいかぬと考えた。

招《よ》ばれた以上こちらからも返礼をしなくてはならぬ。そこで今度は一つ服装も大小も軽蔑されぬようにしてあの茶屋で、あの芸妓たちを呼んで、御馳走をしてやろうと、前の福井屋（当時日本橋の銀町《しろがねちょう》に古着渡世《ふるぎとせい》をしておった福井数右衛門《かずえもん》）を呼んで、そのことを話し、それについては、あの三人が着ているような着物や袴を作ってくれ、それから鍍金《めっき》でも何でもよいから、黄金造りの太刀を整えてくれと一切を依頼し、さて日取りは何日がよかろうかと相談をすると、「万事承知しました、そういうわけなら、新年も、もうじきのことですから、元日と決められてはいかがです。一切はその日までに揃えます。そうして、その日、芸妓どもには少しばかりの御祝儀でも振舞って戴けば、彼らは単純なもので、服装や大小やが良くて金離れさえ綺麗であれば、打って変って尊敬しますから」というので、いよいよ元日の夕刻から招待することに決めた。

その日になると、まず三人を誘って、当時行きつけの本石町《ほんごくちょう》の湯屋へ行き、一風呂浴びて、柏屋へと乗込んだ。

すると、今度はこの前とは打って変って持てなされ、他の三人と何ら異なるところがない。そこでこれらの人々は、服装や、金ばなれの如何《いかん》で人をあしらっているナアということがわかった。

フルベッキ先生の一語

こうして遊んで見ると、三人は歌を唄ったり、踊ったりするが、私には一向にそんな真似は出来ない。その時分は、踊りといっても、角力甚句《すもうじんく》の踊り、唄といっても御維新後の流行唄《はやりうた》くらいのものである。そこで、三人は唄や踊りくらいは覚えた方がよいではないかと、それからは夜になると、当時私のおったフルベッキ先生の宅へ押掛けて来ては、歌や踊りを教えてくれた。

しかるに、それをフルベッキ先生のコックが窓越しに見て驚いた。「こりゃ大変だ、橋さんは狂人になったんじゃないか?」と、早速鈴五六郎の所へ行って告げたと見える。それで鈴がやって来て、「君は一体何をやっているのだ、この間もフルベッキのコックがやって来て、橋さんは気でも狂ったのか、夜になると大声を出して唄ったり踊ったりして、今までの橋さんとはまるで異《ちが》う。それに、このごろは時々夜遅くなって帰って来る、様子が変だといっていた、以後少し慎んだらどうだ」と忠告してくれた。

この時、私は心中大いに鈴に恥ずる所があった。かつすでにコックに見られた以上、フルベッキ先生もとくに伝え聞いているに相違ない。また夜遅く帰るごとに、門番が門を開けてくれるが、これも感づいているに違いない。こうなっては、もうこの邸にいるわけにはいかぬと思って、福井数右衛門に相談すると「それじゃ私の宅《うち》へおいでなさい、ちょうど奥座敷が空《あ》いてるから」といってくれたので、早速フルベッキ先生のところへ行って、「少し考えるところがありまして、ほかへ下宿したいと思いますが」と相談すると、先生は多くをいわず、「貴方《あなた》は森さんがアメリカに行かれる時、よろしく頼むということで、お預かりをしたが、自分でそう考えるなら下宿することもよかろう、しかしそのうちまた帰りたくなったら、いつでも遠慮なく戻っておいでなさい」と、いいながら、机の上から、ファミリーバイブルと称する註釈附きの聖書を取って、手ずから私に渡された。それは私が先生から耶蘇教の講義を聞く時に、いつでも先生が自分の前に置いて見ておられたもので、黒い皮表紙の大きな本である。先生は、それを手渡す時に「これは貴君《あなた》に上げる、どんな場合でも一日に一度は見るようになさい」と申された。

つのる放蕩

右のような事情で、私は福井数右衛門の所に引越してしまった。そうなると、もう誰にも遠慮はいらぬので、放蕩はいよいよ募るばかりであった。

その内に芸妓《げいしゃ》とも馴染みが出来、自然学校も欠勤勝ちとなった。当時、放蕩に荒《すさ》んだ一つの動機は、友人の山岡次郎君が藩命を帯びて洋行することとなり、しばしば送別会や留別会が重なり、その都度芸妓家へ行くことが頻繁となったためであった。

　ある時、私と山岡とが福井数右衛門に周旋さして、芸妓を連れて浅草の芝居を見に行った。そうして、二人は桟敷《さじき》の上で、芸妓の長襦袢《ながじゅばん》を着て盛んに痛飲していた。そこへ幕間《まくあい》となって三人の外国人と、二人の日本人が、打連れて花道を私らのいる方へとやって来た。その時、山岡は気がついて、後の方へ顔を隠したから分らなかったが、私は気がつかないから、太平楽《たいへいらく》を列《なら》べながらヒョイと花道の方を見ると、思いがけなく、その連中は学校の外国教師であった。

　これには向うも驚いたが、私も驚いた。もうこうなる以上は、便々として、学校にいるワケには行かぬと、その日家に帰るとすぐ辞表を提出した。

　すると加藤弘之さんが心配して、

「君は突然辞表を出したが一体どういうわけで出したのか。森君の話では、いずれ君もアメリカへ呼び寄せるつもりだから、それまで頼むということであったが」

「私は不行跡《ふぎょうせき》で、とても人を教えるなんて資格がありません。実際恥しいわけですから、何とぞこのことは許して戴きたい」

「それじゃ、どこかほかに就職の途《みち》でもあるのか」

「ありません」

「では、かまわないから、今まで通り学校にいて、森さんから呼び寄せが来るまで待っていてはどうだ」

と親切に留めてくれたけれども、すでに芝居であの有様を外国の教師や同僚に見られたので、どうしてもこのまま留まるわけにはゆかぬ。それにもう他の同僚も私の放蕩は薄々知っている、この上留まっては、自分の良心が許さない、と、たって頼むと加藤さんも、「そうまで決心しているならやむを得ない」と、とうとう辞職を許可してくれることとなった。

こういうわけで当時私には多少の貯えもあったが、瞬《またた》く間に使い果してしまった。それに、三人のために立替えた借金に対しては、月々利子を入れねばならず、ついには元金まで返せといわれるので非常に困却した。それに、福井は福井で、私が辞職して収入はなくなり、貯金も使い果したと知ると、今までの恵比須顔《えびすがお》が急に冷淡となり、ついには、「ただで食べさして上げるわけにも行かないから、食料だけでも入れてもらいたい」などいうようになった。

そこで、私は書物も衣服も持っている物は、一切売払ってしまった。ただフルベッキ先生から貰った聖書一冊だけは残しておいた。そうして、そんな荒んだ生活をしている間も、大概日に一度は、欠かさず開けて見た。そのたびごとに現在の自分はどうも良くない、これは早く改めねばならぬと感じたが、女に対する迷いで、放蕩はどうしても止められなかった。

箱屋の手伝い（十八歳の頃）

着物や書物を売って一時は凌げたが、それがなくなると、福井はまたまた出て行けがしに振舞う。それを見兼ねて馴染みの芸妓の東家《あずまや》桝吉《ますきち》（本名お君）というのが、妾の家においでなさいといって引取ってくれた。

この桝吉は、越前福井の飾屋《かざりや》の娘で、もと裕福であったから芸事のごときも、よく仕込んであった。自分よりも四つばかり年上で、福井屋にいる時分には、時々これが来て泊り、知らない内に、机の抽斗《ひきだし》などに、金を入れたりしておいてくれた。私はそれを握っては、柳橋へ遊びに飛び出したものだ。

しかるに、桝吉の家へ行って見ると、そこには両親もおれば、抱《かか》え妓《こ》もいる、わけて両親など、飛んでもない厄介者がやって来たといわぬばかりにあしらう。とうとう箱屋の手伝いまでしたのもこのときだ。

桝吉はその当時日本橋一流の流行妓《はやりっこ》であった。私もまだ若くはあるし、ヤンチャ盛りの時であるから、桝吉が出ているお座敷の宴まさに酣《たけな》わなるころを見かけてはモライに行く。すると今まで賑《にぎ》やかであった座敷が急に白《しら》けて来るから、それが面白くて、刻限が来ると、毎晩のようにそれをやった。

剣道家の千葉（周作）の若先生というのが、桝吉を贔屓《ひいき》にして、始終呼んでいた。ある晩のこと、私が例によって、提灯《ちょうちん》をつけてお茶屋に桝吉をモライに行った。すると桝吉はすぐにお暇を願ったと見えて、座敷は火の消えたように静かになって来た。間もなく芸妓やお酌《しゃく》の一団五人ばかりが賑やかに玄関に出て来た。皆見知りごしの者ばかりだから、私は提灯を持ちながら、他所《よそ》の軒下に避けていた。やがて今度は男の一団が、詩を吟じたり、歌を謡《うた》ったりして出て来た。

その時、先に立って来たお酌が「ヤア、あすこに橋さんがいる、橋さんがいる」と大声で呼んだ。千葉の仲間は、かねてから私が桝吉の馴染みで、そんな悪戯《いたずら》をしていることを知っているから、「ヤア彼奴《あいつ》だ、やっちまえ」と追掛けて来た。私は提灯を消して、一目散に逃げ出した。ちょうど夏のころで、方々に涼み台が出ている。私はいち早くその下に隠れて危難を免れた。一生の内で、これが滑稽な失敗の一つだ。

これより先、福井屋時代に、芝に住まっていた私の祖母は、薄々私の放蕩を聞き知ったと見えて、一日福井屋へ訪ねて来た。その日はちょうど桝吉が泊っていたので、妹芸妓《いもうとげいしゃ》が、家から朝の御飯やお菜を重箱に入れて、持って来ていた。ところへ福井の女房が「芝の祖母様がお見えになりました」としらして来たので、私も非常に驚いた。しかし奥座敷で、逃げ場がない。とうとう二人の芸妓がまごまごやっているところに祖母《ばあ》さんがやって来た。

「しばらく会わなかったが、マア達者で何よりです、してこちらの方々は」

と二人の芸妓を見て訊《たず》ねられるので私も大いに弱った。咄嗟《とっさ》の間のこととて「近所の方々です」と答えると、

「アーそうでしたか、いろいろと孫がお世話になることでしょう。まだ年もゆかぬ未熟の者ですから、何分よろしくお頼みします」

と、丁寧に挨拶をされたので、二人の芸妓は、とうとういたたまらずに逃げ出してしまった。

私は、その後で小言を喰うことと思っていたが、一向小言をいわない、そうして、

「お前も、もう意見をされる年合《としあい》でもなかろうから、よく考えて一生を過《あやま》たぬようにしなさい。常にいっている通り、この祖母が朝夕神仏に祈っていることは、お前の出世することばかりです」

と懇々と諭《さと》し、福井屋にも、よく私のことを頼んで帰られた。桝吉はこれを聞いて祖母の態度によほど動かされたようであった。後になって、私を自分の家へ引取るといい出したのも、こういうことが因《もと》をなしているように思われた。

さて桝吉の家に移ったが、私の環境はすでに述べた通りである。男一匹、こんなことではいかぬと、自分で自分に愛想《あいそ》がつきて、ある日夕方、その家の前で、天を仰いで考え込んでいると、突然、後から声を掛けたものがある。見れば、維新前横浜時代の知合いで小《お》花万司《はなまんじ》という人である。

「君は和喜さんじゃないか、久し振りだなあ」

「オヤ、君は小花君だったネ、今君は何をしている」

「僕は内務省に勤めている。して君は何をしているか」

「僕は何もしていない、何かしなくちゃならぬと思っている」

「そりゃちょうどよい。このごろ、肥前の唐津藩で、英語学校を建てたといって、その教師を探している。先《せん》だって内務次官の渡辺さんから誰かいないか、見つけてくれと頼まれたから、林董三郎（後の林董《はやしただす》）がよかろうと相談をして見たら、林は目下アメリカ公使館に書記をしているから、唐津などへ行くのは厭《いや》だと断った。どうだろう、君があすこへ行っては」

「そりゃ行かんでもないが、一体どういう風になっているのかモ少し詳しく話を聞かしてくれ」

「唐津藩では、まだ洋学校がない、それで第一に英語学校を建て、それからフランス式の歩兵を造るため、調練の先生と喇叭《ラッパ》の先生とを探している。この方はすでに決ったが、英語の先生がない。月給は向う賄《まかない》で百円を出すといっている。どうだ君が行ってくれれば頼まれた僕も顔が立って仕合せだが」

というような会話をとりかわした。

右の経緯《いきさつ》で、唐津行きの話は、ズンズンと進行し、やがて同藩の家老友常典膳《ともつねてんぜん》氏（前代議士友常穀三郎《こくさぶろう》君の親父）とも会見して、いよいよ正式に決定を見ることとなった。

そこで、私はいくらか月給の前借りをして、その一部で洋服を拵え、他の一部で借財の始末をした。もっとも本多らのために借りた二百五十両の分は、すぐというわけにも行かぬから、新たに証文を書き直して、今後、毎月唐津藩から受取る月給で、元利を返すことに相談をきめた。

唐津へは無論単身で行くわけであるから、祖母は後に残さねばならぬ。ついてはすでに老齢でもあるし、誰か世話をする者がなくてはならぬといって、東家《あずまや》の桝吉《ますきち》が商売を止め、進んでそれに当ることとなり、浅草の牧田万象《ばんしょう》（二百五十両を用立てた人）の裏に家を借りて、祖母と一緒に住まうこととなった。もっとも東家には、まだ抱え妓がいるから、それらの費用として、月に十円ずつは、私の方から送ってやることとし、ここに一切の片をつけ、私は名も東太郎（東家桝吉の名にちなんで）と変えて、唐津に向うこととなった。最初お君（桝吉）は、もちろん私の妻になる考えでいた。私もそれがよかろうと思っていた。それでお君も商売まで止めて、祖母と同居したわけだが、私が唐津へ行ってしまうと、お君の両親がしきりに暇をもらって家へ帰れといい出した。はじめの間は拒んでいたが、どうも両親の切なる頼みを無下《むげ》に断るわけにも行かず、それに、牧田万象がお君に横恋慕をして、聴かれないから、辛く当ったりしたものだから、とうとう祖母に相談して、向うから一札を入れ、暇を取ってしまった。

その後お君は亭主を持って、日本橋に待合を出し、相当に繁昌していたが、もう二十年も前に五十幾歳でなくなった。

花魁の強意見

唐津へは家老の友常典膳氏も同行することとなり、顔見知りの意味にて、一夕晩餐《ばんさん》でも差上げたいとて、誘わるるままに、始めて吉原というところに連れて行かれた。

確か、金瓶大黒《きんぺいだいこく》であったと思う。宴を済まして、花魁《おいらん》の部屋に入って見て驚いたのは、その床の間に、当時の洋学者が涎《よだれ》を流してほしがっていた『ウエブスター』の大辞書や『ガノー』の究理書などが列べてあり、その傍らには『八犬伝』が積み重ねてある。

やがて花魁がやって来た。小少将《こしょうしょう》という女であったが、『八犬伝』を取り出して仁義礼智信の話を始めた。そうしていうのには、

「貴方《あなた》は、ここに始めておいでになったが、この廓《くるわ》は貴方のような若い人の来るところではありません、貴方など、これから大いに勉強して出世せねばならぬお軀《からだ》ですから、今後は二度とこんな所へは来ないようになさいまし」

と、懇《ねんご》ろにかつ思わざる意見を受けた。

それを聞いて、私は吉原の花魁はさすがに違ったものだ、柳橋の芸妓などとは比べものにならぬと考えた。それでも、洋書があるのが不審でたまらぬので、「あすこに洋書があるがお前はあれが読めるのか」と聞くと、

「あれは私には解りません。しかしお客さんの中には、読む人がありますから置いてあるのです」

ということであった。

かくて、私は、婦女子にまで意見をされる我身かなと、つくづく自らを省みると共に、また一層奮励する気分にもなった。

そのうちに、いよいよ江戸をたって、海路神戸《こうべ》に到り、そこで当時兵庫県令《ひょうごけんれい》をしていた神田孝平《かんだこうへい》さんを訪ねて、唐津行きの話などした。神田さんは洋行中の令息乃武《のぶたけ》さんから手紙が来たなど語られた。神戸からは真直ぐに長崎に向い、長崎から鯛ノ浦《たいうら》を渡船し、轎《かご》

に乗って唐津の領内に這入った。藩の方では、遠来の先生が着くというので、わざわざ少参事《しょうさんじ》を遣《つか》わして、馬や轎《かご》を持って国境まで出迎えるという有様であった。

その時、同行して行ったフランス式調練の先生が山脇という人、また喇叭《ラッパ》の先生が多田という人で、いずれも幕府の侍であった。私は、この調練の先生が馬に乗るであろうと見ていると乗らない、喇叭の先生はと見れば、これも乗ろうとはしない。自然、馬は私の方に廻って、二人は轎《かご》で行くこととなった。元より私はアメリカで乗り習っているから、馬を扱うことは平気だ。一鞭《むち》あてて急がせると、轎《かご》は非常に遅れて、私は先頭第一に城下の町へ入り込んだ。見ると、路には一面に砂を盛って、箒目《ほうきめ》正しく掃除してある。出迎えの人が襟を正して列んでいる。実に大変な歓迎振りだ。

かくて一行は、城門前の御使者屋敷《ごししゃやしき》に案内された。夜になると四十人ばかりの藩士が、接待にやって来た、早速大広間で酒宴が始まった。当時の風習として、かような宴席では、まず酒の飲み比べで人を敗《ま》かすことが、手柄のようになっていた。しかるに、東京から海路神戸に到り、神戸から長崎に直行したが、長崎まで酒も良かった。ところが唐津の酒はいわゆる地酒《じざけ》で、おまけに、山脇、多田両君とも酒を飲まぬため、私一人で、四十余人を相手にして、痛飲せねばならぬという次第、これには私も随分弱った。しかし、それが非常な評判となって、歩兵の先生よりも英学の先生の方が偉いというもっぱらの噂となった。

英語の先生

私は、早速城内にある士族邸を修繕して学校にあて、直ちに五十人の生徒を募集して授業を開始した。ところが当時の唐津藩の掟《おきて》として、士族の家には三味線が禁ぜられ、婦女子は琴を弾くことをのみ許されていた。また城下の町に料理屋を営むことも禁ぜられ、藩士が外で酒を飲むには、米屋や呉服屋や魚屋というような大きな店の裏に、大きな座敷があって、そこで近所の娘を頼んで酌《しゃく》をしてもらうという風であった。

藩風がすでにそうだったから、漢学と撃剣が盛んで一体に攘夷気分が濃厚であった。従って、年取った人々の間には、英学に対し、反対論をなす者が多かった。それに、私が散《ざん》切《ぎ》り頭《あたま》に無腰《むこし》という姿で乗込んで行ったことは、藩中に少からず衝動を与えたのは論ないところである。

私が行ったまでは、藩の少青年中一人の散切り頭もなかったのが、まず学生の五十人が散切り無腰となり、やがてそれが一般青年に拡がって、これに倣《なら》う者が続々として輩出した。そのために、ことに撃剣の仲間から非常に怨まれた。

ある日の夜、二、三の藩士と共に城下に出て、一緒に酒を飲んでいたら、その間に学校は火を出して焼けてしまった。これは無論反対派の放火《つけび》であるといわれた。

ちょうど、その時、唐津の藩主は東京に引越すこととなり、今までの住居であったお城は空《あ》くこととなったので、私はこれを機会に、お城を学校に引直そうとて意見を出した。即ち、

「折角開国進取の方針を定め、英学を盛んにし、フランス式の歩兵を造るの機運に向って来たのであるから、さらにこの趣旨を徹底せんがためには、今日の勢いを推し進めて、根本より頑固者流の眼を覚すべきである。それには、藩主まず範を垂れ、お城を開放して学校とせらるることが何よりも肝要である」

という趣意であった。幸いにして藩主も、藩の重役も、これに賛成したので、お城の御殿は、幾程もなく耐恒寮《たいこうりょう》（英学校の名）と変ってしまった。

さて、その時の五十名の生徒は藩の青年中でも、最も有望な一粒揃いであった。ゆえに一番初歩のＡＢＣから教えて、半年経たぬ内に私に代って初学の者を教えることの出来るようになった者もある。

学校をお城に移転すると共に、定員を増加し、ついに二百五十人までの生徒を藩費にて養成することにした。その内に自分の借財も皆済ましたので、月給も百円という額は要らなくなったから、自分の取分は六十円として、残りの四十円は、学校の維持費に繰入れることにした。かくて、私は鋭意学校の基礎を確立することに努め、藩の重役らとも、この点につき篤《とく》と熟議を遂げて見た。

しかるに、唐津藩では、維新前から、製紙、捕鯨の二事業を、藩の直営として、年々巨万の利益を挙げていることが判った。それで、製紙事業の方を調べて見ると、年々少くとも四万円足らずの利益があるので、まずこれを財源とし、この利益の内から、一万五千円を取って、学校の維持費に充てることとし、ここにようやく耐恒寮の基礎が出来かかった。

その当時唐津から、祖母あてに出した手紙がある。

ひとふでしめし候御寒さ相まし候ところ御きげんよう御暮しあそばされ御宇れ敷ぞんじ候扨金子の事に付色々と御不じゆふの事しよふちいたし候こんどは三月までのげつきう皆宇け取さし上申候ま丶しやつきんもみなぬけ申候ま丶御安しん下され度ねんじ候猶十二月よりはげつきう六十両にいたし候ま丶左様御しよう知下され度ねんじ候こんど三百両万象方えつかはし候ま丶しやくきんぬいてのこり御受取下され度ねんじ候先はよふじのみあらあらめで度かしこ

十月四日　　太郎

御ば丶さま

かへすがへすも時こふ折角御いとい専一と存候かしこ

右の借金というのは、福井藩の本多、駒らのために借りた二百五十両の残りである。

酒量日に三升

耐恒寮における私の教授方針は、かつて大学南校でやったのと同じく、教室では一切英語で教えて、日本語はなるべく使わないようにした。

しかるに、生徒の身になってみると、今習っている英語が、外国人と対話する時に、本当に役に立つのかどうか判断がつかない。そこで、一度外国人に会って、それを試《ため》して見たくて仕様がない。

ある時、唐津の港に一隻の外国船が、石炭を積みにやってきた。誠によい機会であるから、この際外国船へ連れて行って、実地研究をやってはどうかと、ある人からの注意もあったので、私は早速その船へ行って、船長に面会し、右の事情を話して都合を聞くと、それは是非来てもらいたい、大いに歓迎すると、快よく承諾してくれたので、第一級生十四、五名を引きつれて出掛けて行った。

私は船長に会って、まず、

「私はこの人たちに英語を教えているが、この人たちはまだ一度も外国人と会ったことも話したこともないので、自分たちの習っている英語が、果して外人に通ずるものかどうかを疑っている。それで今日は生徒たちがそれを試しにやって来たのであるから、どんな突《とっ》飛《ぴ》なことを尋ねるかも知れない。失礼なこともあろうが、英語の稽古のつもりで応対して貰いたい」

と申入れたら、船長は快よく引受けて、ビールなど出したりして、接待《もてな》してくれた。するとと生徒たちは、我も我もと、学校で教わった英語の会話を繰返し繰返し話しかける。外人にはそれが解《わか》ったので、応答してくれるという風で、ここに始めて自分たちの習っている英語は、本当のものであるということが分って、一同大変に喜び安心したような次第であった。当時の始めからの生徒で、今世の中に知られて生存しているのは、天野為之《あまのためゆき》博士、曽禰《そね》達蔵博士、今唐津にいる工学士の吉原礼助君、裁判官の掛下《かけした》重次郎君、銀行家の大島小太郎君らで、その他故人となった者には、化学者の渡辺栄次郎君、工学博士の辰野《たつの》金吾君、西脇、山中、鈴木の諸君がある。

かくて、耐恒寮における授業の成績は相当見るべきものがあったが、一方、私は唐津に来てからは従来に増して酒を飲むようになった。朝は教場に出る前に冷酒《ひやざけ》をやり、昼は一升、夜は学校の幹事などを集めて酒盛《さかもり》をやるという風で、毎日平均三升ずつは飲んでいた。そうして、いつの間にか酒の肴《さかな》に鶏を飼うことを覚えて、日曜日には幹事や学生、小使など五、六人も連れて、村落へ行っては鶏を買って来て、それを城内に飼育し、毎晩二羽ずつくらい、料理して鶏鍋をやっていた。

ちょうどそのころのことであった。相手の名前を忘れたのでちょっと話にならぬが、当時は各藩において、智能弁舌の士が、他藩に遊説《ゆうぜい》して、おのおのその所信を吐露し議論を闘わして、相手を負かすことをもって面目とすることが流行《はや》った。

ある時佐賀藩の有志が唐津に遊説に来るという知らせがあった、当時の佐賀藩は唐津藩に比べて、遥かに権威があり、人材もまた多かった。各藩には、大抵もとの藩侯が知事となり、その重役連が大参事その他の要務に坐っていた。従って、藩と藩とは、今日では想像もつかぬほど、暗々裡に競争をしていた。

そういうわけであるから、佐賀藩の有志が来るというしらせに、唐津藩では万一いい捲《まく》られでもしたら不面目の至りである。勝たぬでもよいから、せめて対等な議論をしてもらえばよいと大変な心配であった。藩の重役は鳩首《きゅうしゅ》して相談して見たがどうもこれに当るべき人がいない。とうとう、その役目が私に廻って来た。皆の懇望《こんもう》なので私は快よくそれを引受けた。いよいよその日になると私は紋付羽織大小等を借りて唐津藩の侍になり済まし待っていると、佐賀藩の遊説員は三人でやって来た。そこで、接待員が御使者屋敷に案内して、手厚く接待した。

さていよいよ刻限が来たので私は単身御使者屋敷に乗込んだ。行って見ると、三人の内の一人が床柱を背にしていかにも傲然《ごうぜん》と坐っている。他の二人は襖《ふすま》を隔てて次の間に控えている。

やがて酒盛が済んで、いよいよ議論となった、ところが驚いたことには、その人が盛んに共和政体を主張する、当時は福沢先生の『西洋事情』が非常によく読まれて、その影響が随分強かったので、この人なども、共和政体が我が日本の国体と相容れぬことなど、思い及ぼうはずもなくただ一途に議論をするのであった。

私はアメリカへ行って共和政体、ことに村会や市会の選挙を実際に見て、その腐敗の程度も十分に承知していたので、そのことを話して日本においては共和政体の不可なるゆえんを痛論したら、その人も私の議論には屈した様であった。

しかるに意外であったのは、その人が鉄道敷設論を強調することである。鉄道といえばまだ日本には京浜間ただ一線出来たばかりのところだのに、この人は盛んに鉄道の利益を説き、速かに鉄道を普及せしめて産業の開発を計るべしと主張する、この議論には私も大いに敬服して、一歩を彼に譲った。かくてお互いに非常に愉快に議論を終え、上々の首尾で引揚げた。

これを聞いて唐津藩の人々も始めて面目がたったといって大変に喜んだ。

漢文学の独学

唐津ではまたこういうこともあった。耐恒寮が城内に移った後は唐津藩の先輩で、学校係の少参事であった中沢健作という人が、学校の一室を自分の部屋として、毎日出て来ていた。この人はオランダ学なども やって神田孝平さんたちとも一緒に学んだことのある人で、神田さんから私への手紙にも、その地には中沢という人がいる旨をいって来たくらいである。

ある日この人が、「東《あずま》さん、あなたは年若で英学が堪能《たんのう》であろうが、まだ漢学をなさらないから惜しいことである。この際漢学をやってはどうです、失礼ながら私が御教授申そう」ということであった。私も予てから、漢学をやっておかねばならぬと考えていたところで、「どうかお願い申す、何をやりますか」というと「まず『日本外史』からお始めになったらよかろう」ということであった。

それから早速『日本外史』を調えてさて教わる段になると、子供の時分四書の素読を教わったようにして教えてもらうことも面白くないから、中沢さんに、まず三度ばかり読んでもらってその後で私がそれを読むことにした。すると中沢さんは、最初の二、三枚を繰返して三度ほど読んでくれた。その後で自分が読んで見ると、やはりところどころ読めない。それでもそんなことをして、一週間ばかりやって見たが、日に三枚ずつ進んだものを後で読んで見ると、先に読めたものまで忘れている。

耐恒寮の生徒の中には、漢学をやったものが多い。自分が中沢さんに外史を習って、三度も読んで覚えないでは、生徒に軽蔑されるという考えが起った。その内に中沢さんも毎日は来なくなった。自分も中沢さんについて教わることをやめて、その代りに『玉篇《ぎょくへん》』

を求め、夜酒を飲んだ後、自分で『玉篇』を引張って毎晩三時間くらいずつ外史を勉強した。始めの三冊までは実に苦しんだがその後は大変に楽になって、三月ばかりの間字引と首引して独学で一通りを読み終った。この間は眠気がさして来ると、手の甲にどことなくお灸《きゅう》をすえた。方々へすえるからその灸の痕が人の目について、先生はどうしたんだろうと皆が怪しんだ。

ある時、中沢さんが灸痕《きゅうあと》を発見してどうしましたと聞くから、実はあなたに説かれて折角漢学を始めたが、いかにも自分の腑甲斐《ふがい》なさを悟ったので、独学でやらねばならぬと覚悟して、毎晩食事を終った後、約三時間ずつ勉強して、眠気がさすと所嫌わず灸をすえた。そのおかげで少しは外史が読めるようになった。ついては自分が読むから、聞いて悪いところがあったら直して戴きたい、ただ人の名前だけはどうも分らぬ所が多いといって、外史を読み、名前の解らぬ所など教えてもらった。中沢さんも、これを聞いて大変に悦んでくれた。

これが、日本へ帰ってから、本当に漢文の意味を調べながら勉強した始めである。これによって、日本の歴史も始めてよく頭の中に這入った。外史を終えて国史略を読んだ。自分の漢学の素養はこれだけである。

唐津に着いてから、間もないころであった。寿昌寺の坊さんが、その当時は能毛山《のげやま》の神主になっていたが、もと佐賀の人で、その故郷には叔父《おじ》さんや、叔母《おば》さんがいると聞いていたから、ある時、唐津から十二、三里も馬に乗ってその家を訪ね、叔父さん、叔母さんに会って、和尚から聞いた維新当時の話などして聞かした。

またそのころ、私の放蕩が、アメリカ三界《さんがい》まで聞えたと見えて激励するつもりであったろう、内藤や矢田部から、

「君は望みのない人間だから早く芸者の子供でもこさえて、子供を教育したらよかろう」

といって絶交の手紙が来た。それがまた私を激《はげ》ます因《もと》となった。

酒盃で喀血

明治四年十二月（十八歳）の末になると学校が休みになったので、唐津藩の鯨捕《くじらと》りを見物に行った。当時はまだ鯨捕りは藩営となっていた。

一行三人で、まず呼子《よぶこ》へ行って船饅頭《ふなまんじゅう》など素見《ひやか》し、それから名前は忘れたが、何とかいう島に渡り、そこの庄屋の家を借りて鯨の捕れるのを待つこととした。

船場の側に見張所があって、そこには唐津藩の少参事が裃《かみしも》を着けて坐っている。その裏山の高台には旗竿が立っていて、そこから番人が始終望遠鏡で見ている。鯨が見えると蓆旗《むしろばた》が揚がり、それが揚がると、下にいる鯨船が時を移さず出動することとなっていた。

島に渡ったのは、大晦日《おおみそか》の晩であったが、何しろ私は朝から浴びるように飲んでいたこ

ろである。鯨の捕れるまでは、三人で飲み通そうではないか、夜になったら代り代り一人だけが寝て、ほかの二人は飲み続けることにしようと、虹《にじ》のごとき気を吐きつつ、觴《さかずき》をあげていた。

ちょうど二日を置いて正月（明治五年）の三日に鯨が捕れた。見ると可愛い子鯨だ。最初蓆旗が揚がった時には、今三頭の鯨が見える、雌《めす》と雄《おす》とが両側に列び、中に子鯨を挟んでやって来るという知らせで、この警報に勢いづいた鯨船は、即座に用意を整えて出動した。その勇ましいことは、昔の舟戦《ふないくさ》もこんなものかと思われるくらい、八人乗の舟が数隻、艪櫂《ろかい》をそろえて、掛声高く漕いで行く。各舟には銛《もり》を投げる重大な役目の者が乗込んでいる。

やがて、さい前の子鯨を捕って来た。親鯨は逃がしてしまったが、子を捕ると、雌鯨がきっと探しに来る。雌はそのうちに捕れますよといっていたが、後になって果して捕れた。さあ、親鯨が捕れた、というので、それを見に行くと、島中総出で太鼓を叩き、鐘を鳴らして引っくりかえるような騒ぎだ。いよいよ鯨が着くと、まず薙刀《なぎなた》のようなもので、一尺四方ばかりの肉を切り取り、それを釜《かま》の中に入れる、その後は島の者には取り放題に許される。それで老若男女が、それぞれ獲物を持って、血のしたたる肉を、勝手次第に切り取って行く。実に、勇壮な情景だ。

鯨船がみな帰って来ると、お祝いのために酒樽《さかだる》を贈ってやった。

すると、夜になって、少参事からいろいろの鯨の肉を送って来た。それでまた酒盛を始めた。さて捕りたての肉を食べて見ると、いつも唐津で食べているのとは、まるで味がちがう、それは美味《うま》いものだ。

学校は正月の七日から始まるので五日には城下へ戻って来た。そうして、今度は家老始め知人の所に年始に行った。行く先々で酒を飲まされ、五日六日と二日続けて飲み歩いた。

七日にはいよいよ始業式である。朝生徒を列べ、四斗樽を据えて、まず自分が大きな丼《どんぶり》で一杯飲んで、それを第一列の生徒に廻し次に他の一列にも廻した。

しかるに、翌八日は文部省の視学官が学校を視察にやって来ることになっていた。それで、こんなに教場が酒臭くては困ると皆がいう。

「正月のお祝いに飲んだのだ、まだ授業の始まらぬ前でもあるし、いいじゃないか」

といって、私は放っといた。翌日視学官が来たので、そのことをいって、酒臭いことを前もって断っておいた。

八日の晩、相変らず酒を飲んで寝ると、俄《にわ》かに胸が痛くなってとうとう喀血《かっけつ》した。皆が大変に驚いて、ちょうどそのころ長崎から赴任して来た唐津の医学校兼病院の先生に懇意なのがあったから、それを呼んで来た。その先生が診察をして、

「こりゃ大変だ、かねて大酒をやっちゃいかぬというのに、飲み過ぎるからだ、これは酒毒だ、君はこれで命を取られるぞ」と大変に威《おど》かされた。

約一週間ばかりすると、気分も良くなり、座敷の中ぐらいは歩けるようになった。自分の部屋は二階に在《あ》ったが、下の方では、毎晩教員や幹事などが集まって、鯨や鶏や松茸《まつたけ》などで飲《や》っている。しかしどうしたわけか、病後というものは、その臭《にお》いがいかにも厭にな った。ことに酒の臭いが何ともいえず嫌《いや》になった。

病気はだんだんによくなったので、入浴をして、久し振りに下に降りて、部屋の障子を開けて見ると、例によって教員たちが飲んでいる。

「先生一杯いかがです」

というから、

「いや、もう私は臭いからが厭になった」

というと、その内の一人が、

「臭いが厭になったら鼻を摘《つま》んで飲みなさい」

としきりにいうので、鼻を摘んで飲んだらなかなかうまい、二杯目からは鼻を摘まんでもうまくなって、とうとう性《しょう》こりもなく、また酒飲みになってしまった。

唐津の騒動

こうした内にも、学校の方はだんだんと順序よく進んで行った。私は、すでに男子が英学をやる以上、女子もやって、大いに西洋の事情を究めておかねばならぬと力説し、藩の先輩の中にも、このことに賛成する者があって、とうとう婦人の生徒をも募集することとなり、曽禰《そね》達蔵博士の妹およう、友常典膳氏の娘おたい並びにふくの三名が率先《そっせん》して入学した。我々の考えは、結局これらの女生徒たちを教員にして、女子英学校を興《おこ》すつもりであった。

かくて学校の基礎が、ようやく確立して見ると、外国人の教師も聘《よ》ばねばならぬ。図書のごときも、外国に注文して、相当のものを購入せねばならぬ。それには、万事フルベッキ先生に相談して、その斡旋を願うことが一番よいというわけで、私は間もなく、東京に出ることとなった。

そういうわけで、私は唐津から東京へ出るとすぐにフルベッキ先生に会って、いろいろと学校のことを相談し、取りあえず、当面の必要に迫られている図書だけの注文をした。そこへ、唐津から押立《おした》て使《つかい》で、二人の藩士が上《のぼ》って来た。そうしていうのには、「先生のお留守中に、大変なことが持ち上りました。それは、今度唐津藩が伊万里県《いまりけん》に合併されることになって、その出張所が唐津に出来ました。たまたま藩の製紙事業の益金分《えききん》配のことで密告するものがあって、益金の処分について不審が起り、友常大参事始め藩の主なる者は、皆伊万里県に拘禁され、剰《あまつ》さえ伊万里県の役人が学校の倉に踏み込んで、製紙の金と、帳簿とを引上げて行ってしまいました。その上に、学校は閉鎖され、藩士はことごとく閉門蟄居《へいもんちっきょ》を命ぜられるという始末で藩中は鼎《かなえ》の沸《わ》くような騒動、藩の青年たちは、全く途方に暮れています。ついてはどうぞ早く帰って学校が開くようにお力添えを願います。それから、話は違いますが、伊万里県では、耶蘇《やそ》教の信者は、片ッ端から、斬罪に処することになって、先生も耶蘇教に関係がありはせぬかと取調べているそうです」

と、大変に慌てた様子であった。それで、私は、すぐフルベッキ先生の所へ行って、唐津表《からつおもて》から来た密使の一伍一什《いちぶしじゅう》を話し、書物はすでに注文したことでもあるし、やむを得ないが外国人教師を雇い入れることだけは、この際中止を願いたいと頼み込んだ。また耶蘇教信者に対する没義道《もぎどう》な処分や学校の復活については、先生から特に政府筋へ話込んでもらいたき旨を依頼し、私自身もまた内務省へ行って、このことを陳情した。すると、内務省では、

「そりゃ伊万里県のやり方があまり酷いようだ。そんなことは、内務省ではなるべく寛大な処置を執ることに致しているから、これ以上大げさにならぬよう、こちらから指図《さしず》をしよう」

という話で、ひとまず安心した。

右のような事情で、私はすぐに唐津へ引返すこととなり、東京から長崎に急行し、長崎から唐津までは昼夜早轎《はやかご》で押し通し、唐津の城下へ着いて見ると、町も城内もヒッソリとして、全く寂《さび》れ返っている。

私は、何はともあれ、第一番に伊万里県の唐津出張所へ行ってその乱暴な処置に対し、厳重《てきび》しく談判をした。すると、出張所では「そんなことなら、学校だけは開校してもよい」ということになり、学校は、一週間ばかりの内に、再び開かれることとなった。

しかしながら、伊万里に拘禁された友常君以下の赦免はなかなかに出そうもないから、私はこれら拘禁されている者に小遣銭を送る手配りなどした。

その内、友常君が咽喉《のど》を突いて自殺を図《はか》ったというしらせが唐津に届いて、藩中は非常な衝動を起した。しかしそれはさほどに深手《ふかで》ではなかったので、命は助かった。そうこうしている内に内務省から指図があって、友常君ほか一同の者は、いずれも赦免となって、唐津へ帰って来た、これが明治五年のことである。

〔五〕大蔵省出仕—失職—文部省—校長—浪人

大蔵省十等出仕（十九歳の頃）

唐津《からつ》の耐恒寮《たいこうりょう》を辞して、再び東京に帰ったのは、明治五年（十九歳）の秋であった。これより先、駅逓寮《えきていりょう》の前島密《まえじまひそか》君から鈴木知雄《ともお》に誰か英語の出来る者はいないかと、しばしば頼んで来ておった。そこへ、私が帰って来たので、鈴木はそのことを前島に話した。すると前島は「とにかく一度会って見たい」というので、鈴木と一しょに前島を訪《おとず》れた。その時、前島のいうのには、「郵便の事務はまだ創業匆々《そうそう》ですべてこれから整えなくてはならぬ。その内に外国人も来ることになっているから、そうなれば君はその通訳をやってもらいたい。それまでは、差当りアメリカの郵便規則でも翻訳してもらえば結構だが」ということであった。

私は通訳や郵便規則の翻訳ぐらいならしてもよろしいとて直ちに承諾した。そこで、早速大蔵省に呼び出され、時の大蔵大輔《たいふ》井上馨《いのうえかおる》さんから大蔵省十等出仕《しゅっし》という辞令を渡された。当時駅逓寮は大蔵省の所管で、震災の時焼けた旧逓信省の所にあった。

前島君の次席が真中忠篤《まなかちゅうとく》という人で、極めて丁寧なかつ親切な人であった。当時私は元気盛りの頃で、午飯《ひるめし》の時など附近の蕎麦屋《そばや》から、酒を取寄せては遠慮なくやるという風で、役所の人たちも、その乱暴さにはむしろ呆《あき》れていたようだった。その内に、前島から翻訳の原文を渡されたので、「翻訳だけなら、毎日わざわざ出勤しなくとも、家でやってくれれば、いいじゃないか」というと、前島は「ウン、それでもよい、しかし仕事に極《き》まりだけはつけておこう」といって、毎月十行二十字詰の原稿用紙二十五枚以上を翻訳して持って行くことに話がきまった。

そのころ、私はフルベッキ先生の所におり、邸内の長屋の内には、後に博士になった曽《そ》禰達蔵《ねたつぞう》君、箕作佳吉《みのさくかきち》君らがおったので、翻訳の手伝いなどをさせた。しかるに、私が出勤もせず、家にばかりいて仕事をしているのが役人間の問題となったと見え、ある時、前島が私を呼んで、

「君が役所に出ないことや、所属の課がきまっていないことなどがいかにも特別扱いでもしているかのように噂《うわさ》されて、まことに迷惑であるから、気の毒だが、今後は毎日役所に出てもらいたい。同時にこの際所属も決めておこう」

といってここで始めて所属もきまり、毎日出勤することになった。

私の課の課長は五島という人で、長い机の中央に課長の席があり、それと向い合って私の席があり、課長と私の両側に他の属官連の席があった。ある日この五島課長が「西《にし》ノ内《うち》」を繋《つな》いだ巻物を持って来て、これに告示文を書くようにと私に命令した、当時告示文は「西ノ内」に書いて、日本橋の橋詰に貼出したものである。私はそんなものを、これまで書いたこともないので、

「往来に貼出すものを書けなんて無理じゃないか、私は手習いをしたことがないから書けぬ」

と、キッパリと断ると、

「何、どうでもよいから書いてくれ」とムリヤリに押し付けた。で、私も少々癪《しゃく》に触り「じゃ一ツ手習いをしてから書くことにしよう」と渡された「西ノ内」にサッサと手習いを始めた。すると隣にいた属官の人が気の毒がって、「誰にでも告示文を書けというのは無現だ。それにはそれぞれ係がある。マアよいから、そのままにしておきなさい、暇《ひま》の時に私が書いておきますから」といって引受けてくれた。かようなことで、私は課長の仕打がいかにも不快であったから、その後しばらくは役所に出なかった。

「免職辞令」の受書を拒絶

ある時、前島君が私に向って、「通弁や翻訳の仕事は、これからだんだんふえて来る。君一人では少し手不足になるだろうから、誰かもう一人探しておいてくれ」といった。そこでほうぼう探し廻って見たが、そのころの外国人の通弁が満足に出来る者といえば、そうたくさんにはいない。私が以前大学南校の教官をしている時、同僚の中に鴨池宣之《かもいけのぶゆき》という人がいて、ごくおとなしく、好い人で、通弁もかなり出来た。あれならばよかろうと、探して見たら、当時華族学校に教鞭を執っていることが判ったので、早速同君を訪ねて、事情を話し、「学校をよして駅逓寮へ来てはどうだ、学校の教員をしているよりも面白いぞ」と二、三回も会って勧めているうちに、鴨池もようやくその気になり、転職を決心することとなった。

そうして、待遇のことは、先に私が十等出仕に任ぜられた時、前島君から、「しばらくこれで我慢してくれ、いずれ外国人が来たら考えるから」という話があって、今度新たに人を探すについても、その心得でやって貰いたいということであったから、鴨池にもその条件で相談をして、やっと了解を得た次第であった。

しかるに、いよいよ鴨池の方がきまったから、役所に行って、前島にそれを話すと、前

島の態度は、これまでとはガラリと変って、

「そんなにいったって、今は君ですら不用ではないか、それに今一人採用して不用な者を二人も作るわけには行かぬ」

と衆人列座の前で放言した。当時は長官も、課長も課員も広い部室の中に、皆一しょに事務を執っていたものだ。事の意外に私も憤慨して、

「ではなぜ頼んだか、鴨池は今職に困っているのでも何でもない。現に華族学校の教官をしている。君がも一人ほしいというから、頼んだのではないか。今になって不用とは何事だ。君のすることは一体私には解らぬ」

と大声叱咤《しった》して帰ってしまった。そうして直ちに辞表と共に一封の書面を附けて、使をもって届けさした。その文意はこうだ。——「今日の君の言葉は私には了解出来ぬ。君は私の長官ではないか。しかも私の方からどうか使って下さいとお願いして就職したのじゃない。君の方からの依頼によって勤めることになったのだ。しかるに、今日は同僚衆座の前で君ですら不用の人だと放言した。長官として一人たりとも不用の者を使って、それで朝廷に対して職責が済むか、私は一日たりとも君のごとき無責任な長官の下におることはいさぎよしとはしない、よってここに辞表を提出するから、直ちに許して貰いたい。もっとも辞表面にはそのことはうたわぬ。しかし辞表を提出する理由は、今朝君の無責任なる放言に本づくことを、明らかにしておく」

これを使に持たして送りつけると数日経って、役所から「免出仕」という辞令を持たして、その御受書《おうけしょ》を出せといって来た。それで、私は辞職を許してもらいたいとて辞表を提出したのに、懲戒を意味する「出仕ヲ免ズ」という辞令を交付するとはけしからん。受書は断じて書かねと拒絶した。

駅逓寮はそういう風で有耶無耶《うやむや》のうちに辞職してしまった。長官の方では免職したつもりであろうが、自分の方ではそれを受付けず、やはり依願免職だと思っている。私が出た後には塚原周造君がはいったが、そんなわけで駅逓寮の一段は、私の履歴書中には、爾後《じご》一切書かないことにしている。

一生徒に還る――『膝栗毛』の英訳

大学南校はその後だんだんと整備して、法学、理学、工業学、諸芸学、鉱山学というような立派な学問を教える開成《かいせい》学校となり、かつて私が教えた小村《こむら》その他の諸生が、新学年の一級生となって勉強を続けていた。

それで、私も自ら省みて、今のようではいかぬ、も少し修業せねばならぬと考え、試験を受けて開成学校に入学した。即ち以前の先生が生徒となったわけだ。

末松謙澄《すえまつけんちょう》君と知合いになったのは、そのころのことだ。私は依然としてフルベッキ先生の所におったが、そこに佐々木高行《たかゆき》侯の令嬢静衛《しずえ》さんが、フルベッキ先生のお嬢さんに英語を習いに来ておられた。そして、いつも静衛さんのお供をして来る一人の青年があった。ある日この青年がいつもの通り長屋の縁側に腰掛けているのを見て、私はその青年を呼び入れて話をした。それから二人は大変に懇意になったが、それが即ち末松謙澄君であったのだ。

その時分、私はどうして暮していたかといえば、開成学校の教師でドクター・マッカーデーという人があった。宣教師として長く支那にもおった人で、経済科を受持っていた。その人から、『玉篇』の読み方をローマ字で写してくれと頼まれ、その報酬として月十円を貰っていた。それから今一人、先年越前へ行ったグリフィス氏が東京に来て、同じく開成学校に理学の先生を勤めていたが、日本に関する著述をしたい考えがあったので私にいろんなものを持ち出して、口で翻訳さしては自分でそれを筆記していた。その中でも、一番長かったのは『膝栗毛《ひざくりげ》』である。私が翻訳する時、グリフィス先生の側にはいつも妹さん（後で一橋学校の先生になった人）がおって、話を聞いていられたが、何しろ弥次郎兵衛《やじろべえ》、喜多八《きたはち》の五十三次《つぎ》であるから、随分卑猥な言葉もあるし妹さんの前で話しにくいこともある。そのたびごとに、妹さんに、別室に出てもらって翻訳をしたような次第であった。この方からも月に十円の収入があって、両方合して二十円が私の学資であった。もっとも午餐《ごさん》はフルベッキ先生の家族と共に食卓につき、朝夕《ちょうせき》はフルベッキ先生のコックが部屋に持って来てくれたゆえ、食料はすべてフルベッキ先生が賄《まかな》ってくれたわけである。当時伏見宮貞愛親王《ふしみのみやさだなるしんのう》が御十六、七歳のお若いころで大学南校に仏学修業に通学せられておって、時にフルベッキ先生の家族と共に午餐を召上った、私もその席に陪《ばい》した。

さてある日のこと、末松君を部室に呼び入れてだんだんと話を聞くと「自分は、このごろ豊前《ぶぜん》から出て来たばかりで、今は佐々木家の書生をしている」ということだ。それで「君は一体何になるつもりだ」と聞くと「このごろ出来た師範学校の入学試験を受けたら、幸い通ったから、それへ入るつもりだ」という。

政府は明治五年五月、東京師範学校を創立し、箕作秋坪《みつくりしゅうへい》氏を校長として、官費生を募集した。末松君はその試験を受けたのだ。

「そうか、では師範学校を出れば何になるのだ」と尋ねると、「卒業したら、小学校の教員になれる」と答える。それで、私は、

「今から小学校の教員などになっても、つまらぬではないか。君は志願者何百人のうちから競争して及第したのじゃないか、それくらい漢学が出来る以上、これからさらに洋学を修めてはどうだ」というと、「そうしたいけれども、自分には学資がないから、思う通りにやれぬのだ」と答える。

「よし、そんな事情なら、英学は私が教えてやろう、その代り君が漢学を教えたまえ、毎日君がお供をして、ここで待ってる間にやればよい」と、ここに二人の意見が一致して、

英学と漢学との交換教授がはじまった。

末松謙澄君のこと――箕作校長に膝詰

末松と私との交換教授では私は普通ありふれたやり方でなく、いきなり、パレーの『万国史』から教えはじめた。しかるに、末松の進歩はまことに著しいものがあった。そうこうするうち、佐々木高行侯の夫人（当時高行さんは外国から帰朝されたばかり）が、私のことを聞き込み、ぜひ駿河台《するがだい》の佐々木邸に来て、令息高美《たかよし》氏の英語の教師になってもらいたいと、しばしば末松を通じて申入れられた。夫人の考えでは私には祖母や弟妹もあるしするから、一しょに佐々木邸の長屋に引越してもらい、長屋の一部を教場にあて、そこで子供らに英学を教えて貰いたいという希望であった。

末松はいよいよ師範学校へ入学の時期が来たが、その英語の進歩は、きわだって迅速であるので、私は「師範学校入学はむしろやめたがいいではないか」と勧めて見た。すると末松もとうとうその気になり、佐々木夫人に相談すると、夫人は、もってのほかの立腹で、「国から出て来て、邸《うち》で草鞋《わらじ》を脱ぎ、折角勉強して師範学校の試験にも及第し、これからやっと官費生になろうというのに、今やめてしまうとは何事ですか」と大変なお叱りだ。末松が「どうも高橋さんがしきりに勧めますので」というと、「高橋さんがいうなら、仕方がない。その代り、もうお前のお世話は一切しませんから」といわれたと言って末松がガッカリして私のところへやって来たので、私は「佐々木の奥さんが、そんなことをいわれたか、よしそんならこっちでも、先だってから頼まれている家庭教師は断るまでだ」と励ましてやった。

末松君はそれから、師範学校の箕作校長の所に行って、同じくそのことを話すと、これまた大変に叱られた。

「三百余人もある志願者の中から百五十人ほか採らぬ。入りたい者はいくらでもある。君が志願して来たればこそ試験の上採用することになったのではないか、及第した今となって急にやめるとは何事だ、そんなことが例になって及第した者が、ドシドシ勝手に止めるようになったら始末がつかぬではないか」

こうさんざんにお小言を頂戴したので、末松はまたやって来た。そこで私は「まだ、及第の通知を受けたばかりのところじゃないか、断ったってかまうものか、若い者が、小学教員で満足せず、大なる志を起して、大いに奮励努力しようというのを妨げるとはけしからん。俺が行って談判してやる」と、早速箕作氏の所へ押掛けて、大激論の結果とうとう談じつけて、許してもらうこととなった。

外国新聞の種を売り歩く

末松は、右のような事情で、師範学校をやめてしまった。さて、そうなると、お互いに学資を稼がねばならぬので、私はだんだんと考えた揚句、当時末松の英語が大分進歩して来ておったので、一つ二人して西洋の新聞を翻訳し、それを日本の新聞社に売り付けて見ようじゃないかと発議した。当時新聞は日日《にちにち》、朝野《ちょうや》、読売、報知の四種ほかなかったが、その記事を見ると、どれも日本の記事ばかりで、外国の事情など載せているのは一つもない。それで、私が考えたのは、フルベッキ先生の所には、英米の新聞がたくさんに来ている。ことにロンドンの絵入《えいり》新聞などには、なかなか面白い記事が載っているから、あれを翻訳しようじゃないか、私が読んで口で翻訳するから、君はそれを文章に書き直せ、というと末松は「買うだろうか」と心配する。「買うかどうか持って行って見なければ分らぬではないか」といったわけだ。

で早速フルベッキ先生の所へ行って、西洋新聞を借り受け、それを翻訳して、出来上った見本を朝野、読売、報知と持ち廻って見たが、いずれも見事に断られた。最後に日日に行くと、そこで、偶然にも、彼の岸田吟香《きしだぎんこう》氏が出て来た。この人は、私が横浜でヘボン先生に英字を習っておった当時、先生に漢字を教えに来ていたので先生の邸でしばしば顔を合せたことのある人だ。岸田氏の下には南喜山景雄《なきやまかげお》という人がいたが、この二人に相談すると二人とも「そりゃ面白かろう、一体どんなものか、見本でも持って来たのか」というから「ここに少しばかり翻訳して持って来た」とて、翻訳の原稿を見せると、それを一覧して、「こりゃ面白い、一つお頼みすることにしよう。ついては料金やその他のこともここで決めておこう」ということになって、原稿料は二十字詰二十行の原稿用紙一枚五十銭、ただし原稿のすべてが採用せらるるわけではないから、料金は新聞に掲載されたもののみに支払うこと、題材は翻訳者にて自由に選択すること等を決定した。

かくて、日日との相談が成立したので、早速翻訳を始め、出来上ったものを新聞社へ送りつけた。当時の日日は西ノ内紙を横に二ツ折にした半面新聞であったが、ある日の新聞に、吾々の出した翻訳が載っていた。それを見た末松の喜びとてはない。俺の書いたものが版になったといって、欣喜雀躍《きんきじゃくやく》の有様であった。

いよいよ、月末となったので、料金を取りに行こうと、末松と二人して新聞社へ出かけた。すると南喜山氏が「一体どれだけ載せたのか、まだ計算もしていないが、君らは一カ月いくらあれば暮らせるのか」という。「二人で五十円はなければならぬ」と答えると、南喜山氏は文句もいわず、すぐに五十円を渡してくれた。これが例となって、その後は、原稿が新聞に出ても、出なくとも月五十円ということに習慣づけられてしまった。

この時代、末松君と著述をやろうじゃないかと相談して、それとなく気を付けていると、ある時フルベッキ先生のお嬢さんが、「クレヴァー・ボーイス」という書物を読んでいる。一見すると大変に面白い、頼んで貸してもらい、末松に話をしたら、「よし、やろう」ということになって、その翻訳を始めた。そうして出来上ると『西洋童蒙《せいようどうもう》かゞみ』と銘打って、挿絵も写させ、筆耕者に頼んで版下書《はんしたがき》も立派に出来上ったが、さて版刻する段となって、金の工夫がつかない。そうこうしている内に、中村敬宇《けいう》先生が、『西洋童児鑑《どうじかん》』という書物を出版した。見れば全く同一書の翻訳で、スッカリ先を越されて、我々のはとうとう出版の機会を失ってしまった。その時の翻訳の原稿は、今も末松子爵家に残っているということだ。

文部省に入る（二十歳の頃）

佐々木夫人からは、例の家庭教師のことをタッテ頼むといわれるので、私はフルベッキ先生の所を出て、佐々木家の長屋に引越し、祖母や弟妹《きょうだい》と一しょに住むことになった。ただ末松は、師範学校事件以来、何となく居辛《いづら》くなって、間もなく佐々木邸を出て下宿してしまった。

末松はそのころ最早《もは》や私の手を借らず、一人で辞書を引張って、翻訳が出来るようになった。日日新聞の方からは、西洋新聞ばかりでなく、横浜のガゼットやヘラルド等の英字新聞をも翻訳してもらいたいとてそれらの新聞を送って来た。多くは社説であったが、それも、末松が辞書を引張りながら、一人で翻訳した。私は、その時脚気《かっけ》にかかって佐々木邸で療養をしておった。

脚気がややよくなったころ、一日久し振りで森先生を訪問した。先生は駐米二年有半、明治六年七月に帰朝されて、その当時は明六社《めいろくしゃ》というものを創立し、しきりに我が教育の振興を絶叫しておられた。会員には、福沢諭吉、神田孝平、箕作秋坪《みつくりしゅうへい》、西村茂樹、津田真道《しんどう》、加藤弘之《ひろゆき》、阪谷朗盧《さかたにろうろ》、杉亨二《すぎこうじ》というような一代の碩学《せきがく》を網羅し、これらの人々はあるいは演説会を開き、あるいは機関紙明六雑誌によって、盛んにその経綸《けいりん》を述べ、主張を宣揚したため、明六社は、たちまちにして当時新思想の大本山となり、知識界の大灯明台となった。

森先生は、私の訪ねて行ったのを見て、「このごろ何をしている？」と訊ねられる。「実は、元教えた生徒にも学問が遅れるようになりましたから、只今開成学校へ入学して修業しています」と答えると、

「それはよいことだが、お前などはモウ生徒の時代ではない。幸い先ごろ文部省にモーレー博士を聘《やと》ったが、その通訳がいないから文部省に出てそれをやったらよかろう」と申された。これが私が文部省に入るようになった動機で時に明治六年（二十歳）十月であった。

かくて、森先生のおかげで、いよいよ文部省出仕を命ぜられ、御用召の日は、佐々木老

侯の燕尾服を借りて出頭した。すでに役人になった以上は、いつまでも佐々木家の厄介にばかりもなれないので、芝の仙台屋敷の長屋へ引越した。

福地桜痴と末松謙澄

末松は、相変らず日日新聞社に通って、筆をとっておったので、私が引越すと共に、私の所に同居することとなった。その時、末松はもう月給五十円で日日新聞社に入り込んだ形になっていた。そうして笹浪萍二《さざなみひょうじ》のペンネームで、主として社説を書いていた。

当時私と末松君とは（時に朝野《ちょうや》新聞の末広鉄腸《すえひろてっちょう》君などもやって来たが）おのおの一日の勤めを終えて家へ帰ると、毎日のごとく各種の問題で議論を闘わし、夕飯の膳が出ても、灯を点じてからでもやめなかった。そうして練られたものが末松の社説となって発表された。また、時には屋形舟《やかたぶね》に乗って、二人で飲みかつ食いながら議論したこともあった。ある時船の中で私の放蕩話が出て、最初に行った所が柏屋だと話をしたら、末松が、それや面白い、一つ日を期して、旧懐を温めようではないかと、ある日久しぶりで、柏屋に上って夕飯を食った。そこには古馴染みの芸妓《げいしゃ》どももやって来た。その席で、末松が私のために、

会逢隅田水心楼　　銀燭華莚却惹愁

喚起三年以前夢　鴛鴦襟裡不知秋

という一詩を賦《ふ》し、「君の今日の心理は、このようなものであろうか、俺もいつかこんな詩を作られる身となって見たいものだ」といって大笑いをした。柏屋はまた一名水心楼《すいしんろう》といった。

ある日、末松が、大変に落胆《がっかり》した様子で帰って来た。そうして「俺の仕事もこれでおしまいだ。今度社に福地《ふくち》源一郎という人が這入《はい》って来た。なかなか大家だから、この人が来れば、俺などはもういらなくなる」とて、いかにもしょげている。それで、私は、「そんなことがあるものか、福地氏は自分たちよりも年上で、世に知られた大家ではないか。そんな人が入社して来たとて、君を追出したりなどするものか。向うが大家なら、君はそれに師事したらよいではないか」と、元気をつけてやった。それから末松も気を取り直して、新聞社に踏み留まることとなり、だんだん福地氏に愛せられ、用いられて、ついに氏の紹介で、伊藤さんや西郷さんあたりにも近づきになることが出来、またジェランドル氏について朝鮮へ行くこととなったのである。実に人の運命ほど図《はか》られぬものはない。

私の結婚（二十三歳の頃）

私はここで異父妹香子《かねこ》について一言しておきたい。私が十四歳の時、いよいよこれからアメリカへ旅立つという間際に、祖母が塩肴屋《しおざかなや》の高橋幸治郎の所へ連れて行って、異父妹の香子と対面をさして兄妹《きょうだい》たることを明らかにしてくれたことはすでに述べた通りだ。

その後、明治六年（二十歳）の十月、森さんの勧めで文部省に入り、十等出仕に任ぜらるると芝愛宕下《しばあたごした》の仙台屋敷の長屋に引移ったが、同じ芝であるから、新銭座《しんせんざ》の塩肴屋とは近い。それからは私の家と塩肴屋とは、しばしば往来した。

その時分、香子はまだ達者でいた祖母に連れられてよく私の家へやって来た。割合に丈《たけ》も高く、年よりも上に見えて、色白のきれいな児であった。維新後は旗本や御家人《ごけにん》の子女《しじょ》が、生活に困って芸妓《げいしゃ》勤めをしたり、茶屋女になったりするようになっていた。それで、香《かね》の顔だちがきれいだったために、しきりに諸所方々の芸妓屋から話を持ちかけられたということであった。

塩肴屋は今の商売でも食っては行けるが決して富裕な家ではなかった。それで貧窮な家で育てるよりも、一層《いっそ》やってしまった方がよいのじゃないかと、香の家で話しているということを、私の祖母が聞いて、どうしても芸妓風情《ふぜい》にお前の妹をやることは心外だから、一層のこと、彼女をこちらに貰い切ったらよかろう、といい出した。

それから、早速塩肴屋と交渉した。すると向うでも快よく承知して、香はいよいよ私の方へ引取られることになった。香はそのころまだ九ツぐらいで、今までの生活とは、まるっきり違った厳格な祖母のシツケが大分《だいぶん》に辛かったと見え、時々逃げて帰るようなこともあった。そのたびごとに、祖母からも私からも、懇々といい聞かして納得さした。すると三、四カ月も経ったらモウすっかり馴れて、帰らなくなった。

香の教育については、いろいろと相談したが、当時末松の友人で鱸《ろ》松塘《しょうとう》という詩人の娘に采蘭《さいらん》とかいう先生がおって、下谷《したや》の七曲《ななまが》りに一家を構え、四、五人の内弟子《うちでし》を取って仕込んでいた。末松は詩の関係でその親父とはたびたび往来していたので、その塾へ入れたらよかろう、ということになり、香はそこで行儀作法や漢詩を作ることを仕込まれた。

この塾にしばらく世話になったが、その後仙台屋敷の向う側に秋田の屋敷跡があって、当時二本松の林正十郎《しょうじゅうろう》という人が二百両足らずで買取り、その四隅に大鳥圭介《おおとりけいすけ》、荒井郁《いく》之助《のすけ》、沢太郎左衛門《たろざえもん》ら函館の敗将たちを住まわせておったが、その荒井氏の構内に、篠田《しのだ》雲鳳《うんぽう》という老女史が住まっていた。この人は、開拓使の女学校の先生で、自宅には数人の塾生を置いていた。聞くところによると、世間の評判もよい人であるから、香子を遠方の鱸《ろ》の塾から下げて、雲鳳の塾に入れ、漢書と習字を仕込んでもらった。

その塾生の内に西郷《さいごう》お柳《りゅう》という（戸籍面ではフジといったが）女があって、これが大変に妹の面倒をよく見てくれた。私の祖母も時々一緒になって、この女のことはよく知っていた。当時私もまだ無妻だから、少しも早く妻帯をしたがよかろうと、祖母は窃《ひそ》かに探しておったところで、この女に眼をつけて、「いかにもよい女と思うが貰ってはどうだ」という話であったので、「祖母《おばあ》さんさえよろしければ、私にはチットも異存はありません。

どうか貰って下さい。祖母さんのお気に入った人であればそれが何よりです」といって、賛成したのでとうとうこの女と結婚することとなった。

これが明治九年（二十三歳）のことである。香《かね》は私が後藤常《つね》の所へ、早く世の中へ出ろといって、勧めに行ってた当時、後藤の友人に小出秀正《こいでひでまさ》という者があった。下総佐倉《しもうささくら》の藩士で、当時工部大学の教授をしておった化学者である。後藤が仲に入って、これにやるがよいといって、とうとう小出と約束することとなった。

妹の死――臨終に侍する心得

その後、香子《かねこ》は約のごとく小出《こいで》に縁づいて、一男一女を挙げたが、男の子は三歳の時、香《かね》が病中に亡くなり、まもなく香も長女一人を残してこの世を去った。

これより先私が後藤の家で仏教の修業をしておったころ、香はしばしばそこへ訪ねて来た。そのたびごとに後藤や私から仏教の話を聞いて、大変に興味を持つようになっていた。香子が病気になったころはちょうど私がペルーから帰った時（明治二十三年六月、三十七歳）で当時私は小石川大塚窪町《おおつかくぼまち》に寓居《ぐうきょ》していたが、何しろ香子にして見れば、頼りにする者とては、私一人よりほかにないので、しきりになつかしがるし、私も可哀そうになって、用のない時は朝から晩まで、本郷《ほんごう》竹早町の小出の住居《すまい》へ行っては、看護をしてやった。

香子は肺炎を起しておった。それにこの病中に長男が死んだりなどして、ひどく心を落していたのである。彼女はまだ三十一歳で、気のきいた容姿であった。それが私の手を握りじっと顔を見つめて「も一遍達者な体になりたいが兄さんどうかならないでしょうか」というのだ。可哀そうでネ、何ともいいようもなかった。

その時ふと心の中に浮かんだことがあるので「そんなに気を落すものではない、お前は番町《ばんちょう》で俺と一しょに仏教の研究をしたじゃないか、あの時のことを思い出したらよい」といい聞かした。すると香子ははっとして私の手を放ち両手を自分の胸の上へ持って行って、静かに合掌したかと思うと、今まで血の気を失って、まるで死相をしていたのが、見る見るうちに紅《くれない》をさして、いかにも生々《いきいき》として荘厳な容貌《かおつき》に変って来た。そうしてすっかり安心したような楽しそうな姿で、そのまま息を引取った。

この信仰のことについて、私はかねてから祖母に聞いていたことだが、祖母を養ったその叔母《おば》さんが病気になって、斎藤直蔵《なおぞう》と祖母とが、枕許《まくらもと》に附切りで看護しておった。その時とても助からぬという病人でありながら、いかにしても、死にたくなかったと見えて何となく執着が残り、諦めがつかぬという顔つきであった。その時偶然にも祖母と斎藤の心が一致したと見えて、一緒に「叔母さま、かねての信心をお忘れなさるなよ」というと始めて安心したような笑顔をして、「南無《なむ》……」といった切りそのまま呼吸《いき》を引取った。それで祖母が人というものはいよいよ死ぬる際になると、ともすれば安心が出来ぬ、迷いが起る。その時は、はたから注意してやらねばならぬと始終《しじゅう》いっていた。

それで、明治二十一年（三十五歳）に、祖母が病気になると、朝晩附切りで看護した。祖母は長い間の習わしとして、病気になっても毎朝お経を読んでいた。もちろん八十七の高齢で、二、三年前から少しはボケておったが亡くなるという二、三日前に至って、パッタリお経を読まなくなった。

どういうわけだろうと、しきりに考えて見るが分らない。ところが、病気になってから、祖母は始終仏壇の間に寝ていたが、寒かったので二、三日前に寝床をストーブのある西洋間の方に移した。私がフトそれに気がついたものだから、昔から祖母が信仰している観音様を持ち出して「祖母《おばあ》さま、いつものことをお忘れあるな」というと祖母は思いついたように起き上り、大変に元気づき、着物を着替《きか》えさしてくれというから、着かえさしてやるとアアいい気持になったといって、何かしら口の中でお経を口ずさみながら、合掌して、そのまま往生した。

死ぬる間際は、よほどの英傑でも、ややともすれば気が飢えて、心がうつろになるから、その時には、はたにいるものが、ちょっと気をつけてやらねばならぬ。

モーレー博士と開成学校の改革

私が文部省に勤めている間に開成《かいせい》学校の校長として、伴正順《ばんせいじゅん》という人が任命された。この前後とかく開成学校の教員に、いかがわしい人物が雇い入れられ、甚だしきに至っては、横浜に居住している外人で、と牛所《ぎゅうしょ》の親爺《おやじ》までが、教師として、はいり込んで来るという有様で、校規が甚だしく紊乱《ぶんらん》しておった。

私は、この状態にいたく憤慨して喬《きょう》木《ぎ》太郎という変名で、日日新聞紙上に、二日か三日にわたって、校規紊乱を痛撃した。あたかもその記事が載っている日に、ちょうど田中文部大輔が、外人に会いに行くので、私が通弁として随いて行くことになり、馬車に同乗して出かけた。すると馬車の中で、田中さんから、喬木太郎の開成学校攻撃の話が出て、「一体あれは誰だろう」と聞かれるから、「あれは私です」と答え、かつ「今日の開成学校は大いに粛正するの必要がある、伴氏は好い人であるが、校長として学校の経営に当ることは不適任である」と述べると、田中さんは「君が書いたのか、君のいうことはもっともだが、果してあんなことがあれば新聞に出す前に直接俺の所に知らしてくれればよいのに」といわれた。「それじゃ、後を出すのは止めましょう、実は貴方《あなた》に申しても駄目だと思って新聞に出したのです」というと、田中さんが、「じゃ誰を校長にしたらよいか」と尋ねられるので「今、私と一しょにモーレー氏に附いている先輩の畠山義成《よしなり》君が校長になれば学校もよくなりましょう、ほかには心当りはありません」と答えると、田中さんは、「そうか、じゃ自分もよく考えて見よう」といわれたので、新聞の方は後一日切りで、記事を中止してしまった。

畠山義成君は御維新前に森さんや鮫島《さめじま》さんと一しょに、仁礼《にれい》さんに引率されて洋行した一人で、外人に対しても自由に話が出来、モーレー博士とは米国時代から懇意であった。しかも氏は熱心なクリスチャンで、実に温厚な君子であったから、この人ならば教師に対しても、十分に校長の威令が行われると、かねてから思っておった。

その後伴氏は止めて、畠山氏が校長となった。この人が校長となってから、文部省との聯絡も取れ、また外国人教師との意思の疎通も円滑に出来るようになり、開成学校はここに始めて事実上専門学校の体をなすに至り、かつ世間にも認められるようになった。

この時代文部省には、視学官が四、五人おって終始全国に出張して教育の状態を視察し、その報告書を出していた。それを皆私が翻訳してモーレー氏に伝達した。私も、モーレー氏が折角我が教育制度確立のために文部省に雇われて来た以上、十分に日本の事情を諒解してもらって、我が日本の歴史と国民性に適応する制度組織を作ってもらわねばならぬと、その点には十分に努めた。

教育の状態がモーレー氏の腹に入ると、今度はモーレー氏自身が視察に出かけた。その時には確か畠山氏がついて行ったように思う。帰って来てモーレー氏がその感想を私に話されたことがある。

それは何でも九州の方で小学校に行ったら、一人の教員が、同時に同場所で三組の生徒に教えていた。その教員は坊さんであったが、一方には黒板に数学の問題を出して生徒に答えさしている。他の一組には習字をさしている。また別の組には読書をやっている。その読書をやっているのを見ると、教師は扇子《せんす》を持っていて、扇子を見ながら問いをしている。自分は不思議がって、その扇子は何に用いるかと問うたら、これは生徒に対して質問すべき要点を日々書いているのであると語ったとて、大変その心掛けを賞めておられた。そうしてさらにいうのには、教育は一面経済の方からも考えねばならぬ。アメリカでは未《いま》だかつて一人の教師で、同時に三組を教えるような経済的な教育を見たことがない、実に感心なことである。これは自分がアメリカへ報告するといって懇々と話された。

西郷従道氏の宴と夫人連の通訳係り

この時代の文部卿《もんぶきょう》は西郷従道《さいごうじゅうどう》さんであった。不断はあまり役所に出勤されることも少く、万事文部大輔の田中不二麿《ふじまろ》氏に任せ切りであった。ところが畠山氏が開成学校の校長になったりして、だんだん外人との接触も頻繁となって来たので、ある時西郷さんが外人を招んで晩餐会を開くことになった。場所は元の聖堂で、その時私も通訳として出席した。その夜の晩餐会はまことに打解けて、外人もまた大変満足の態であった。

西郷夫人も出席しておられたが、ちょうど、食事最中に赤ん坊が泣き出したので、子守が乳を貰いに抱いて来た。すると夫人はここへ連れておいでといって、食卓に着いたまま赤ん坊を受取り乳を飲ませられた。これを見て外人らはひどく驚いていたようだ。私は見兼ねて、別室で飲まされたがよろしいでしょうと申すと、西郷さんも気附いて合図をせられたので夫人は別室へ行かれた。無論このことで外人たちは驚きはしたが、決して悪い気持を持つようなことはなかった。その時の赤ん坊が、今の従徳《じゅうとく》さんであったと思う。

食後は皆がくつろいで、隔意なく歓談を続けた。中にも西郷さんは戯談《じょうだん》ばかりいって笑わせておられた。大きな外人の男をとらえて、「この椅子にお坐りなさい。貴方が坐れば私は椅子ごとさし上げて見ましょう」などといわれる。外人が本気にして、真面目に坐り込むと、西郷さんは椅子に手を掛けて、ウアハハと大声揚げて笑われる。皆が一しょに哄笑《こうしょう》する。という風で、この日ぐらい愉快な会はなかった。またこれまで政府に雇われている外人が、その長官からかように待遇されたことも未だかつてないことであった。

文部大輔の田中さんは、自ら進んで外人の日常生活の有様や交際振りを知ることに努め、モーレー先生の役宅が本郷加賀屋敷内にあるころ、自分の夫人を二カ月も預けて住み込ましめた。そうして土曜日になると、いつでも私と田中、畠山の両氏は、必ずモーレー博士の晩餐に呼ばれた。その時、モーレー先生と田中大輔との間の通弁は畠山さんが、田中夫人とモーレー夫人との間の通訳には私が当った。

元来モーレー先生が日本へ来るようになったのは、アメリカで伊藤博文《ひろぶみ》公に知られて、公がきめられたか、少くとも公が口切りをされたように聞いている。そんな関係で、ある時伊藤公夫妻が晩餐に招待されて来られたことがあった。その時も夫人同士の談話は例によって私が通訳した。伊藤公夫人に会ったのはその時が初めてであったが、かなり酒を飲《や》られるようであった。今日は酔ってしまったといって、席に堪え得られぬ様子をモーレー夫人はそれが却って気安くてよいといって嬉しそうであった。

当時外人の接待について、要路の人々がいかに心を使ったかは、田中夫人がモーレー博士の邸に住込んで稽古された一事でも判ると思う。モーレー博士は学者であって、別に経済家でもなかったが、毎日本郷の邸から文部省に出勤する時、本郷を通って土地の利用について考えられたと見えて、私に話されたことがある。確か稲葉屋敷《いなばやしき》といったと思うが、大変に広い大名屋敷があった。それに眼をつけて、モーレー博士がいわれるには、

「どうも日本の人は市街土地の利用について、一向に気がついていない。今の迂回している本郷通りよりは、稲葉屋敷を切開いて、真直ぐに昌平橋《しょうへいばし》に通じさせ、その両側を商売屋にすれば、稲葉屋敷は大変な金になるのに、何ゆえそれに眼をつけぬのだろう」と。

自分もなるほどただ空けておくよりも、そうした方がよいと思って、人にその話をして見たが、持主の稲葉侯がそれはいけぬといったとかで、実現されなかった。その時分あの辺の土地が坪五十銭ぐらいであった。そういう風でモーレー博士は単に文教のことばかりでなく、いろいろと経済問題等にも注意を払っておられたように思われる。

勝海舟先生に驚く――小間使は令嬢

明治六年（二十歳）の末ごろであったと思う。勝海舟《かつかいしゅう》先生の屋敷が、まだ赤坂氷川町《ひかわちょう》にあった時分、モーレー博士が一度勝先生に挨拶に行きたいから、向うの都合を聞合せて貰いたいということで、打合せの結果、ある日訪問することとなった。

元来モーレー博士は、アメリカにいる時、勝小鹿《ころく》君（勝海舟先生の令息）の数学の先生であった。それで今度日本に来たからにはまず勝さんに会って、小鹿君の消息を伝え、安心さしたいというのが訪問の主旨であった。

その時分の海舟先生といえば、雷名天下に響いて、世間讃仰《さんごう》の的となっておられた。私はその時にはまだ一度も会ったことのない人であったが、窃《ひそ》かに想見してその人格に傾倒しておった。しかるに、今度モーレー博士が訪問するについてたまたま私が通弁として行くこととなった。向うへ着くまでは、定めし堂々たる家の構えで、玄関にはごつごつした用人どもが、物威《ものいか》めしく控えていることだろうと思っていた。ところが取次に出て来た人は十六、七の綺麗な娘で、木綿の着物でこそあれ、式台に両手をつき静かにモーレー博士の挨拶を承わりしばらくお待ち下さいませといって奥へ進んで行く物腰が、いかにも気高く落ちついていたのでびっくりした。

やがて、粗服の上に木綿の小倉袴を着けた一人のお爺さんが、素足のままに出て来て、「どうぞ、こちらへお靴のままで」と案内する。やがて玄関を上って右の方へ行き、座敷へ通ると、純然たる日本家《にほんや》である。縁先近くに卓子《テーブル》があって、その周りに椅子が三つ列べてある。

「さあ、お掛けなさい」

と、案内人は、まず我々に勧めて、やがて自らも椅子に掛けた。実はこの人が、最初玄関に出て来た時からこれは勝家の用人だろうぐらいに考えておった。モーレー博士もそう思い込んでおられたようであった。ところがこの老人が勝さんだと分って、これまた驚いた。

モーレーさんから慇懃《いんぎん》に挨拶があって、小鹿さんについての詳しい報告があった。私がその通弁をしている内に、今度は相当年輩のお婆さんが、白襟《しろえり》黒紋付の上に裲襠《うちかけ》を着て、着物の裾を引きずりながら静かにその席へ現われて来た。すると、勝先生がモーレー氏に「これが私の妻で、小鹿の母です」と紹介される。

この光景を見て、私はまた驚いた。何しろ、一人は玄関番と間違えるような粗服、これに反して一人は白襟紋付で、裲襠の裾を引きながら、出てくるという次第だから、その対照がいかにも奇異である。モーレー博士は、奥さんに対しても、繰返して小鹿さんのことを報告された。すると、勝さん夫婦は、息子の小鹿さんが、かねて大変親切にお世話になっていること、おかげで学校も順序よく進んでいることをいって、篤《あつ》くお礼を述べられた。その間、夫人は腰も掛けずに立っておられるので、私は椅子から離れて、「これにおかけ下さい」と申しても、とうとう掛けられなかった。そうして、その挨拶が済むと夫人はそのまま奥へ引込まれた。

それからまた勝先生とモーレー博士との問答となった。モーレー博士が数学の先生であるところから勝先生は「ちょうど好い機会だからかねて自分で解き兼ねている問題を二、三お尋ねしたい」といって、質問をされたが、何しろ、高等数学のことであるから、その当時の私には一切通弁が出来ない。それで、私は「私にはむつかしくてそういうことは通弁が出来ません」というと、勝先生は召使に紙と硯《すずり》を持って来さして、オランダ語か何かで紙の上に図を引張り、手まねで聞かれる。モーレー博士もまたそれに対して、紙の上で答えられる。私はなんにも解らぬからただ見ているばかりだ。私はこれまでの内に通訳でこのくらい困ったことはまたとなかった。

しばらくして辞した。途中馬車の内で「私はどうも解らずに今日は本当に困りました」

というと、モーレーさんが「あの問題を出すとは、実に偉い人だ」という。勝さんの質問をモーレーさんが解いたかどうか、私には分らないが、モーレーさんは、ただただ勝さんは偉い偉いと讃嘆するのみであった。

それから文部省へ戻って、同僚に、今日勝さんを訪ねて驚いた一伍一什《いちぶしじゅう》の話をして「一体あの女中は何だろう」というと、同僚は「あれが勝さんの所のお嬢さんだ。初対面の時に、人の意表に出《い》でて、度肝《どぎも》を抜くことは勝さん一流のやり方だ」と話していた。

おもうに、当時はいわゆる天下の志士なるものが、日々勝さんのところに議論に行く。それで気分も自ら殺伐になっている際とて男などが取次に出ると、騒がしくなるから、特にお嬢さんを出す。すると皆おとなしく帰って行く、ということであった。

その後、モーレー博士は勝先生に会いに行かれたであろうが、私は勝さんとの通訳だけは一切お断りをした。多分畠山義成君が行ったであろう。そうして、その時のお嬢さんが、故目賀田《めがただん》男の夫人であったと思う。

孤高の友と校長辞職の事情

明治八年（二十二歳）十月モーレー博士は博覧会の要務をおびて、外国へ出張せらるることとなったので、私も現職より、大阪英語学校長に転勤を命ぜられた。そこで、私は早速赴任の支度に取りかかり、それがすっかり整ったので、後藤常（一条十次郎）のところへ暇乞《いとまご》いに出かけた。

後藤はアメリカから帰った後、しばらく我々と一しょに森さんの御厄介になり、大学南校教官時代も同様一しょであったが、明治三年鮫島《さめじま》さんがフランス公使となられた時、外務書記生として随行して行った。そうして、駐在約三年ばかりで暇を請うて帰って来たのである。元来、漢学の力のある人で、かつては老荘の学に熱中したが、私がフルベッキ先生にキリスト教の講義を聞くところには、彼もともに同席して熱心に聴講していた。もっとも私は信者になったが、彼は信者にまではならなかった。それがフランスに行って以来は、却って仏教の研究に傾き、帰朝以来は英語も出来、フランス語も上手であって、外務省では役に立つ人として惜しまれていたのに、自ら求めて辞職し、番町の今の山本達雄君の邸の隣に引込んで、一切世間との交際を絶ってしまった。友人たちはしきりに留めたが、彼は何の介意するところもなく、初一念を徹《とお》して行くので、ついには誰も取合わなくなり、訪《と》う人さえも絶えてないという寂しい生活であった。だが私だけは前からの先輩ではあるし、どうかしてもう一度世の中に出そうと思って、休日などには、必ずこちらから出掛けてはもう一ぺん世間へ出てはどうだと勧めたものだ。しかるに後藤は「世の中に出る前にまず自分を修養せねばならぬ。自分が出来ていないで、役人などになるのは間違いだ」という議論で却って私に仏教の研究を勧めるという始末であった。従って私が後藤の所へ行って、今度大阪に行くようになったことを話すと、彼は非常に失望して、「世の中の人がみんな自分から離れて行ってしまう時に、君だけはいつも変らず訪《たず》ねて来てくれるので誠に嬉しく思っていた。しかるに君はかねて私に対して世間に出て大いに働けというが、私はまた人間が出来てからでなけりゃいかぬといって、この議論の解決はまだついていない。それでまずこの議論の解決からつけよう。そうしてもし私が敗ければ、君の言に従い、君が敗ければ私に従うことにしよう」と言う。

そこで私も「そりゃもっともだ、大いに議論しよう」とその夜であったか、翌晩であったか、一晩夜の更《ふ》くるまで激論した。しかるに、議論の結果は私の方が歩《ぶ》が悪く、ややもすると破られる。よって、私は約束に従い「よし君の言に従おう、さて大阪行きはどうしよう？」と相談すると、言下に「すぐ行ってやめて来い」と短兵急である。

「今突然辞するについては、いつも自分に親切にしてくれる田中文部大輔や督学局長の野村素介《もとすけ》君、同僚の服部《はっとり》一三君らには、何とか挨拶をせねばならぬが、何といって説明すればよいか」というと、「理由はいうな、単に考えるところがあるからといえばよい、そうしてすぐに辞表を出し、旅費や手当なども返してしまえ」という、実はその時すでに洋服代やその他に旅費手当の内をかなり使い込んでおったが、それは後藤に貯えがあるからその内から支払っておけというのでそうすることにした。右のような次第で、文部省へ行って、理由もなにも述べず、単に考うるところがあるからといって辞職してしまった。これが大阪英語学校長の辞令を受けてから四日目の十月十四日、ついに一回の赴任もせず、校務も見ずして、依願免職となったのである。省の人はこれを聞いて、高橋は気狂いになったと評判しておったそうだ。

それから私は番町の所に同居し、全く世間に顔出しもしないで、二人きりもっぱら仏書の研究に精進した。しかるに後藤と私は、半年ぐらいの内に、仏教の主旨について意見が合わなくなった。今から考うれば、彼は少しく悟り損っていた。即ち彼は私心なければ何をしてもよいという一種の邪道に迷い込んで、すべての議論が私とは異なって来たので、とうとう二人はわかれるようになった。ちょうどそのころ肥田昭作《ひだしょうさく》君が東京英語学校の校長をやっていたので、そこへ行って教官となった。これが明治九年（二十三歳）五月のことである。

悲痛なフルベッキ先生の晩年

これより先モーレー博士が文部省へ来るという噂が立つと、フルベッキ先生は「そうなりゃ、もう自分は要らなくなるだろう。ついては、どこか適当な借家を探さねばならぬが、どうもよい家がありそうにない。一層《いっそ》のこと屋敷を買って、小さくとも自分の家を建てたいと思うが……」という相談であった。その時分はまだ条約改正前で、外国人の不動産土地所有権を認めない。それで、先生はさらに「日本政府では、まだ外国人の不動産土地所有権を認めないから、自分で家を建てようと思えば、誰か名義人を頼まねばならぬ。ついては一切のことを君にお願いしたい、どうか君の考えによってしかるべき屋敷を一つ探して貰いたい。もちろん代価はすべて自分が払うが、ことごとく君の所有物としてもらって差支えない。万一君が心変りして、自分の所有権を無視されても自分はいささかも怨むところはない」といわれる。

フルベッキ先生は、当時文部省の顧問、開成学校の教頭として、随分顕職の人にも知己が多かった。高位高官の人たちが外国の事情を知りたいと思う時には、まずフルベッキ先生を訪ねて教えを乞うた。就中《なかんずく》、加藤弘之、辻《つじ》新次、杉孫三郎などいう人々は、しばしばやって来て、先生の教えを受けた。

そういう立派な人たちと親しい交際があるのにかかわらず未だ一介の貧書生である私に対して、かくまで篤《あつ》く頼まれることは、私に取っては面目の至りであるが、考えて見ればかようなことは自分の柄にないことでもあるから、一旦は断ろうかとまで思ったが、翻《ひるがえ》ってフルベッキ先生の身になって考えると、私に頼まれるなどはよくよくのことであろうと思い返して、快く引受けることにした。

方々屋敷を探していたら、駿河台の鈴木町に立派な屋敷があったので、早速談判してそれを買求めた。その屋敷というのは、一方に日本家《にほんや》が建っており、他の方には広い空地が残されてあった。それで空地を地均《じなら》しして、そこに木造二階建ての洋館を建築することにした。

フルベッキ先生は、洋館の建築中、とりあえず日本家を手入れしてそこに住まわれたが、洋館が出来上ると、すぐにそれに引越された。そうして私に日本家は空いてるから、いつでも来てお住まいなさいといわれるので私も言葉に甘えて引越した。

この家は以前旗本の邸宅ででもあったろう、かなりの平家建てで、長屋も附いていた。長男の是賢《これかた》は明治十年（二十四歳）にこの家で生れた。

明治十一年になって、フルベッキ先生は、いよいよ帰国せらるることとなった。それで先生がいわれるには、

「自分は日本政府からたくさんの俸給を戴いていたが、今財産として残ってるものは何もない、ただこの邸宅ぐらいのものだ、今度帰国するについてはどうかしてこの邸宅を売って貰いたい」

そこで私は早速当時懇意にしておった金持の茅野茂兵衛《かやのもへえ》と辻金五郎とにそのことを話した。すると、両人は、

「そういうわけなら、我々が引受けましょう」

といってくれた。

一体いくらくらいの値打があるかとだんだん調べて見ると、屋敷の買入れ代と洋館の建

築代とで、六千数百円の金が出ている。その他に敷物だの、窓掛だのという家具類があるが、これはいくらになっているかフルベッキ先生にも分らない。とにかく、まず六千円から七千円までの間で売れればフルベッキ先生には大満足だ。先生の方では、住み古した家だから、その値段で売れるかどうか分らない。しかし自分は今急いで帰らねばならぬところだから「椅子やテーブルはそのままにつけて置く」といわれるし、茅野も辻も、フルベッキ先生の事情には大変に同情して「何しろ値段の標準がつかないで困るが、とにかく六千五百円で買いましょう」ということになって、茅野の方へ買取られた。フルベッキ先生は大変に喜んで、間もなく日本を発《た》ってアメリカへ帰られた。私もそれと同時にこの屋敷を立退いて、茅野の二階に引越した。

フルベッキ先生が、いよいよアメリカへ帰らるることとなると、畏《かしこ》きあたりでは先生多年の功績を嘉《よみ》して、勲三等に叙し旭日章を授けられ、かつ『大日本史』その他を下賜せられた。当時外人に勲三等を賜うがごときはまことに異数のことであった。

さてフルベッキ先生は、明治十一年の夏、家族を引連れ、桑港《サンフランシスコ》に上陸すると、ひとまずホテル・ルス・ハウスに入り、間もなくセコンド・ストリートに借家を探してそこに住まわれることになった。

その時、私と鈴木宛てに手紙を寄越されているが、物価の安いといわれている桑港《サンフランシスコ》も、九人の家族を支えねばならぬ自分に取っては何を見ても高いように思われてならぬ。

日本では皆が親切で生活も経済的にゆけたが、ここではそれが出来ないから、今後二年とは暮せまい。ただ果実の豊富なことだけはここのとりえだ。――とこう書いてあった。

それから二カ月ほど経って、今度は私への手紙に、――自分は健康が回復次第直ちに日本へ帰ることに決心した。ここでも伝道や教育についてなすべきことがないでもないが、自分はここよりも日本へ行った方が、モットよく自分の天職を尽すことが出来るように思う。そうして、今度日本へ行くには単身か、さもなくば、ごく少数の家族で行く。それから、私はもう政府のお雇いは御免被《こうむ》りたい。ただ教育方面からの話があれば、それは考慮して見ねばならぬが、他の方面は一切お断りして、もっぱら翻訳と伝道に主力を尽したい――

先生は日本を去っても、日本人の厚情、日本の住みよいことは非常に執着を持っておられた。この手紙の後半にも、明年の秋には是非日本へ帰りたいと繰返し繰返し書いてあった。

その後、先生と私とは久しく消息を絶っていたが、明治二十二年（三十六歳）ペルー銀山の用務で渡米した時先生の家族をカリフォルニヤの田舎《いなか》に訪ねた。当時、先生は日本へ行って留守、夫人は病気で会えなかったが、お嬢さんが出て来て、「今、自分は小学校の教師をしてやっと生活だけは続けているが、何とかしても一度日本へ行きたいと思う。妹は桑港《サンフランシスコ》の幼稚園で保姆《ほぼ》をしている、弟のギドウも桑港《サンフランシスコ》で働いている」という。いかにも気の毒な家庭の有様であった。

翌二十三年、私はペルーから帰朝したが、ある日用件をもって横浜へ行ったら思いがけなく、バッタリ先生と出会《でくわ》した。無論先生はその時も宣教師の資格をもって来ておられたが、まことに悲惨な境遇であった。というのは、元来フルベッキ先生は、最初に来朝せられた時宣教師として来られたのであったが、その主義とするところは、ただやたらに教理を弘めるだけではいかぬ。その根本は教育でなければならぬというにあったから、本職の宣教師の方よりもむしろ政府の雇い人として、教育のことに力を注がれた。

実際、また東京へ来らるる前、長崎時代から先生はもっぱら力を教育のことに用い、その門下には大隈《おおくま》侯始め多数の肥前人《ひぜんじん》がおった。それで先生が大学南校に聘《へい》せられて東京へ移られると同時に、肥前生《ひぜんせい》と称《とな》えられた書生の一団が、同じく大学南校に転校して来たくらいであった。そういうわけで、先生は宗教家としてよりも、むしろ教育家として働かれ、ことに大学南校の教師となられてからは政府より手厚き給与を受けていられたので、仲間の宣教師どもは窃《ひそ》かにこれを妬みかつ非難しておった。

従って二度目に宣教師として来朝せられた時も、もちろん日本語は儕輩《せいはい》を抜いているし、説教や文章なども立派であったが、宣教師仲間にはあまり気受けが好くなかった。その時先生はいかにもしんみりした調子で、

「自分は今宣教師をやっているが、一層のこと日本に帰化したいと思う。日本政府から月

百円の給与を保障してくれるならば、それで自分は食って行けるから日本人として一生を日本に仕えたい」

といわれた、私は先生の境遇をいかにも気の毒に思ったけれども、自分自身がペルー鉱山の失敗後で、如何《いかん》ともすることが出来なかった。そこでそのことを加藤弘之、辻新次、浜尾《はまお》新《あらた》君らに話して助力を請うた。これらの人々も大いに同情して、文部省その他に尽力してくれたけれども、それがうまく行かぬ内に、先生はとうとう脳溢血《のういっけつ》で亡くなられた。誠に悲痛な最期であった。

吉原通いの校長追出し

東京英語学校に在職中、私と赤羽《あかばね》四郎とで書生の間に討論会を起そうと提唱して、これを実現しいろいろのことを論議したが、ことに品行を慎み、風紀を振粛《しんしゅく》すべしという空気を作ることに努力した。

あたかもこのころ、肥田《ひだ》校長が吉原へ行って豪遊していたという記事が『摘花新聞《つみはなしんぶん》』というのに掲載された。これを見た一同は憤慨して、これはけしからん、人を教える者が何たることだ、校長に談判して訊《ただ》して見ねばならぬと、赤羽と二人で肥田校長を訪ねて、「新聞の記事は果して本当か嘘《うそ》か、嘘なら取消せ」と、詰寄った。すると肥田さんは「残念ながら嘘とはいえぬ」「そんなら止むを得ない、自決しなさい」「御尤《ごもっと》もだ、自分もいずれ罷《や》めようが、摘花新聞の記事には、その背後に自分を追出して、この地位を取って代ろうという非望を抱く人物がいる。今自分が君たちの忠告を容《い》れて辞職すれば、見す見すその野心家の計略に乗ぜらるるばかりで、自分としても誠に快よしとしない。よってこの記事が野心家の仕業だという事実を確かめた上で潔《いさぎよ》く辞職しよう」と、つまり自分は去っても、その野心家には渡さぬというのが肥田の意見であった。そして肥田が疑《うたぐ》っておった当の相手は、ほかならぬ服部《はっとり》一三君であった。これは服部にとっては濡れぎぬであったに違いない。

私と赤羽とは、肥田に対して「君は学問もあり、なんでも出来るから、別段校長をやらなくとも、他の方面に就職の途《みち》はいくらでもある、もし他に転ずるならば、我々も一臂《いっぴ》の労をとろう」

とまで打ちとけて勧告した。すでにかく校長に自決を迫った以上、自分たちもこのままでいるわけにはいかぬ。赤羽と相談して、自分たちもやめることに決心した。

しかし、この事情は、当局の人にも明らかにしておかなくてはならぬというので、赤羽と私は時の文部小丞《しょうじょう》九鬼隆一《くきりゅういち》氏に一伍一什《いちぶしじゅう》を話した。すると九鬼小丞のいうのには、「近ごろ君たち二人が討論会などを起して、率先して校風を矯正し生徒の気概を作興することに努力していることはすでに聞いて、大いに喜んでいる。ついてはますます校風を高尚にして、生徒の気品を高めるように骨を折ってもらわねばならない。今君たちが校長に、辞職を勧告したから、自らも辞せねばならぬというのは、君たちの私情からいえばさもあるべきことであろうけれども、学校側からいうと、君たちのような志ある人こそ、一番必要であるから、君たちの辞職を許すことは同意出来ぬ。肥田校長が新聞にのったことは自分も知っている。悪いことであるから、いずれ処分せねばならぬと考えている。しかし、肥田の処分は何も君らの言を俟《ま》ってやるのではないから、この際君らの辞職は思い止ってもらいたい」

それで我々は「自分らは辞職を勧告すると共に自己の進退についても校長に明言していることであるから、今さら居残るわけにはいかぬ。で、一日も早く良い校長を置かれて、校規を正して貰いたい」といって、とうとう辞職してしまい、赤羽は外務省に転じ、私はどこにも就職せず無職浪人であった。

馬場辰猪君と貿易論を闘わす（二十四歳の頃）

私と赤羽とが東京英語学校の一角に討論会を起して、時事を論じ、風紀を振粛すべしとの小気焔をあげているころ、世の中の状態は非常なる変化を来しつつあった。

これより先、明治六年九月には、征韓論に対する廟堂《びょうどう》の議が破裂して、西郷以下征韓論の主張者はことごとく挂冠《けいかん》した。そうして、これらの人々はあたかも虎の嵎《ぐう》を負うがごとく、諸所に蟠踞して、隠然政府の一敵国をなしておった。

明治七年の一月には、副島、後藤、板垣ら八人の名において、民選議院設立の議を上《たてまつ》ったが、これまた尚早論が勝を占めてしまった。さようなことが因をなして、まず佐賀に兵乱が起り、世情はますます険悪となった。しかし政府は少しもこれらに介意するところなく、諸般の改革を行い、新政を布《し》いて行った。かくて我が社会組織、行政組織の上には目の廻るような大変化が相次いで行われたのである。

これらの改革これらの新組織に反対して起ったのが、熊本の神風連《しんぷうれん》であり、秋月藩《あきづき》における宮崎一派の乱であり、萩《はぎ》における前原一誠《まえばらいっせい》らの旗揚げである。かくて、明治七年より十年にかけては、あるいは征韓論を中心として、あるいはまた思想上の見地よりして、硬軟、新旧両派の衝突を来し、各地に騒乱相次いで起った。かかる時代であるから、あらゆる方面が雑然混沌《こんとん》として、ほとんどその帰一することを知らなかったのは当然である。

当時、小野梓《おののあずさ》君を会長とした共存同集《きょうそんどうしゅう》というものが京橋にあった。これは今日でいえば、一種の政治倶楽部で、同好の士が時々相会しては、政治経済の意見を交換し、またある特殊の問題を捉えては討論会などを開いていた。この共存同集において、彼《か》の馬場辰猪《ばばたつい》君（板垣先生を援《たす》けて民権自由の運動に熱心奔走した人で、学問もあり、また非常な雄弁家であったが、惜しいことにはフィラデルフィアで客死《かくし》した。今世にあらば、一党を率いる大政治家となられたに相違ない）が今後日本の経済策は、自由貿易主義によらねばならぬと、アダム・スミスやマンチェスター派の学説を承《う》け継いだのであろう、大変に熱を揚げておった。しかし財政経済の対策について議論する者の少い当時では、これに対してあえて反対を試みる者もなかった。しかるにある時、私が、東京英語学校の討論会席上で率直に保護貿易論を主張した。これが因となって、小野梓君や赤羽四郎君らに勧められ、ついに共存同集において、馬場君の自由貿易論に対して、反対の演説をすることになった。

私はこの演説において、まず外国貿易の必要より最近までの貿易の風潮を論じ、嘉永以後における列国の我国に対する貿易政策に及び、彼は我を知って戦い、我は彼を知らずして闘《たたか》うものであるから、彼の弾丸は我に当り、我弾丸は彼に届かない。かくては毎戦敗を取るは当然である。故《ゆえ》に毎年八百万円の金貨の流出を見て余るのである。この時に当っては、まず防禦を第一とし、出でて戦うことは第二とせねばならぬ。兵法にも善《よ》く戦うものはまず勝つべからざらしむることをなすとある。列国をして我国に勝つべからざらしむるには保護税を用うる外はないと前置きして、さらに具体的数字を挙げ内外の実例を引き、後進国たる我国が産業の発展、輸出の振興をはかり、もって貿易の権衡《けんこう》を維持し、自主独立の経済的立場を保有せんと欲するならば、保護貿易主義を採用するよりほかに途《みち》なき所以《ゆえん》を約一時間半余にわたって演述した。聴衆は無論会員が主なるものであった。この演説は私としては相当に骨を折ったものでその時の原稿は今もなお手許にある。

明治十年前後といえば、剣戟《けんげき》相交え、政論沸騰して、上《じょう》下《か》鼎《かなえ》の沸くがごとき時勢であった。その最中に自由貿易乎《か》保護貿易乎《か》というような、純粋な経済問題について公《おおやけ》の席上において討論したことは、とにかく一つの話題としてここに提供しても差支えないことであろう。

〔六〕養牧業—翻訳稼ぎ—相場

乳牛事業の誘惑

私がまだ東京英語学校に在職中、誠に久しぶりで福井数右衛門がやって来て、乳牛事業が有望だから、資金を出して頂きたいというので、鈴木と私とで数百円の金を投資した。その後しばらくは利益があったといっては、月々いくらかずつ正直に届けて来た。その内、明治十年の春になって、長野県における牛馬養豚市場屠牛所等の計画を持って来て、是非これに資金を出して頂きたいという。

福井の計画というのは、長野県下における馬市場の改良であった、当時長野県では馬の市場が各所にあって、場所場所によって市日《いちび》がきまっていた。そうして、それに関係している伯楽《ばくろう》の数は、長野県下のみでも、一万人を超え、いずれも売手と買手との間に立って口銭取《こうせんとり》をやっていた。売手の方は、馬を売って金を懐《ふところ》にする、買手の方は金をにぎって買出しに来る。それで、その懐をねらって、市場の近所には、賭博場が出来る。釣り込まれてその仲間に這入《はい》ると、玄人《くろうと》の賭博打ちが、寄ってかかって絞り取る。果ては元も子も取り上げられ、丸裸にして追い返されるという有様であった。即ち市場というよりもむしろ賭博場の観があった。だからまずこの市場から改革して名実共に真の牛馬市場たらしめねばならぬと、福井は長野県庁へ行って進言した。すると長野県庁でも大いに賛成して、是非君がそれをやってくれとの依頼であった。

福井がいうのには、

「そこまでは自身で話をつけたがこれ以上は、誰か確《しか》とした人が、その衝に当って貰わなくてはならぬ。幸い貴方《あなた》は米国でも牛や馬を取扱ったことがあるから是非一つ信州へ出掛けて、このことをやり上げて下さい」

と。それで、私が「一体どういう風にして市場の改良をすればよいか」と聞くと福井は、

「各所の市場を会員組織として、その土地の伯楽《ばくろう》をもって会員とする。そうして、各会員から一年一円ずつの会費を徴収する。長野県下には一万数千人の伯楽がいるから少くとも一万数千円の会費が集まる。県庁に話して、新市場の認可を得ると、伯楽どもから一カ所について五十円ずつのお礼をすることになっているので、両方合せると二万円近くになるであろう。これで市場改良の資金に充《あ》てる。また一方においては、従来長野県では、馬ばかりで牛を使わない。県下に遊説《ゆうぜい》して、牛を使うことの利益を知らしめる。そうして牛の

注文が起って来たら我々の方でその供給を引受ける。牛は自分のと牛場に運ばれてくる牛の中で、種牛になるのがいくらでもあるからそれを買取って長野へ送ればよい。それで今とりあえずその種牛となるべき物を何頭か買取っておきたいから、資金として二千円ばかり都合して頂きたい」

ということであった。

そこで、私は服部一三君にこのことを話して、さらに野村素介《もとすけ》君に相談すると二人とも大賛成、ことに当時の長野県令は長州の楢崎寛直《ならざきひろなお》という人で、服部や野村の知人であり、便宜も得られるからよかろうというわけで、右二千円は野村君から福井数右衛門に貸すこととなり、私と服部とが保証人になった。

「珍談」山の風呂

右の事情で私はいよいよ長野県へ出張することとなり、野村素介君の紹介で楢崎県令に会った。

私は福井から聞かされた通りの、牛馬養豚市場改革についての意見を開陳すると楢崎県令はこころよく承諾して、出来るだけ助成する、大いにやってもらいたいということであった。

しかるに、その下の属官どもにいたってはまるで無理解で、中には「高橋君は木竹《ぼくちく》というが長野県に木や竹を植えてどうする」などという滑稽話《こっけいばなし》さえ出たくらいであった。

それでもとにかく、楢崎県令には諒解を得たので、早速松本に本陣を据え、そこに福井の同志をよんで着々新市場の設置を進めた。そうして三カ所ばかりの許可を得たから至急牛を送るようにと福井の所へいって遣《や》った。

ところがどうだ、福井の方からは一月たっても二月たっても返事も来なければ牛も来ない。そうなると新市場設置の際牛はすぐにも来るように口をきったただけに、私の顔が立たない。もっとも私は万一を慮《おもんばか》って、牛が来るまでは、会費の徴収は差控えておいた。

あまり音沙汰がないから私も少しく疑いを起し、鈴木知雄に手紙で聞いて見た。すると鈴木からの返事では面会をしようと訪ねて行ってもいつも不在といって会わないばかりか、大変立派な新築をしているということであった。それで私は、こりゃ福井に欺《だま》されたと気がついて、すぐに帰京することに決心した。

しかるに同志の会員は、折角楽しみにして、待っているところだから、私の責任上福井の不都合を事実の上に明らかにしかつ諒解を得ねばならぬ。ゆえに会員の内の代表的人物で、士族の伊藤という者を連れて、ひとまず東京に帰ることになった。

私はすでにその時は路用《ろよう》も使い果して、帰る費用にも差支えるくらいとなっていた。

それでも、折角信州へやって来た以上、音に聞いた諏訪《すわ》の湖水だけは見物して帰ろうと、松本から湖水の畔《ほとり》にたどりついて、そこの橋本亭という料理屋に上り早速新しい肴《さかな》で一ぱいやり出した。何しろ湖水の眺めはよし温泉もあるので、思わず二晩も泊り、さんざんに飲み食いをしたから、存外に費用もかかりほとんど財布《さいふ》の底をはたかんばかりとなった。

いよいよ出発となって伊藤が、

「来た時には二人とも轎《かご》で乗りつけ今日まで贅沢《ぜいたく》をして遊んで来たのに、たつ時には徒歩ということではちょっと体裁が悪い。これから先にはまだ峠《とうげ》が一つ残っている、峠から先はともかく峠までは、轎《かご》で行かれたがよろしかろう」

「そういうことなら私の轎だけを頼んだがよい。そうして、お前は家来ということにして、後から随《つ》いて来い。それに轎は峠で下りるか麓まで乗って行くか分らないから、賃銀は宿で払わぬように申しおけ」

と言付けた。それからいよいよ轎に乗って出発、峠の麓にさしかかり、人家離れた所までやってくると停めさして、伊藤に、

「こういう所は歩いた方が面白い。轎はもう止そう」

「貴方《あなた》は、そんなに肥満していられるのに、徒歩で峠が越せますか」

「こんなことは大好きだ。信州に牛馬養豚市場を設《もう》けに来た者が、このくらいの山坂を歩けないでどうなるものか」

と話して轎を下り、そこまで僅か六、七丁間の賃銀を払って轎は返してしまった。

それから、伊藤と二人で歩き出したらいつの間にか日が暮れかかった。どこかへ泊らねばならぬがちょうど養蚕の時節で、どこもかしこも宿屋は営業をやめている。困り切って探している内に、やっとお泊め申そうという家があった。

ただしその家には風呂はないが、隣りにあるから、そこで這入って貰いたいということであった。

さて、隣に行って風呂に這入って見ると、何だか変な臭いがする。薬湯だなあと思って、いい気持に一浴び浴びて上った。そうして、伊藤に、「感心だネ、この辺で薬湯をたてている」というと、伊藤は「そんなはずはありません、薬湯なんか」といって、自分で風呂を見に行って、

「あれや、薬湯ではありません、湯が古いのです、皆が這入った後ですよ、御覧なさい、貴方の体に黒い煤《すす》見たようなものが、一杯くっついていますよ」

という。見るとなるほど汚《きたな》いものがくっついている。早速水で洗って、これは酷い目に会った。それでも這入らなかったよりもよい、といって宿に帰った。

「女蚊やり」の悪戯

それから夕飯時となった。疲れたから「サア一杯出せ」といって、酒の支度をさせる。

持って来たのは遊女屋で出すような朱塗の食卓に塩鮭《しおざけ》の肴《さかな》とお燗。それにお給仕として変な恰好をした芸者が出て来た。「お前がいいつけたのか」と、伊藤に訊《き》くと「いんえ、私はただ飯をいいつけただけです」という。見ると、ケチな淫売屋見たような家だから、飯を済ますと、「三味《さみ》なんかいらん、帰れ」と女どもを帰すこととし、伊藤に「こんなことではどんな目に遭うかも知れぬ、金はない、早速寝よう」といって宿の者を呼ばせ、床を取って蚊帳《かや》を吊《つ》れと命じた。すると、この節は養蚕季で、お客がないから蚊帳はみな倉の中にしまって有りませんという。

「それじゃ床だけでよいから、早く取れ」

といいつけた。すると、やがて床を敷き始めたがそれを見ると床が二ツ、それまではよいがおのおのの床の上に枕が二ツずつ列べてある。

これやけしからん。よしそういうことをするなら考えがあると、女どもに命じて百目《ひやくめ》蠟燭《ろうそく》を持って来させ、それを点《とも》した方に一つの床を敷かせ、他の一つはズーッと離れて、暗い所に敷かした。そうして暗い方の夜具には余った酒をぶっかけ、それへ女どもを寝かし、私と伊藤とはずっと離れて明るい方に寝た。ところが夜中になると計画図に当り、無数の蚊軍が酒の香《におい》をしたって女どもを襲撃する。そのため女どもは終夜輾転反側《てんてんはんそく》して眠れなかったようであった。おかげで我々は蚊にも喰われず眠り通した。

翌日になって勘定書を取って見ると、女の代まで入れて四円いくらとついている。それを払うと財布の中にはあと一円いくらほか残っていない。伊藤に、「君の方には幾何《いくら》かあるか」と訊くと「なんにも持っていない」という。

この有様では、とても二人連れで東京へ帰りつくことは出来ない。それで歩きながら、伊藤に、

「実はお前も東京まで連れて行きたいが旅費がない。ついては、お前はここから松本へ帰れ、ここに一円なにがしの金が残っている。これはお前にやる、俺は一文なしだが、とにかく東京へ帰る」

「それでは私の気が済みません、先生にどんなことがないとも限らないから、この金は頂くわけには参りません。先生が難儀なさる時には私だって難儀するのが当り前です」

「何、かまわぬから持って行け」

と、重ねて財布を渡すと、彼は涙ながらに、それを受取って帰って行った。

私は伊藤と別れてただ一人ポツリポツリと歩き出した。すると幾程もなく峠があって、その下の宿場に大きな酒食店がある。東京から生糸《きいと》の買出しに来る商人らは、大抵ここで人力車を捨てて信州へ這入ることになっている。それで、車夫はここで新たに東京行きのお客を捕えて帰ることにしている。すでにお午《ひる》近くになって、腹も減って来たことだし、立寄って、昼食《ちゅうじき》をとりながら女中に「東京から来た人力の中で、また東京へ帰ろうという車はないか」と聞くと「それや有ります」といって連れて来た。見ると、大きな強そう

な男で、そのころ流行《はや》った二人乗りの車を挽いている。

「私は今日東京からお客を乗せて参りましたが旦那がお帰りならば、どうかお供をさして下さい」

という。見たところ、人のよさそうな男なので、私はその男に対して、一切の打明け話をした。

「実は、俺は初めて信州へ来て、様子が分らず、思わず旅費も使い過ぎて甚だ当惑をしている。お前一つ東京まで賄《まかな》って、連れて行ってくれまいか、費用はすべて東京へ着いてから払う」

「それや、そういうわけなら、よろしゅう御座います。ちょうど今お客から頂いた賃銀がありますから」

「それじゃ、早速午飯の代から引受けてくれ」

「承知致しました」

というわけで、快く引受けてくれた。

車夫との奇縁

東京までの費用万端は車屋が引受けてくれたので、私は早速その車に乗って立場《たてば》を出発した。東京までは、まだ三十里の余もあるので途中で一泊せねばならぬ。

車屋と私とは車の上と下とで話をしながら、進んでいると、午後の三時ごろになって、ある路傍《ろぼう》の休み茶屋に着いた。車屋などがたくさんに休んでいる。

「一ぷくして参りましょう、ここには大変美味《おい》しい『直《なお》し』があります」

と車夫がいうから、

「直しとは、東京では本直《ほんなお》しといって、焼酎《しょうちゅう》と味淋《みりん》とを調合したもので、頭に来てよくないじゃないか」

「東京のは味淋と焼酎とを混ぜたものですが、ここのは素《もと》から、すぐに直しに作るもので東京のとはちがいます、まあ一つ上って御覧なさい、私どもはこれが一番の楽しみです」

といって、湯呑《ゆのみ》茶碗についだのを持って来た。飲んで見ると非常にうまい。とうとうお代りを五杯まで飲んだ。いい気持になって車に乗りかかり引かれ出した。すると車夫が、

「旦那、どうもお強いですなあ、五杯上りました」

「おいしいので思わず五杯やった」

「そうすると旦那の酒量は二升五合から三升のところですネ」

「そりゃどういうわけだ」

「あすこの一杯は、並の酒の五合に当ります。私は一升五合の酒量ですからいつもあの湯呑で三杯やります。旦那は五杯上ったから二升五合乃至《ないし》三升の酒量があるお方というので

す」

という。私もそれを聞いて少し驚いた。しかし一向ひどく酔った気持もしないで、ただいい気持で車の上にいつの間にか寝込んでしまった。

それからどのくらい寝込んだか分らないが何しろ夜もよほど更《ふ》けたところで宿屋に引込まれた。もうその時はまるで人事不省の有様で皆に介抱されてやっとのことで車から下ろされた。宿に落付くと非常に酔いが出て、何も飲み食いする気にもならずそのまま寝入ってしまった。

翌朝になると酔いもすっかり醒《さ》め、酒の気《け》もなくなった。それでまた車に乗って出かけた。

だんだん車夫とも親しくなったので双方遠慮のない身の上話が始まった。そうして私がもと芝の仙台中屋敷で育った者だと話をしたら車夫がビックリして、

「そうでありましたか、私はあすこのお留守居の六尺（轎夫《かごかき》）をしておりました。旦那の祖母《おばあ》さんやお家の方も皆よく知っています、そうおっしゃると旦那のこともよく知っています」

「妙な因縁だネ」

「ええ誠に妙な縁です。私は長くあすこへ住まっていましたから、旦那の小さな時分からのことをよく知っています」

という次第だ。

かくてその夜の八時ごろに駿河台鈴木町の宅に帰り着いた。それで私の妻にもこの車夫に世話になった話をして車夫に車賃と立替えとでいくらになるかといったら「四円ばかり戴けばよろしゅう御座います」というから酒を飲まして五円持たして帰してやった。その後車夫は二、三度訪ねて来たが、それ以来この頃までさっぱり音沙汰がない。

忙しい翻訳業

東京へ帰ってから早速、福井を捕えて責め付けた。福井は始終逃げてあるく。それに二千円の金で牛を買ったなどいうことも、真赤な嘘で、責めている間にますます化の皮が剝げて来る。とても信用が出来ないから、その金は服部と私とで、野村素介君に弁済して、牛馬養豚事業はこれをもって打切りとした。東京英語学校を辞してから数カ月の間、思えば、あらぬことに心を迷わして、手を焼いたものである。

私は自ら省みて、こんなことではいかぬと、ここで翻然方面を転換して、翻訳に専念することとなった。その内にフルベッキ先生も日本を発って帰国せらるることとなったので、私も鈴木町の宅を引払って、当時神田淡路町《あわじちょう》に、隠居仕事に米屋を出していた茅野茂兵衛《かやのもへえ》の二階へ引越した。

そのころは、ちょうど十年戦役の後で、コレラが大変に流行し、内務省では、衛生委員会というものを作って、主としてコレラ予防に関する規則を定むることを取り急ぎ、しばしばその会があった。

しかるに、その会は内外人から成っているので、日本文のものは英文に、英文のものは日本文に翻訳し、提案及び参考共に、日英両文をもってせねばならぬので、その係に私が依嘱《いしょく》せられた。当時の衛生局長は長与専斎《ながよせんさい》氏で、駿河台に住まっておられた。私の住む淡路町とは、近い所であるから、しばしば呼ばれて懇意になっていた。それで、啻《ただ》に議案のみならず、コレラの顕微鏡試験という洋書や、またはそのころロシヤに流行した「冬のコレラ」に関する書物なども翻訳を頼まれた。

さようなわけであったから、毎日夜も遅くまで、翻訳に従わねば間に合わぬくらいに仕事が多かった。従って、私一人ではとても間に合わないから、衛生局の一等属《いっとうぞく》川口君をはじめ、加州藩の漢学者野口之布《ゆきぬの》君、中沢《なかざわ》健作君、大童《おおわらわ》信太夫君、鈴木の兄の古山君らにも手伝ってもらって、私が読みながら翻訳して行くのを、文書に書いてもらったり、清書をしてもらったりした。

また、一方では、文部省の翻訳局長をしておった西村茂樹氏にも大変に可愛がられて、北米合衆国の歴史や経済書などの翻訳を頼まれた。その中に、マアシャルの『エコノミックス・オブ・インダストリー』と称する書物があった。この本の翻訳を引受けた時に日置《ひおき》益《ます》、吉田佐吉の両君が、当時の大学の学生で、卒業前であって二人とも貧窮していたから、これを救助するために文部省から受取ったマアシャルの原本を、始めの数ページだけ私が翻訳して、後はこの二人に訳さした。後日になって原著者のマアシャルから、この翻訳に対して懇篤なる礼状が来た。この書物は今もなお残っているはずだ。

当時の翻訳料は、英文を和文に訳するには、十行二十字詰一枚で一円、和文を英文に訳するには、和文の十行二十字詰一枚で二円乃至二円五十銭の割であった。

右のような次第で、翻訳は手に余るほど多く、従って収入も豊かであった。

共立学校再興

私が宿を借りている茅野《かやの》老人というのは、維新前、加賀藩出入《でいり》の商人で、相当資産のある人であった。その友人には、辻《つじ》金五郎、辻純一、吉川《よしかわ》長兵衛、平田次七《じしち》、砂糖問屋の大《おお》民《たみ》などいう当時一流の金持連が多かった。いずれも茶人で、時々茅野隠居所に集まっては茶会を開いた。自然私も懇意となって、いつの間にか茶の湯の手ほどきなどをさせられるようになった。

ある時茅野と辻とがいうのには、茅野の隣に大きな建物が空家《あきや》になっている。この地面はもともと学校を建てる名目で佐野造幣局長の名で払下げを受け、明治五年ごろ始めて共立学校というものを設立した。そうして外国人の教師と日本人では深沢要橘《ふかざわようきつ》が主任となって、子弟の教育を始め、一時はさかんであったが、同一種類のものが他にも出来るようになって維持が出来なくなり、とうとう廃校した。今空家になっているのは、その学校跡である。佐野氏はすでに故人となったが元来払下げの目的が学校の設立にあったので、その目的を達しないのは故人に対して甚だ遺憾だから君たちの力で是非再興して貰いたい、もしいよいよ再興するというのなら土地や建物は無償で貸すということであった。その当時私は大学予備門にあっていかにも入学生の学力の低いことを感じ、入学前にいま少し学力をつけてやる方法はないものかと考えていた際とて、直ちに同僚の鈴木知雄、森春吉などに相談した。すると二人とも大賛成で、話はすぐに決った。

ところが、その空家というのはいかにも古ぼけた家で、教場として役に立つのは二部屋ぐらいよりなかった。どうしても、他に大きな教場を新築せねばならぬ。それで茅野と辻とに話をして平屋建ての教場を建てることになり、新たに二百五十円をかけて、二十五坪ばかりのものを建ててくれた。それで古い建物の二階の方は寄宿舎とし下の方は教室にあて、一方の小さな部屋を事務室としていよいよ開校することとなった。これが即ち後の共立学校で今日の開成中学校の前身である。

開校してみると、意外に志望者が多くて成績が良好である。しかも予備門の入学試験の結果、共立学校出身者が一番及第率が多かったというので、学校の評判は一層よくなった。

教師には、予備門の同僚が多数来て教えてくれるので、初めあてにしなかった収入もだんだんと多くなって来た。大岡育造君もその時に学校の幹事として、雇い入れた一人で、確か佐野局長の婿《むこ》に当る伊藤という人が紹介者であったと記憶する。大岡君は幹事をしている間に代言人《だいげんにん》の資格を得、間もなく大阪の桜間《さくらま》要三郎事件（殺人事件を正当防衛で無罪とした）で名高くなった。

相場に手を出す（二十七歳の頃）

私は、茅野の二階へ引移ってからは、大学予備門や共立学校に教鞭《きょうべん》を執《と》る傍《かたわ》ら、翻訳の方にも精を出し、幾程もなく四、五千円ばかりの貯蓄が出来た。そうしてこの金は辻金五郎が支配人をしていた第四国立銀行の支店に預けておいた。

ある時、茅野らがいうのには、このごろ銀紙《ぎんし》の値段が劇《はげ》しく変動するので、横浜では盛んに相場が行われている。ことに、このごろは余りに紙幣が下落するので佐野大蔵卿《おおくらきょう》（常民《つねたみ》）は大変に心配され、大蔵省から銀貨を持出して、横浜で売出すこととし、その売出しの手続き一切を自分らに託された。そこで、自分らは采野《うねの》という仲買人に万事を取扱わせることにした。大蔵省から、銀貨を売出せば、紙幣の値段は騰《あが》るに極まっている。これこそ金儲《かねもう》けにはよい機会だ。決して損のしっこはないから、君も我々の仲間に加わってはどうかと勧められた。

「私は、初めてそういう話を聞いた。それまでは、相場というものはどんなものかさっぱり分らなかった。それにそんなにたくさん金を儲けたいとも考えていなかった。ただ、窃《ひそ》かに胸の中に描いていたことは、今日有為《ゆうい》な青年で、学資に困っているものがたくさんにいる。せめて二、三十人ぐらいの有為な学生の学資を手伝い、他日国会が開けた時に、議員にでもなるような立派な人を作りたいと思う、目下一人の書生を養うには、一年に百円あればよい。銀行の預金は一割の利子だから、三十人の書生を養うには、三万円の元金があればよいわけだ。私が欲しいのは、その三万円ばかりだけだ。しかるに私は、今四、五千円の金を預けている。これを翻訳で三万円にしようというのには、なかなか骨が折れる。それで、そんなに儲かることであったら、仲間に這入ってよいが、儲からん場合には損というものがありはしないか」と聞き返した。

するると老人連は、「それやあ、相場だから損することもある。しかし今度の場合は損のしようがない、また損がいっても君に迷惑を掛けない。君が書生を養いたいというなら、この際一段と仲間に這入って儲けたらよいじゃないか」という。

「それじゃ自分も一つ仲間に加わろうが、損がいっても、私の負担し得る力は、今銀行に預けている四、五千円が限度だから、そのつもりでやってもらいたい」と話を取りきめて私もとうとうこの銀相場の仲間に這入った。すると二週間ばかり経って、果して利益があった。「君の分は千円余も利益と一緒に我々の方で預かっておく」という話であった。「それは君らにまかしてあるからどうでもしてくれ」と返答しておいた。

　この当時神田区長をしていた沢簡徳《さわかんとく》という人がまた老人仲間と至極《しごく》懇意で、やはり始終茶席などに呼ばれその都度私も同席して懇意であった。この人が茶席で発議していうのには、

「聞けば今野蒜《のびる》の築港をやっているそうだが、それが竣成すれば、今の原野は地価が非常に騰貴する。今の内に、仲間で、この原野を買っておこうじゃないか」

　というから、勧めらるるままに、この仲間にも這入った。

　そうやってる間に、政府でも数回銀を売らして見たが、その時だけは、銀一円に対して紙幣一円七十銭ぐらいのものが、一円二、三十銭ぐらいまで回復するけれども、十日もたつとまた元の通りに下落して、目的を達することが出来ぬ。政府もそう犠牲を払うわけにはいかぬから銀の払下げはついに中止となった。しかるに一方政府の払下げを託された側では政府の中止をしらずにいつまでも払下げがつづくと思ったらしく多額の思惑をやっていた。その結果仲買店の采野はいろいろの客から注文を受けて、非常な損失を受け客筋からは損失の金を払ってくれないというので、ほとんど破産するばかりの状態におちいった。

仲買店の開業

銀相場で損をしていることなど私は少しも知らなかった。ある時采野老人がやって来て、「我々の仲間で註文した取引の結果として、差引二万五千円ばかりの損失が出来た、これを払って貰わなければ、身代かぎりをせねばならぬ。ほかの客もなかなか損失を払ってくれぬ。しかし第一貴方がたの仲間が金高の主なもので、その落着《おちつき》がつかねばほかの客を責めるわけにはいかぬ、今すぐ金を戴こうとはいわぬから、借用証文でも書いて貰いたい、先日来茅野、辻両君に会いたいと思っているが二人とも伊勢参宮をして留守である、しかるに自分の店はもう命旦夕《めいたんせき》に迫って、にっちもさっちも行かぬから済まないが貴方が何とかして戴きたい」

と寝耳に水の談判である。

自分もこれには途方に暮れた。仲間には這入ったに相違ないから何とかしなくてはならない。幸い辻純一が仲間に這入らなかったから彼のところに行って意見を聞いて見た。

「そんなことを放っといて旅行するとは不都合千万だ。しかし采野の立場も気の毒だから仲間が帰るまであなたが何とかしてやったらよかろう」ということであった。それで私は取りあえず銀行にあった約五千円の金を取って渡し、なお不足の分は借用証文にしておいた。

采野は非常に感激して、いずれ二人が旅から帰ったらその方に話をして、この借用証文に対しては決して貴方に迷惑はかけぬというから、そんなら借用証文については迷惑をかけぬ、という返り書を寄越せといって一札書かせてこの段落をつけた。

間もなく茅野や辻が帰って来たから、一伍一什《いちぶしじゅう》の話をしたら、それは采野が悪い、甚だ心得違いだ、我々はそんなに損失を負担する約束はしていない、君が一人でそういうことを取り計らってくれたことは、君に対して誠にお気の毒である、ついてはかねて共同で買っておいた野蒜の権利を全部提供するから、それで償ってもらいたいとのことであった。しかるに、その野蒜の築港も、ついに失敗に終り原野は無価値のものとなってしまった。

采野老はその後病死したが、その息子が後をついで、私が先に渡した借用証文を持ち出し返済を迫って来たので、その時の事情を詳しく話してかつ返り書を見せて、この通り自分には決して迷惑をかけぬということであったがいかにも気の毒であるから、返り書に三千円をつけてさきの借用証文と取り代えることにしようと話をきめて、落着《おちつき》をつけた。

相場では右の通りひどい目にあった。そこで一つ相場というものを研究して見たいという考えが起った。

その当時、土佐の人で、横田広太郎という人が、始終采野の店に出入りして相場をやり、采野の相談相手にもなっていた。

そういうわけで、私も横田とは時々会い、また一緒に食事などもして、相場上の話もこの人から聞いた。この人がいうのには、

「君がそれほど研究したいというなら、一層《いっそ》仲買の店を出して、直接客を扱って見ると、相場の真相もわかってくる、君自身でそれをやるなら、自分も組合員となって仲買店をやってもよい」

「それやあなるほどよかろう、しかし、全く研究のためだからそれを永く本業としてやるつもりはない。一体どのくらい仲買の店を開いておったら相場のことがわかるだろう」

「まあ、少くとも三カ月ぐらいはやって見なくてはわかるまい」

「しかし店を開くについても、私は何もわからないから君がすべて引き受けてやってくれるか」

「それは仲間になってやるからには何もかも引き受けてやる、ただし店を開いたら、君はつねに店へ来てるがよい」

「それは承知した」

そこで横田のいうのには、「店の取締りには別に適当な人を探さねばならぬが、それも自分に任してくれ」ということであった。

その後、横田が来て、「蠣殼町《かきがらちょう》に近ごろ西洋料理店を開いた大森六治郎《ろくじろう》という男がいる。これが適任者であるから、店の取締りに雇うこととした」という。そこで大森の名義で蠣

殻町一丁目三番地に小さな店を借入れ、六二商会と銘打って、いよいよ仲買商を開始することとなった。

相場師の内幕

六二というのは大森六治郎の名を取ったもので、この店の主要業務はいうまでもなく米仲買、もちろん営業上一切の責任は雇主たる私と横田が負うが、大森には毎月純益の二割を月給として与える約束であった。

さて、仲買の店を開くについては取引所の株を持たねばならぬ。その他いろいろな費用がかかり、運転資金をも加えると、六千円ぐらいの資本金が必要である。これを両人で分担することとして、私は三千円を出資した。

店が出来てからは、私は毎日とまではいかぬが大抵の日は、昼間午前から午後にかけて三時間ぐらいは店へ行って奥座敷の中から商売の状況を見る。横田も朝から始終出てくる。毎日大概十人前後の客に対して店から昼飯を出す。その客の中には、馴染みの客もあるし不意に新たに来る客もあった。店主は従来市場に出入りしていたから、自然多くの客とも顔馴染みであった。

しかるにその時、絶えて久しく会わなかった森有礼先生の所の書生仲間であった元長州藩の中原国之助に出会《でくわ》した。その話によると、自分は今ウワッソンの手代《てだい》となって取引所に来て相場をやっている。だんだん聞いて見ると、このウワッソンという人は御維新前に、横浜の金の柱の銀行の副支配人をしていた人で、私がシャンドのボーイをしていた時に、そのシャンドの次席を勤めていた。この人のボーイは英国の兵隊の子供であったので私はよく覚えておった。

その当時は、日本から外国へ米を輸出していた。そこで、ウワッソンは日本米輸出の業務を取扱い、そのために米相場にも深入りをしていた。中原は、

「目下ウワッソンと糸平《いとへい》〔編集部註／田中平八〕との戦いである。自分はウワッソンの手代として買いにかかっている。糸平は反対に売りにかかっている。なかなか面白い戦争だ」

といっていた。その時分蠣殻町の噂では、糸平は「鼻曲り」であるということであった。糸平は時々自分で場に出て売買の手振りをやっていた。私もその姿を見たことがある。しかしまた一方の噂を聞くと、糸平は「鼻曲り」の評判を利用して、時々自分が場に臨んで手振りをするだけで事実は影武者を使って、自分が表面売りに立った場合は必ず影武者をして買い方に廻らしているということも聞いた。

それから、仲買の店ですることを見ていると、古い客の注文は場を通して売買するが、田舎からたまたま出て来た人の注文は証拠金を取っておいて場を通さずに店で呑み込んで

しまう。そうしてその客の損になるような相場の現われた時には客に対して、厳重に追《おい》証拠金を追求する。しかるにその人たちはモトモト資金のない人たちだから払うことが出来ない者が多い。すると、その日の相場で仕切りをしてしまう。最初から場を通さないで、店で呑み込んだものであるから、前の証拠金は店で取り上げて不足の分はなお客から現金または証文を取るということにしていた。

また客の方に利益になる相場が現われて、客が仕切ってくれといってくる。すると、その客に対しては今少し我慢すればモッと儲かるから、今仕切るのはお止めなさいとなるべく仕切らないように仕向ける。

そういう風に、客の損の場合は仕切りをして追求してとる。利益の場合はウマイことをいって引延ばし、その内に、損の出るような相場が現われると、追証拠金を追求するという始末であった。それでも、客に対してはどんな僅かな売買をした人にでも、昼間になると立派な御馳走を出して遇するので自然と客も仲買店を信用するという風で、あえて内幕のことを怪しまない。

一方、古馴染みの客や、資力の確かな客筋からの注文で、場を通して売買の取極めをしたものには、もちろん客の意思で仕切りをするが、それでも前にいう通り、一応は仲買店の主人が、今時機であるとかないとかの意見をいうのである。そうして、その仕切りをする時に、場を通して仕切ることは少なく、ただ差益だけを店の資金からその客に渡し、最前の客の注文の場を通しての取引はなお店を通して繋がっている。その売買の結果で、店の損得が生じて来る。一言にしていえば客が相場をする、その奥に店自身が相場をやるような形になっている、結局賭博に過ぎないことが大体よく分って来た。

そこで、様子もスッカリわかったので四カ月ばかりで廃業して決算をしたら、結局最初の六千円の資本金のほかになお千五百円許りの欠損を生じたので、私と横田とで、その損を分担してこの仕事は打切った。

〔七〕再び官途へ――専売特許所長

放埒の経歴が祟る――文部省から農商務省へ

明治十四年（二十八歳）の春になって、友人たちが、いつまでも学校で教鞭を執るばかりが能でもあるまい、一層のこと文部省に入って、教育の事務に当ってはどうかと勧めてくれるので私もその考えになり、話を進めて貰うことにした。

ところが、ここに大なる支障を生じて来た。というのは、当時文部の小丞《しょうじょう》か何かであった浜尾新君が、私の行状ことに放蕩をしたり仲買の店を出したり、銀相場をしたりしたことを聞いて、ああいう不身持の者を教育の司所である文部省に採用することはよろしくないという論を持ち出した。当時、文部省の上役は、大抵私の懇意な人々であったので私のためには随分尽力してくれたけれども、浜尾の正論に対しては、何も逆《さか》らう余地がなかった。

私はひそかに考えた。そういう人は尊ぶべき人だ。浜尾君が相場をしたり、放蕩をしたりする者を、教育のことにたずさわらしめないというのはもっともな次第だ。しかしそれは今もなお私が相場をしたり放蕩をしたりするものと思っているからだ。一つ自分が直接浜尾君に会って、ありのままを話しし、諒解を得ることにしようと決心した。それで、早速、富坂に浜尾君を訪ねて面会した。

「友人が文部省に入るように勧めてくれたので、そう頼んだら、内部で貴方が反対せらるるということを聞いた。私の品行のことで反対せらるるのはごもっともだ。しかしそれが今もなお続いていると思われては心外だ。それでその顚末をお話し、誤解だけは解いてもらいたいと思ってやって来た」

といって、相場に手を出し始めた事情から、その目的が三十人ばかりの書生を養う費用を得るにあったこと、それも今は止めている、また放蕩の方は、旧友の中に放蕩するものがあって、根津の遊廓あたりに連れて行かれたが、これはよんどころなくおつき合いに行くくらいの程度であって、今日はその友達も真面目になったから遊廓にも行かなくなったことを話し、

「そういうわけで、今日の高橋は昨日の高橋とは別人となっていると御承知願いたい。かつ自分が特に文部省に入りたくなったのは、いつまでも教鞭を執るより、むしろ事務にたずさわって見たいと思うからだ」

というと浜尾君は、

「それはごもっともだ。君のいう通りであったら、自分は決して君の文部省入りに反対するものでない。早く文部省に入ったがよかろう」という。そこで私はいよいよ文部省へ入り、明治十四年四月を以て御用掛《ごようがかり》を仰せ付かり、地方学務局勤務を命ぜられた。その時文部省の一等属でおった江木千之《えぎかずゆき》君、久保田譲《ゆずる》君らが同僚であった。

私が文部省へ入ると、間もなく農商務省が出来た。たまたま新たに出来た農商務省の官制を見ると、多分フランス官制の翻訳であったと思うが、その所管事務として発明専売、商標登録保護のことが規定されている。何しろ新しい仕事であるから、誰をもってこの任に就かしめたらよいか、ちょっと当りがつかなかったらしい。それで、誰か適任者はないかという詮議となった。

この時、私のもとの遊び仲間であった旧越前藩士の山岡次郎君が蔵前の工業学校の教授で、農商務技師を兼ねていた。この人が、私がかつてモーレー博士の勧めで、商標登録、専売特許のことなど取調べ、かつその必要を提唱しておったのを知っていて、農商務省の河瀬秀治《ひでじ》という局長に話をしたのがはじまりで、私は農商務省に採用せらるることになった。これが明治十四年五月のことで、文部省御用掛を拝命してからまだ一月とたたぬ内であった。

御用掛から雇員に下る

私が専売特許、商標登録というような事務に、特に興味を持つようになったのは、どういうわけからかというに、確か明治七年ごろであったと思う。私がまだ文部省でモーレー博士の通訳をしていたころ、ヘボン博士がかの有名な辞書を再版するについて、日本でも版権を得ておきたいが、何とか方法はあるまいかと、モーレー博士に相談があったので、モーレー博士から私に話があった。

私は、早速内務省に行って取調べて見ると、当時外国人は我が国において、いわゆる治外法権を持っていて、我が国法は彼らの上に及ばない。それとともに日本の法律によって保護の途《みち》もない。それで、そのことをモーレー博士と田中文部大輔《もんぶたゆう》に話すと、モーレー先生は、

「ヘボン博士は、日本医界の恩人である。ことにあの辞書は日本の学界に広く用いられて、裨益《ひえき》しているところも極めて多い。何とか特別の計らいをもって、博士のために版権を得る工夫はないであろうか」

といわれるので、私は、たびたび内務省へ行って交渉した。その結果、内務省でも、気の毒な話ではあるが、今日外国人には治外法権があって、日本の法律の適用を受けぬこと

となっているから、このままで許すわけにはいかぬ。どうだろうヘボン博士が版権に関する限りは、日本の法律に従うということを約束さるれば、特に版権を与えてよいと思うがということであった。それで、私は早速そのことをモーレー博士に通じておいたが、その後果してヘボン博士が版権を得られたかどうか、それきりになってわからない。

ちょうど、この交渉の最中に、モーレー博士が、

「日本には著作権を保護する版権はあるが、発明または商標を保護する規定がないようだ。外国人は日本人が大変器用で、すぐに外国品を真似たり、商標を盗用したりして模造品を舶来品のようにして売出しているのを非常に迷惑がっている。米国では発明、商標、版権の三つは、三つの智能的財産（Three Intellectual Properties）と称して財産中でも一番大切なものとしている故に、日本でも発明及び商標は版権と共に保護せねばならぬ」

といわれた。私はこれを聞いて大いに感じた。そして発明や商標は、一体どういう法律で保護せられているだろうか、私はそれを聞きたいと思ったが、モーレー先生はその方の専門家でないからよく知られない。それで丸善《まるぜん》へ行って、これに関する書物はないかと調べて見たが、なにもない。あるいは大英百科辞典にはその大要でものっていないかと、文部省備え付けのものについて調べて見ると、幸いにも、概略ではあるが、商標のことも発明のことも載っている。飛び立つ喜びで、それを土台に研究して行くと、二つともいかにも大切なことだ。それで私は、文部省でもこれらの工業所有権を保護したらよかろうと、

機会あるごとに田中大輔に対してもお話をしたがなかなか実現を見るに到らなかった。しかし私の説を聞いて、その必要ある所以《ゆえん》は、何人《なんぴと》もこれを認めたようであった。

その内に明治十四年の春となって、前述の通り農商務省が新設せられ、その卿には文部卿の河野敏鎌《こうのとがま》氏が転補せられ、また大輔には品川弥二郎《しながわやじろう》氏が新任せられた。そこへ山岡次郎が私のことを推薦してくれたのでその方へ転じた次第であった。

その時、少しの行違いがあった。というのは、私は文部省では、判任御用掛であった。それで農商務省に採用する時には、奏任の御用掛にしてやるという話になっていた。ところがいよいよ辞令を受取って見ると、いかなる行違いか、工務局の雇ということになっていた。山岡は大変にそれを気の毒がっていたが、私はそんなことには一向無頓着《むとんじゃく》で、工務局へ入ってしまった。

商標と暖簾──商標登録所長

農商務省の工務局では、調査課勤務を命ぜられ、予定のごとく、もっぱら商標登録並びに発明専売規則の作成に従事した。元来農商務省は大蔵省と内務省とから仕事を分割して出来上ったもので、大蔵省から引継がれた仕事の中に商標のことがあった。しかしその取調べは中途半端になっていたので、これまでの取調主任であった神鞭知常《かんむちともつね》君に、今日までの経過を尋ねると、神鞭君は、「自分もまだ十分に研究していない、先年商業会議所の意見を聞いたがよいというので、東京と大阪の会議所に諮問《しもん》した。ところが東京は商標登録条例の制定に反対したが、大阪は賛成であるばかりでなく、さらに発明専売の規則をも設けてもらいたいと申して来た」ということだった。東京会議所が反対したのは、今から考えると噴飯《ふんぱん》に堪えぬ理由からで、一言にしていうと商標と暖簾《のれん》とを混同して、暖簾というものは永く忠勤した番頭に、その主家から分けて与えらるるものだ。それを登録して、登録者の専有物とし、一切他人が使えぬようにすることは我が商習慣に悖《もと》る。というのが反対の根本理由であった。

しかるにしばらくたって東京の商業会議所も、ようやく商標と暖簾との区別が解ったと見えて、商標条例制定に賛成の意見を具申して来た。

商標登録条例の調査は、大要右のような状態で、私に引継がれた。それで、私はこの成行きを、工務局長富田《とみた》冬三氏に報告すると、「では順序として、まず商標登録規則から始め、その後に発明専売規則にかかるがよかろう」ということであった。間もなく二、三の人がその係に任命せられ、私が委員長として、商標登録規則の作成に取りかかった。

かくてこの取調べが進み、いよいよ参事院の会議に提案するまでには約二年有半の時日を要し、係員一同随分苦心した。というのは、当時参事院でも、商標に関する正確なる知識を持っている者はまことに少く、多くは東京商業会議所がかつて抱いておったと同様に商標と暖簾とを混同していたくらいであった。それで私は条例の草案を練ると共に八方説明して世間の理解を得るように努め、明治十七年一月に至って、初めて参事院の本会議に上程する運びとなった。幸いにして会議前における諒解手段が功を奏して、参事院は極めて無事に通過し、次いで元老院の協賛を経て十七年六月七日布告第十九号をもって商標条例は発布せられ、同年十月一日より実施せられた。同時に、工務局に商標登録所なるものが創設せられ、私がその第一次の所長に任ぜられた。

いよいよ実施して見ると、我が国には昔からこの商標に当るべきものが存しておったことが当業者の請願によって明らかとなり、現行法にはその古くからの商標を保護する途《みち》が明確に規定してなかったので、明治十八年一月に商標条例附則追加案を作成して、これを参事院の会議に附することとなった。

この会議には畏くも明治大帝陛下が親しく出御《しゅつぎょ》になった。陛下の御隣は議長、私はその時特に参事院員外議官補に兼任せしめられ、議長の隣席に立ってこの案の説明に当った。私はその時、まず商標と暖簾の異なるところ、例えば「正宗《まさむね》」といえば、普通世間では優等酒という一般的の意味に用いられて、すでに公知公用のものである。故にこれを登録商標として、専有物とすることは出来ない。しかし酢の商標で「丸勘《まるかん》」とか、醤油の商標で「亀甲万《きっこうまん》」とかいうものは、広く世間に需要されてはいるが、これらはその商標によって直ちに醸造元を想像するように、一種専用のものとなっているから、まさに商標として保護すべきものであると述べて、美濃紙《みのがみ》に、丸勘、正宗、亀甲万の図面まで書いて説明した。その結果、元老院会議も幸いにして無事通過した。後になって、高橋が、陛下の御前で、正宗や丸勘の図面を振り廻し、大声を揚げて説明した姿とてはなかったと大評判となった。

当時一般国民の商標条例に対する理解の程度は、左に掲ぐる田中芳男《よしお》君の手紙を見ても、ほぼ推測することが出来ると思う。

商標条例発行後人民の感触は如何なるや。徴兵令一度出づれば解説和解等の如き通俗の本世上に出で、又各自の身上に適切なるより、大に民情に関係する所少からず、商標亦《また》然り、条例を等閑に看過して我が業に関係ある事を知らざるもの世間に少からず、狡猾者は却つてその蘊奥《うんのう》を極め、因循家は空敷《むなしく》経過し候《そうろう》様の姿にてはなきや、目下何歟《か》商標の要用なる事及知らねば損だと思ふ可《べ》き通俗の本でもあるやまた出来るや、小生も一寸官報看過せしまでにて何も知らず、他人に逢ふても弁明する途なし偶《たまたま》感ずることあり、因て相伺ひ置度《おきたく》先刻罷出《まかりいで》候処、会議へ御出席にて御席になし、因て別条認《したため》て申上候書は言を尽さず御賢察可下被《くださるべく》候頓首

十月二十一日

田　芳　拝

高橋君侍史

専売特許所長（三十二歳の頃）

商標の方は以上の順序をもってともかく出来上ったので、今度は発明専売規則の作成に取りかかった。その内にいよいよ成案を得たので、例によって参事院に提出すると、なかなか通過がむつかしい。これより先、明治四年のころ、ひとたび発明専売略規則なるものが発布せられたが、さてこれを実施する段となって、発明の審査に当る者がない。やむなく多数の外国人を雇わねばならぬ。そうすれば費用もたくさんにかかる、その割合にはろくな発明も出来ないというので、とうとう明治五年三月二十五日の布告第百五号をもってその実施を中止することになった。それで、それほどにむつかしいものが、たやすく行われるものではないといって、参事院では反対の議論が強く、一時停頓《ていとん》の姿であった。

そこへ森有礼先生が外国から帰って来られた。私は大変にお世話になった恩人であるから、早速御挨拶に伺うと、「このごろ、何をしている」とのお尋ねである、私は、農商務省に入ってから、商標登録規則を作り、今は商標登録所長となって、発明専売規則の作成に努力し、ようやくその成案を得たので、過日参事院に提出したが、反対が多くて通過が容易でないということを一通りお話をすると、森さんは大変に喜んで、「それはよいことをやっている。そんなにむつかしくなっているなら、俺が行って話をしてやろう」といわれた。

当時森さんは、参事院議官ではあったが、滅多に会議には出られなかった。しかるに、その後ある日の会議に、わざわざ出席して、「すでにやろうという者がある以上、心配せずに法律を作ってやらして見たらよいではないか」と力説し、大いに案の通過のため掩護せられた。そのおかげでこの案はようやく参事院を通過して、元老院に廻附せられた。

ところが、元老院会議では政府部内にこれが説明に当るべき適当な人が見当らなかったために、私は臨時に内閣委員を仰せ付けられ、その説明に当った。

これより先元老院では箕作麟祥《りんしょう》さんが、夙《つと》に発明保護の必要を感ぜられて、フランス式の簡易な無審査専売特許法を立案して、非公式ながらその案文を閣僚議官の間に配布しておられた。従って元老院では、その案文が先入主となって、私の立案よりもフランス式無審査免許の方法がよろしいとの意見を持つ人も少くはなかった。しかし当人の箕作さんは、私の案文を見て、これは君の案がよい、自分は決して自説を固持するものではないと、むしろ賛意を表された。

さような有様で、元老院では、相当に議論もあったが、論議の結果とにかく私の案は無事通過して、明治十八年四月発布、同七月一日より施行せらるることとなり、私は同年四月二十日附をもって、専売特許所長兼務を命ぜられた。

この規則が発布せらるるとともに、当時制度取調局の長官であった伊藤博文氏から、農商務卿西郷従道氏に通牒があって、

「この法律は今度始めて我が国に施行せらるる甚だむつかしいものであるから、よろしく主任者を欧米に派遣して取調べをなさしむるよういたしたし」

といって来た。よって農商務卿においても、その旨をもって私に準備調査を命ぜられた。私は種々考究の上、海外にて取調べを要する諸項目を列挙し、かつ速かに調査員を海外に派遣せしむべしとの意見を附して提出した。けだし最近発布を見た商標登録条例、専売特許条例実施の結果を見るに、その出願数は日を逐《お》うて増加の趨勢《すうせい》にあり、また民間においても漸次その効果を認むるようになったので、さらに海外先進国の制度組織を研究して、我が国における商標登録専売特許の制度を確立し、組織の完璧《かんぺき》を期するの必要を感じたからである。

あたかもこの時近くローマにて開催せらるべき発明保護に関する万国会議に我が国も入会するよう照会して来たが、それに対して我が特許制度が今日の有様では、未だその準備整わざるがゆえに、これに入会することは、我れに得るところ少く失うところ多き理由をも詳論して、もって上司の参考に供した。

吉田大輔も富田工務局長も、私のこの説に対しては、いずれも同意せられたが、ただ海外派遣のことは経費の都合如何《いかん》を気遣っているとの話であった。しかるに、過般卿輔《きょうふ》の

更迭があって品川大輔に代って吉田大輔が入省すると、その当時ありがちの勢力争いが始まって、従来品川系と目せられたる人々に対して、心中面白からず思っていた人々はこの際何とかして品川系の一派を省内より駆逐せんとはかり、このことが私の海外派遣に影響して、却ってこれを促進せしむるの結果を生じ、十一月十二日、宮島信吉より太政官《だじょうかん》への上申書は、今日裁可せられたとの報告を受取った。

馬をやめてシカを置く——精神家前田氏

これよりさき、私が農商務省でもっぱら商標登録、発明専売の調査を進めているころ、同じく農商務省の書記官に前田正名《まえだまさな》という人があった。非常な精神家で熱心に殖産興業の急務を高調していた。

私は話だけでまだ前田君と会う機会がなかった。確か明治十六年（三十歳）であったと思う。森有礼先生が前田君に私のことを話されたと見え、前田君から私に会いたいとの伝言があり省内で始めて面会した。

その時、親しく前田君と意見を交換し、その熱烈な精神家であることを感得し、大いに敬服した次第であった。なかんずく一番感じたのは前田君の国家観念である。それまで私の考えでは、これは言葉にいい現わしにくいが、喩《たと》えば、観音様の信者が観音様に参詣する時の気持──即ち信者を自分とし国家を観音様と見るならば国家というものは大切なもので、己れの恃むべき最上のものだとは思っていたものの、ちょうど観音様と信者とのように国家と自分とは、離れた別個のものであるように理解しておった。

ところが前田君と二日ばかり話をしている間に、どうも自分の今までの国家観念が浅薄であったのに気がついた。国家というものは自己を離れて別にあるものではない。自己と国家とは一つのものである。観音様と信者とは一体になってこそ真正の信仰である。国家もこれと同じだ。とこういう風に考えるようになった。

こんなわけで、私は前田君に私淑《ししゅく》し、常に尊敬していた。時の大蔵大臣は松方《まつかた》さんであったが、明治二十三年には、国会が開かれるから、それまでに十分財政の整理をしておかねばならぬというので、諸官省に通達して、努めて整理節約を計ることになった。ところがどうも実行が出来ない。そこで松方さんが整理節約によって得たる剰余金《じょうよきん》はこれを後年度において使用することが出来るように決められた。これより皆が節約して金をあます工夫をするようになった。

この整理に当って農商務省における前田君のやり方について一言したい。それはいよいよ人員を整理淘汰《とうた》するというだんとなって、上官が下僚の首を切るのは、情において忍びぬといって断行が出来兼ねていた。そこで前田君が各局に向って不用の者は皆自分の所へ廻して寄越せといってやった。そういう冗員を集めて、ここに第四課なるものを置いた。

その人数は何でも四、五十人もあったと思う。何しろ整理節約だというので、農商務省では、今でいえば自動車にも当る馬車や馬まで廃止してしまった。それで、

農商務省馬を廃してしかい（四課）を置き

という狂句まで出来たくらいであった。ところが、四、五十人の課員が前田君の精神に感奮して朝は暗いうちに提灯《ちょうちん》をつけて家を出で、まだ役所の門の開かない前から行って待っている。そうして精励刻苦夜は暮れてからでなくては帰らぬという有様で非常な能率を挙げた。これは前田君一代の美事で、役にたたぬという人々も使いようによっては十分の役をなすということを、前田君が実地に示してくれたわけだ。

挫折した興業意見書

前田君は第四課の人々を使って、まず興業意見書の編纂に取掛った。

明治二十三年には国会が開ける、その議員にはいずれ代言人か新聞の記者が多いであろう。それは多く我が国殖産興業の実際を知らない人たちであるから、何はさておき我が国の実情を知らせねばならぬ。法律規則はそもそもの末で、富国強兵の基礎はこれを殖産興業に求めるよりほかにはない。

という趣旨で、旧藩政時代に各藩にて手を尽した殖産興業策並びに欧米諸国の実際施設、

その効果等を詳しく調べあげた。

その時分、農商務省内に小さな家があって、前田君はそこに寝泊りして編纂に従っていた。私もそれを手伝ったが、意見書が出来上るまでには、随分考究もし議論も戦わし、そのために私も一緒に泊り込むことが多かった。

かくて出来上った興業意見書は前後三十巻の大部のものであった。今後は、これを基《もと》にして各府県庁の勧業課を働かし、各府県の産業状態を取調べ、一方農商務省からも視察官を出して、各地方について十分な取調べをなし、事実について適当な施行案を樹《た》て、毎年この興業意見書に加除訂正を加えて行く計画であった。

当時の農商務卿は西郷従道さんで、品川弥二郎さんが大輔のまた非常な精神家で、この事業に賛成努力せられた。

しかるに明治十八年の暮に、官制の大改革があって、この時初めて農商務大臣というものが出来、同時に大臣及び大輔も替ることとなり、西郷卿は辞して、谷干城《たにたてき》氏新たに農商務大臣となり、品川大輔の代りには、吉田清成《きよなり》氏が入って、農商務次官となった。これと同時に、前田正名君も非職を命ぜられ、折角の興業意見書もそれきりとなった。

今、あれを読むと、実によく出来ていると思う。もしこれが毎年実行せられていたならば、我が殖産興業の利病を明確にしその発達進歩の上にどれだけの効果を挙げていたか分らぬ。中道にして挫折したことは返す返すも日本の不幸であったと常に遺憾に思っている。

とにかく前田という人は偉い人で、今の陶器組合でも織物組合でも製紙組合でも、およそ組合というものを拵《こしら》えたのは前田君である。この人が晩年に誤解されるようになったのは、政府は当てにならぬ、私設農商務省を建てねばならぬという考えを起したのが因《もと》だ。それには金が要るとて不得手な仕事に手を出したのが世の誤解を招いたり、友人に迷惑をかけたりするようになった原因だ。

しかし前田君は、国家と自己とを一つの物に考えた人で、私腹を肥やすなどという念慮は毛頭ない、ただただ国家本位の精神家であった。も少し冷静に考えてやったらああいう失敗もなかったであろうが、どうも熱情家でそれがあの人の欠点といえば欠点であった。

私がよく「根本」「根本」といって、原内閣時代でも「君はいつも根本とか国家とかいうことばかりいう」といわれたが、それは農商務省で前田君に始めて会った時に感じたことが因をなしている。今ここにある事柄が起り、これをどう処置したらよいかという場合、一時的のことは考えない。起れば起った原因から調べて行かねば気が済まぬ、これが前田君の意見書を作る時からズッと養われて来た考えだ。だから、私の意見は時に今日の世の人の意見とは合わないことが多い。

大蔵省と衝突――興業銀行条例

興業意見書の中に、興業銀行設立の計画があった。ところが大蔵省でも同じことを調査していたと見え、その成案が参事院に提出された。

この時分から参事院では、ある一省から提出した議案の内容にして他省の事務に関聯する場合にはその省の意見を徴するという定めになったので、本案についても農商務省の命令で、結局私が省を代表して会議に列することとなった。

ところが大蔵省案をみると、その実行方法が農商務省の計画とは全然反対である。即ち大蔵省案では中央銀行を先に作って、各地方にその支店を設けんとする、ちょうど今日の勧業銀行のような仕組になっていた。しかるに農商務省の計画は、地方を先にして中央を後にするの案で、例えば農事試験所、農産共進会、巡回教師等、農事改良に関する諸般の設備が整っている県において、興業銀行を設立せんとしてここに百万円の資金を募《つの》れば、中央よりこれと同額の資金を持株として負担するという方法にて、各地方に数多くの銀行が出来た時にこれを統一するために中央に中枢の金融機関を作る。

というのであった。

大蔵省案によれば、貸出しに際しては大蔵省の自由裁量により勝手に貸出し、その後の責任即ち監督、回収等については一切農商務省でやらねばならぬことになっていた。それに大蔵省にて特に本案の成立を急いだ他の理由は、当時中央政府から各府県に対し土木費として補助している金額は一カ年八十万円以上に達し、しかも年々増加の形勢でこれがため少からず悩まされていた。ゆえにこれが転換策としてここに興業銀行を設立し、土木費の補助を肩替りさせるというのが本条例の主要なる目的でもあった。これらのことが明らかになって来たために農商務省側では、どうしても賛成することが出来ない立場となった。

従ってこの案が参事院の会議に上ると非常な議論があってたびたび本会議に上程されたが、その都度特別委員に附託されていた、しかしこの会議において大蔵省から銀行局長の加藤亘《わたる》、書記官の田尻稲次郎《たじりいなじろう》、神鞭知常《かんむちともつね》の三君が出て説明の任に当り、農商務省からは私が一人出て応酬した。安場《やすば》議官をはじめ主だった人々及び議官補の中には、わが農商務省の主張に賛成する人が少くなかった。

そこで加藤がいうには、これまで何度委員会を開いても未だ一度も一致したことがない。委員会の議が一致しないために折角本会議に掛けてもまたまた委員会に附託せられて来た。これは委員会中に農商務省の官吏がいるからだ。ついては今度はこの委員の選定をこれまでのように議長指名とせず投票によってもらいたいと申出た。それで選挙ということになった。

投票の結果はやはり私が一番多数で委員に選ばれた。よってまたまた委員会が開かれることととなったが、会議は相変らず話が纏《まと》まらない。ちょうどこの時西郷農商務卿が支那から帰って来られた。それで参事院の議官たちは、この風ではとても委員会で議論を纏めることは困難であるから、議官だけの席に大蔵、農商務両卿の出席を求め、その意見を聴いた上で議を纏めるよりほかに方法はあるまいということになった。

これを聞いて私は非常に驚いた。早速書記官の前田正名、山林局長の武井守正《たけいもりまさ》、会計局長の杉山栄蔵《すぎやまえいぞう》、書記官の宮島信吉《みやじましんきち》君らと会同してこの事情を話し、かつ農商務卿は支那から帰ったばかりで、これまでの事情を知られないから、参事院議官が両卿の出席を求める前に、農商務省の主張と、大蔵省案との相異する点を、よく西郷農商務卿の腹に入れておかねばならぬ。ついては明朝は早くから武井、宮島及び私の三人で農商務卿を訪問しようと相談を決めてその日はそれで別れた。

さて翌朝三人で西郷農商務卿を訪問した。卿は直ちに引見して、ベルモットなど出して接待された。やがて三人は参事院本会議及び委員会における経過及び結果を報告した。すると西郷さんは恐い顔をして聞いていられたが、

「さあそのことだ、聞けば高橋君はこの案の廃棄を主張しているそうじゃないか。あの法案は私が支那へ行く前に松方大蔵卿に早く出してくれとこちらから頼んで出して貰ったものである。それを農商務省の代表たる君が廃棄を主張するとはどういうわけだ。その理由をいいなさい」

と気色《けしき》ばんで申された。それで私は、農商務省の計画と大蔵省案との異なるゆえんを話して、私は案の改正は主張していますが、廃棄を主張しているのではありませんと、経過を詳しく報告した。すると西郷さんは、

「それでは明朝本省へ出るから書記官以上を集めて、意見を聴くことにしよう」

といわれた。この日はこの程度の話にて、我々三人は間もなく西郷邸を辞した。

大臣と次官——西郷侯と品川子

三人は西郷農商務卿の邸を辞し、帰途九段下の宮島の宅に立寄り、杉山会計局長を呼んで相談した。

しかしその席では三人ともただ困ったものだというばかりで、敢えてこれという名案も出なかった。それでは私は、

「西郷卿の話では、自分が大蔵卿に催促して出して貰ったのだと言われるくらいだから、こっちの主張は容易に通らぬぞ」

といって、その晩は一足先に帰った。

翌朝になって、私は決心して久しぶりに品川さんを訪《おとず》れた。品川さんは、そのころ省内の官舎に住居して胃病で床につきがちであった。私が行くと、早速寝間《ねま》に通して、「何だ、

朝早くから来て」と問われる。私は参事院議事の顚末と昨日西郷卿に会った時の話を詳しく述べて、これまで農商務省を代表して、省議を主張して来たのに、卿の意見によって引込めるようなことがあっては、今後農商務省代表のいうことに重味がなくなる。依《よ》って今まで高橋が主張したのは、高橋一個の私見であって省議ではない、ゆえに省議を無視して勝手に私見を述べたものにして、自分を懲戒免職して戴きたいと懇請した。すると品川さんは、

「君が参事院で主張した農商務省の主義は自分も前田君もよく承知している事柄だ。実はこのことについて、昨日参事院の副議長山田庸三君がやって来て、どうも高橋のいうことがもっともだという者もあるが、一体あれは省議であるか、高橋の私見であるかと問われたから、自分はいやしくもその人を信じて代表として出した以上は、その人が私見を述べても差支えないじゃないかと答えておいた。しかるに、今君が自ら進んで、自分を懲戒免職してこの始末を附けてくれといわれるのを聞いては誠に感に堪えない。あるいは気の毒ながら君のいうようになるかも知れぬ。とにかく、今朝の省議には自分も病いを押して出席する」

と涙を流していっていられるところに武井守正君がやって来た。そうしていうのには、

「私は今朝《こんちょう》一番がけに伺ってお話を申上ぐるつもりで参りましたが、高橋が先に参っておったので驚きました。私は、西郷卿がいよいよ我々の意見に同意されぬ場合は、あなた

に参りました」

が高橋に命じてやらしたということにして、あなた一人で責任を持って頂きたいとお願い

というと品川さんが、

「それは、自分にとっては何でもないことだ。いずれ、今朝の会議には自分も出席して西郷さんにお話をして見よう」

武井は私に向って、

「どうも君がこんなに早く来ていようとは思わなかった。俺が一番のつもりだったのに」

といった。その内に時間が近づいて来たので出省すると、間もなく西郷卿も出て来られて、私を第一番に呼ばれた。そうして、

「昨日はほかに人もあったので十分に君の話を聞くことが出来なかった。も一度大蔵省案について話してもらいたい」

といわれる。それで私は改めて農商務省と大蔵省案と相違するところ及び農商務省が何ゆえに大蔵省案に反対するかの理由について一時間余りも説明した。すると西郷さんが、

「よく解りました、これから会議を開きましょう」と、局長、書記官等を集めて、ここに省議が開かれることになった。長い卓子《テーブル》を囲んで、一方正面の端には議長席があり、そこには西郷卿が坐り、他の人々はそれぞれ席順によってその両側に列び、私は卿の反対の端に坐を占め、病いを押して出席された品川大輔は皆の後ろに、和服姿で控えておられた。

西郷さんが「今日ここへ出席の人々は一人ずつ順に意見を述べてもらいたい」と言われたので、おのおの意見を述べたが、中には西郷さんから突っ込まれて却って論破せらるる者もあった。ところがその内の一人が、

「一体大蔵省が勝手に金を貸し散らして、その後始末の責任だけを農商務省に持たすのはけしからん、不都合千万のことだ」

というと、西郷さんは開き直って、

「私は農商務卿として、陛下からわが農民をお預かりしている。ゆえに一軒の農家が破産しても、陛下に対してその責任を感ずる。例え貸す時には協議せずして大蔵卿が専断をもって貸しても、その後始末については農商務卿において責任を持たぬなどいうがごときは、義理にもいえたことじゃない」

と厳然としていい放たれた。この時の西郷さんの言辞、その態度に対しては、私は非常に感激して思わず涙のにじみ出るのを禁ずることが出来なかった。かつ私の驚いたのは西郷さんという人は経済のことは何も解らない人だとばかり思い込んでいた。しかるに、外見の茫漠《ぼうばく》たるに引きかえ腹の中ではちゃんと事の要領を摑まえ、頭脳も明敏で見かけによらぬ緻密な考えを持った人であったことだ。会議は午飯もやらずにブッ通しで続けられた。最後に私は、今朝西郷さんに話したのと同様のことを繰返して皆の前で述べた。武井守正が主席であって、「高橋もああいいますから、どうか御再考を願います」というた。する

と品川大輔も立ち上って、「どうですか、皆さんの意見も高橋と同じようですから、高橋の意見を御採用になっては」といわれた。西郷さんはそれを聞き終ると呵々大笑《かかたいしょう》して、「やあ皆さんおかげで学問をしました。よろしゅう御座います。私が大蔵卿によく話をしましょう。今日は午時《ひるどき》にも弁当も食わず、朝からブッ通しで、さぞお疲れでしたろう。御飯の用意がしてありますから、皆さんたべて行って下さい」

と申された。時に午後三時半。一同はそれから薩摩汁《さつまじる》の御馳走になってそれぞれ辞し帰った。その後聞くところによれば、西郷さんから松方さんへ話があって、ついに大蔵省はこの案を参事院から撤回したということであった。

〔八〕欧米視察の旅――米・英・仏・独

串田万蔵と吉田鉄太郎

明治十八年（三十二歳）一月十六日附をもって欧米出張の辞令を受け、同二十日宮中に参内、親しく聖上陛下に拝謁仰せ付けられ、かつ賢所《かしこどころ》に参拝した。そして二十一日附をもって農商務省書記官に任ぜられ、同二十四日横浜出帆の船で米国へ出発することとなった。

その時同行して行ったのが、前の三菱銀行頭取《とうどり》の串田万蔵《くしだまんぞう》君と吉田鉄太郎という人であった。

どうしてこの両人を連れて行くことになったかというに、串田の方は当時その親父《おやじ》さんが、第百十三銀行の江戸橋支店長を勤めておった。ところが、鈴木知雄君の兄古山数高《かずたか》君も同じく同銀行に勤めておって両者昵懇《じっこん》の間であった。ある日、その古山が来ていうのに

は、

「串田の息子はなかなかよさそうな少年だが、親父さんが自分の手許《てもと》で給仕のように使っている。自分は時々親父さんに、そんなことをさせずと学問をさしたらよいではないかと勧めるけれども、「なに、商人には学問は要らぬ。銀行の小僧から仕立て上げればたくさんだ」といって、なかなか肯《き》き入れない。しかし、あの少年を小僧でおくのは惜しいことだ」

　というから、

「それや惜しいもんだ、親父さんがそういうなら仕方がないが、せめて共立学校の夜学にでも寄越さしてはどうだ、君から親父さんに勧めて見よ」

　と古山に話した。すると古山はその通り串田の親父さんに話をした。親父さんも、それには異存なかったと見え、間もなく串田少年を夜学に寄越すこととなった。ところが、学校へ入れて見ると、予期以上に進歩が早く成績がよい。ズンズンと覚えて、すばらしく伸びて行く。そこで私は親父さんに、

「こういう性《しょう》の良い少年は、一層のこと昼間《ちゅうかん》の学校に入れて、大学まで進めてはどうだ」

　と勧めた。親父さんも考えて、「それではそうしよう」と昼間の学校に入れることになった。ところがその進歩がまた非常なもので、人の三年分を一年半で上げてしまい、当時共立学校の生徒は四、五百人もいたが、その中でも著しく目立った成績であった。そうし

て明治十八年の七月には、はや大学予備門の入学試験に及第して、その初年生となってい
た。

ちょうどそのころ、私の海外出張が決定したので、私は十一月の十三日に、鈴木知雄、古山数高、横田広太郎の三人を自宅に招んで、いろいろと留守中のことを頼んだ。その席上たまたま串田少年の話が出てあれも一緒に洋行さしてはどうだろう、ということになり、相談の結果、まず古山から串田の親父さんを説き、同時に鈴木も側面から勧告することとした。そのときはもう親父さんの意中もよほど変って来ておったので古山から話をすると、意外にも大奮発で、それを許すこととなり、私に連れて行くことを依頼して来たのであった。

また吉田鉄太郎の方は、これも十一月十四日前田正名君が、私のために送別会を催してくれた時（来会者は武井守正、牧野伸顕《まきののぶあき》、杉山栄蔵の諸君をはじめ、今度ドイツに留学するはずの品川弥二郎氏の子息弥一《やいち》君ら並びに前田君の親戚の人々であった）その席上で、牧野伸顕君が、吉田埼玉県令の子息で、目下大学予備門の二級生である鉄太郎君が洋行することとなったが、ほかに連れなきゆえ、万事よろしくお願いするということであった。

右のような事情で、私は串田、吉田の両君を同行することとなった。さて、急遽《きゅうきょ》の出立《しゅったつ》とて、自分一人で準備も出来兼ねるので両替や船室については、串田の親父さんに一切のお世話を頼んでおいた。ところが二十日の夜になって、万蔵君が芝の紅葉館《こうようかん》の送別会の

席上に訪ねて来て、「船室はまだ決らない、どうも取れそうにない」という知らせであった。それで私は二十一日の早朝、横浜の船会社まで談判に出掛けたが、支配人はまだ出て来ないといって取りつくすべもない。そこで、こりゃ個人の資格で談判してはとても駄目だと考えたから、早速東京に引返し、農商務省に出て、吉田大輔に相談し、大輔から船会社の支配人センターに、「是非上等の船室を一室都合して貰いたい」と交渉してもらった。

するとその夜になって船の士官室を明けて、二人分だけ都合するという返事が来た。それで、私と串田がその士官室に同室することとなり、吉田は右の事情で上等の部室が取れず、余儀なく下等の切符を買った。

盛んな送別宴

十一月十六日（明治十八年）内閣書記官より「専売商標保護に関する現法実視《じっし》の為欧米各国へ被差遣候事《さけんされそうろうこと》」との太政官辞令を届けて来た、同時に西郷農商務卿は私を呼び、各国駐剳《ちゅうさつ》のわが公使に向って、公文の紹介及び依頼状を発すべき由を申渡され、かつ、吉田大輔は目下旅行中であるが、帰京されたら同大輔よりも紹介状を貰って行くがよかろうなど、懇々と注意を与えられた。

かくて私の海外出張は、いよいよ正式に決定を見たが、さて二十四日の出発日までには、あと僅かに八日を余すのみである。従ってその間の忙しさは、目の廻るようであった。すなわち十六日夜は、鈴木、横田、古山、曽禰《そね》、小出《こいで》及び美土代町《みとしろちょう》の親類を招いて留別の宴を催したが、十七日には共立学校関係者より神田の開化楼《かいかろう》で、十八日には工務局員より上野松源楼《まつげんろう》で、十九日には鈴木知雄、山口慎《しん》その他の友人より、二十日には農商務省奏任官の主催をもって芝紅葉館で、いずれも盛大なる送別会が催された、なかにも紅葉館の送別会には、農商務卿同大輔も出席され、大いに歌いかつ舞い、一同歓を尽して深更に及んだ。のち富田局長の話によれば、これまで省員の留送別会はたびたびあったが、今回のごとく卿や大輔が出席せられ、皆がかくまで打寛《うちくつ》ろいで、愉快に過したことはない、君のため実に祝福の至りであるということであった。

ある日、前大輔品川弥二郎氏を訪問すると、「子供の洋行はしばらく延期したので、近々京阪に連れて行くつもりである。来春は自分もドイツへ行くはずだから、いずれ彼地《かのち》にて面会の機があろう」とて、相変らず殖産興業に関する熱心な話があった。その帰途文部省に森有礼先生を訪ねた。折柄会議中であったが面会されたので、暇乞《いとまご》いを述べ、かつ外国人への紹介を依頼した。よって出発当日再び森先生を訪ねると、先生は「いよいよ行くか」といって、即座にペンを執られ「ゼネラル・イートン」宛ての紹介状を認《したた》めて渡された。それは三頁《ページ》余《よ》にわたる長い英文の紹介状で、私には過ぎたる賞讃の辞に満たされた丁寧親切なものであった。そうしていわれるには、「イートン将軍は教育の司職にあって、人格崇高、世人尊敬の標的である。その知友も単に米国内のみならず、欧州にも多数にあるから、この人に腹蔵なく話をして、先々の人に紹介を頼んだがよかろう」と。

かくて諸般の準備も滞りなく進んで、十一月二十三日午後四時、新橋駅を発して横浜へと向った。

新橋駅には多数の見送りがあったが、中にも武井、富田《とみた》、柳谷《やなぎだに》、荒川、高峰、神田、小出、鈴木、日置、馬場、曽禰、山崎、首藤《しゅどう》、芥川《あくたがわ》、田村などの諸君は、横浜まで見送って、私の行を壮《さか》んにしてくれた。

横浜に着くと、ひとまず弁天通りの西村に休憩し、夜に入って、駅逓局《えきていきょく》の小蒸汽で乗船「サン・パプロパ」号に乗込んだ。

実は、切符を買ったあとで、この船は貨物船で、客室も少く、設備も悪いから、来月五日に出る旅客船に変更したら、と勧めてくれる人もあったが、すでに吉田大輔を煩《わずら》わして、士官部室をあけて貰ったことでもあるし、予定の通り出発することとなった次第である。

この時の同船者には、同行の串田、吉田のほかに、日本人では早川竜介（後に愛知県選出衆議院議員）となる岡部某ほか八、九人、うち二人は女子であった。いずれも下等室におった。上等室には、われわれのほかには五人の外国人がおった。即ち「ホーレス・フレッチャア」（柳谷秘書官の知人）「ジョン・ミッドルトン」（横浜の商人）「リプレー」（写真師）「コール」（宣教師）の諸氏ほか一名で、これらの人々とは、船中で大変懇意となった。

便所の洗面――食堂の失敗

我々は十一月二十三日（明治十八年）の夜「サン・パプロパ」号に乗込んだが、その夜は大変な雨で、とうとう一夜を横浜沖で過した。明くれば二十四日、夜来の雨は隈《くま》なく晴れて、風無く浪静かな絶好の航海日和《びより》となった。そうして我らの船は、午前六時半に、いよいよ錨地を解纜《かいらん》した。

ところが、わが島影が遠く眼界の外に消えるころになると一天俄かにかき曇って、非常な大嵐となり、その後三日間は雨また風、船は激浪と戦いながら難航を続けた。従って船客の多くは船室の外へ一歩も出ずに閉籠っていた。

かくて二十七日に至ってようやく風雨も収まり、船客も食堂に出たりするようになった。そのうち早川君も甲板《かんぱん》に上って来た。そうしていうのには、

「どうも大変なしくじりをやった、船酔いもなおったので天気は好し、甲板に出て顔でも洗いたいと、ほうぼう洗面所を探した、その内ちょうどそれらしい部室があったので中を見ると、何だか取附けの器の横からチョロチョロと水が流れている。かねて西洋人は究理に長《た》けていると聞いていたが、不便なことをしたものだと、その滴《したた》りを掬《すく》い顔を洗ったり

口をゆすいだりしてそこを出ようとすると一人の西洋人が這入《はい》ってきた、これは多分使い方があるだろうとそっと窺《のぞ》いて見たら、西洋人はそこに立って小便をしている、そこで初めてさっきの器が小便壺であったことが判明した」

と大笑いであった。早川君はその時金儲《かねもう》けに行くといっていた。そうしてたくさんな金魚をもち込んでいたが大半は船中で死んでしまった。

吉田鉄太郎君も、天気が好いので甲板に上って来て「下等はいかにも食物が悪い。部室は仕方がないがせめて食物だけでも上等にしてもらえまいか」というから、船の会計主任に話をした。すると、「上等の客と一緒に食べるわけには行かないが、船の士官と一緒というように取計らってあげよう」という話であった。それでとりあえずその代金として米貨十五ドルを支払い、翌朝は大喜びでまだ士官たちが出て来ぬ内に自分一人で士官食堂へ行って食事を注文した。ところがまだ洋食には不馴れではあるし、給仕の持って来たメヌーを見て上の方から順に三ツだけ指《さ》したら、パンの種類ばかり三ツ持って来たといってこれもまた大笑いであった。

船中で懇意となったフレッチャア氏は美術工芸に対する日本人の技能を称讃し、かつ大和魂《やまとだましい》を嘆美して世界中にその帝王を尊み、名誉を重んじ、長者《ちょうじゃ》を敬い、家族同住して共に稼ぎ共に楽しむの良風美俗は日本人に及ぶものなしといっていた。同君は「横浜、サンフランシスコ、シカゴに店舗を持ち、もっぱら日本品の販売に当っている。サンフランシスコ並びにシカゴ市にはこれら日本商品の陳列場および売店を開いているが、今日までの成績から押せば、わが陶磁器は将来最も有望なる輸出品となるであろう」ということであった。

また宣教師コール氏は「シカゴへ行ったら、是非取引所を参観せられよ、その混雑紛乱の場面を見ただけでも面白い。この取引所の仲買人はおよそ三十人ばかりいるが、各地本店または得意先へ刻々相場を電話する、刻々注文が殺到する、ほとんど一分間といえども休止するところがない。

ある年のこと取引所の役員一同から大統領アーサー氏に参観を請い、アーサー氏はある日の正午に臨場を約したが、定刻を十分過ぐるも大統領は来ない。仲買人らは正午は一時取引を休み大統領の来着を待っていたが、この十分間の空費は大いに迷惑である。中には十分間に一万ドルを儲け損なったと呟《つぶや》く者もあった。そして十二時二十分までに大統領が来なければ断乎《だんこ》として取引を開始するといって非常に騒いでいるところへ大統領がやって来た。そうして約束であるから、早速所員及び仲買人に対し、一場の演説をなすために壇上に上った。すると仲買人の中から「演説は簡単に——」と叫ぶ者があった。アーサー氏は温雅な紳士であったから、この情景を見て、極めて簡単に挨拶を終ったが、その言葉の終るか終らざる間にその場で取引は開始せられた。実に仲買人らの大統領を見ること田舎の一巡査を見ると択《えら》ぶところはない」というような話であった。

思い出の樫の木——月下の感慨

サン・パプロパ号は、横浜を出てから十五日目、即ち明治十八年十二月九日の午後サンフランシスコの港外に到着した。

やがて防疫官、税関吏、船会社の社員らが乗込んで、それぞれ上陸についての手続きをしてくれた。

この船には、我々のほかに百二十余人の支那人が下等の方に乗っている。時もすでに遅くなったので今日中に全船客を上陸せしむることはとても出来ない。それで、今日は上等船客と下等船客の中では日本人に限り小荷物のみで上陸して貰いたいということであった。

午後五時半に至って我々は船からの注意通り小荷物のみで上陸した。そうして税関の検査所で、小荷物を改められていると、数十歩を隔ててジョン・ミッドルトンが同じく荷物の検査を受けている。ミッドルトンは税関の役人と何か話をしていたが、いきなり税関の役人が私の方を見て、「この刀は貴方《あなた》のですか」と聞く。私は突然のこととてちょっと当惑したが、その場の光景を見てすぐにこれはジョン・ミッドルトンが刀を持っていて、それが問題となり困っているんだと直覚したから、咄嗟《とっさ》に「そうだ」と一言答えてやった。税関吏は妙な顔をしていたが、それでその場はともかくそのままで無事に済んだ。よく済

んだと思っていると、後でミッドルトンが、

「今日ほど気持の悪い思いをしたことはない。ついこれはあそこにいる日本人のだといってしまった。それで税関吏が貴方に聞いたわけだ。これに対して貴方はすぐにそうだと答えてくれたがその瞬間にこれは悪いことをしたと思ったから、わけをいって取消し、二十五弗《ドル》の税金を払って通関した。貴方に対して誠に気の毒なことをした」

というから、私も、

「実は貴方の迷惑を救うつもりで、ついそうだと答えたが、その時から私も何となく気持が悪かった。貴方が進んで税を払ったのは何よりであった」

と答えた次第であった。

さて我々は埠頭から馬車を雇って、パレス・ホテルに向ったが、二十年ぶりのサンフランシスコはどこを眺めても往時の面影を留めている所はない。ただ劇《はげ》しく変った町の有様を見て感慨無量であった。

サンフランシスコには三日間の滞在を予定して、その間努めて市中の見物、視察、それから昔馴染みの場所などを訪れることとした。

まず到着の二日目にフレッチャア君の案内で私設消防隊を視察した。この消防隊は火災保険会社が経営しているもので、当時市内に二カ所あった。消防手はいつも詰所の二階に控えている。そこには寝床が列んでその上に防水用のズボンや靴が、いつでも穿《は》けるよう

に用意されてある。失火の報があると、消防手は二階から滑《すべ》り板《いた》を伝って滑り落ちる。そうしてすぐに馬を消防車につけ、同時に蒸気を揚げるために火を焚《た》く。馬の鞍《くら》の所に当る天井には穴が明いていて、二階にいる馭者《ぎょしゃ》はその穴から降りて馭者台に達する。かくて失火の報を得てから僅かに八分間で出動の用意が出来るといっていた。この消防詰所には、消防手慰安のためピアノ、多数の絵画、小鳥、犬、猿などが飼ってあった。猿が時々悪戯《いたずら》をして困るということであった。

この日夕刻から領事館の宇田川《うたがわ》、門井《かどい》両君の案内でオークランドを訪れた。この地こそは私にとりて忘れがたい所である。想い起せば、まだ十四歳の少年のころ私は自分で知らぬ間にヴァンリードの手からブラウンに売り飛ばされ、牛や馬を友として何カ月かの間をこの片田舎に働いていた。それより早二十年の歳月が流れている。

月冴《さ》ゆる夜であったが、私はブラウンの家族や当時の知り合いを探し出そうとほうぼうを歩き廻ったが、町の有様がすっかり変っているのでどうしても見当がつかぬ。なお根気よく探していると朧《おぼろ》げながらブラウンの家や停車場があったところと覚ゆる所にやって来た。ふと見上げると、夜目にもしろく、見覚えのある一本の大きな樫の木が突っ立っている。

この木こそ私が毎日牛や馬の手入れをした囲いの中に独《ひと》り聳《そび》えて立っていた大木で、飼養していた百羽近くの鶏が夜になってネグラを求めたのもこの樫の下であった。

皎々《こうこう》たる月光の下、懐しき樫の木と相対して、私は無限の感慨に胸の躍るを禁ずることが出来なかった。同じ夜の遅く、ゴス町にフルベッキ夫人を訪ねた。二男のガッシー君も同席で、お茶の馳走になりながら夜の更けるのを忘れて談じ込んだ。

シカゴからニューヨーク

桑港《サンフランシスコ》に着いて三日目の午後、我々はオークランド・ステーションから汽車に乗ってニューヨークへと向った。汽車は北西の方角を指してまっしぐらに進んで行く。その当時の沿線は、まだ未開墾の土地が多く、汽車が吐く煙筒《えんとう》の煙から、野火を起すことがたびたびであったので、線路の両側六尺の幅だけは、草の生えないように鋤《す》き返すことが、鉄道会社の義務となっていた。またある地域では、線路に沿える両側の土地を六百エーカーずつに区画してそれを政府と鉄道会社とで、一つ置きに所有していた。そうして、政府所有の土地には、何人《なんびと》でも六カ月間住居すれば、一人につき百六十エーカーまでは、一エーカー二十五仙《セント》で払下げが出来る仕組となっていた。ゆえにあちらこちらに小舎が建てられ、それを取囲んで垣根などが植えてあった。そうしてその附近には牛や豚が飼養され、時には熊、鹿、羚羊《かもしか》などの姿も見えた。キャンサス州は当時から土地豊饒《ほうじょう》で住民は多く土地と新発明の農具とに放資しておった。いずれも粗末な家（多くは平家または二階建の木造で、煉瓦《れんが》建は稀であった）に住まって、五百乃至《ないし》六百エーカーを所有しておった。

かような沿線を眺めながら、行くこと五日にして、十二月十七日（明治十八年）の午後二時、シカゴ市に到着した。かねてフレッチャア氏から電報を打ってあったので、その店員の日本人武田、松井の両君が迎えに来て、直ちにグラントパシフィック・ホテルに案内してくれた。ここで高橋某という人が訪ねて来ていうのには、「本年の正月ごろから、不思議に日本品が流行し出した。日本品の中でも、日本式の着物が一番に人気を呼んでいる。その着物は絹地であるが、それにフレッチャアの店にいる日本人の画工が絵を描いている。一つの絵を描いたのが、二十五ドルで、着物に仕立て上ったものは六十ドルで売れている。十数人の職工が夜を日に次いで働いているが、それでも注文が殺到して、応じ切れないほどである」ということであった。

シカゴ滞在二日、この間ストクヤー（屠牛場）や物産取引所を見学し、十九日午後三時半、串田、吉田両君を伴って、シカゴ市のデエボーン・ステーションを出発した。かくて翌晩零時半にニューヨークに着き、とりあえずウィンゾル・ホテルに投宿した。当時のニューヨーク領事は高橋新吉君であったが、これよりさき、私が農商務省で、各地の領事から来る報告を調べておった際その報告の中で、我が対外貿易につき最も意を用いかつ議論の立っていたのは高橋領事の報告であった。それで、今度アメリカに来るについては、まず第一に高橋君に会いたいと、あらかじめ手紙をもって通知しておいた。しかし到着当日は時刻が遅れたために高橋君と会うことが出来なかった。翌朝は必ず会いたいと念じていたが、朝飯を済ましても正午になっても高橋領事は来ない。地図を出して領事館を探して見たが、遠方で道も何も分らない。それで手紙を書いて、使いをもって領事館に届けさした。

すると、午後に至って高橋領事がやって来て、自分と妻とはウェストミンスター・ホテルに泊っている。君もそこへ引越されたがよいという話であった。桑港《サンフランシスコ》の領事とは反対に、大変親切にしてくれた。それでその夕方、高橋領事の言葉に従い、ウェストミンスター・ホテルに引移り、深更まで語り合った。高橋領事からは、自分の身の上話や理想について色々と話があった。その話し振りや行いからしていかにも立派な人格者と見受けた。その話の中で今もなお耳に残っているのは、

「このニューヨークという所は、実に腐敗している。自分のごく親しい友達で、田舎に住まっている人が時々ニューヨークに出て来ては、しきりにその風俗の悪化を慨嘆し、私の家は僅か二十マイルばかりしか離れていないが、私の年ごろの娘に未だ一度もニューヨークを見せたことはないといっている。都会の有様は、誠に浮華軽佻《ふかけいちょう》に見えるが、都会を離れた田舎にはそういう人格の士が潜んでいる。アメリカの精神は、こういう人によって作られて行く」

という一事であった。

洋服の新調

ニューヨークに着いて最初の仕事は洋服の注文であった。高橋領事が私の服装を見て、「君の洋服は日本製でみっともないから新調したらよかろう」というので、翌日早速洋服屋へ行って、燕尾服、モーニング、フロックコート各一揃いおよび外套《がいとう》を注文した。ところがその値段の高いのには驚いた。おかげで農商務省から貰った手当のほかに四百ドルばかりの借金が出来た。

洋服で思い出したが、ニューヨーク滞在中、ある時高橋領事が私の絹帽《シルクハット》をみて、「君の衣服《きもの》は日本製で不恰好だが、感心に帽子だけは最新流行の品を持っているじゃないか」という。その帽子というのは十年ばかり前フルベッキ先生が西洋で求めたが、自分には小さいから君に上げると言って下さったのを、日本ではかぶる機会がなかったのを今度洋行するについて携えて来たのであった。それでそのわけを話すと、

「道理で近ごろ流行の帽子だが、それにしては色が悪いと思っていた。かねて帽子や衣服の型は十年目ごとに元に戻るという話を聞いていたが、ここで計らずもその実物教訓を得た」

といっていた。

さて、注文の洋服が全部出来上るには一週間を要するというのでその間ニューヨークに留まることとなり、高橋領事の案内で諸所方々を見物した、二百四十フィートの高塔に上ったり、一マイル四分の一もあるブルックリン橋を渡って公園をドライヴしたり、フィフスアベニュウ劇場へ行って「ミカド」劇を見物したり、また取引所を参観したりした。

ちょうどそのころ「ジャパニース・ヴィレージ」と称する興行物が来て日本の風俗を見せていた。行って見ると十余人の日本人が見世物にされている、あまり名誉のことでもない。私は一座の日本人を集めて、不体裁なことをして恥を異国にさらさぬよう一場の演説をした。

十二月二十三日（明治十八年）の正午、私は官制改革の電報を接受した。即ちこれまでの太政官制が内閣制に変更され、卿《きょう》、輔《ふ》といっていたのが、大臣、次官と呼ばるるようになり、西郷農商務卿は海軍大臣に転じ、谷干城氏新たに入って農商務大臣の任に就き、同時に前田、武井両君は非職となった。ニューヨーク滞在中はちょうどクリスマスから年頭にかけてのこととて、在留の日本人とは忘年会やら新年宴会でたびたび会合する機会があった。当時の在住者中には、大久保（利和《としかず》）、高峰（譲二《じょうじ》）、松方（幸次郎《こうじろう》）、与倉《よくら》、桐野《きりの》（弘《ひろし》）の諸君があった。また高橋領事の紹介で多数の米国人とも懇意となった。多くは牧師であった。中にもカッター博士、タイラル博士らは当時知名の士で、領事と共に訪問したりその演説を聞きに行ったりした。ミッドルトンの紹介で、ユニオン・リーグ・クラブの臨時会員となり倶楽部にも出入りした。

ニューヨークの弁護士プリズン君は弁護士としても有名な人であるが、ことに特許制度については練達の士であるということを聞いて、一日紹介を得て訪問した。氏は大いに喜んで特許制度の取調べについては非常なる厚意を表してくれた。しきりに意匠保護法の必要を提唱して、日本でも速かに、この法を設けたがよかろう。英国の工芸技術が、今日のように進歩発達を来したのは、一に本法の刺戟によるものであるといっていた。また発明品の特許審査の方法は、米国のように、単に審査員の考えに一任するよりも、ドイツのように、実際家の意見を徴する方が、遥かによいと思うなどともいっていた。いずれも、私に取っては良き参考となった。

タイプライターに驚く

明治十九年の正月元旦は、ニューヨークのウェストミンスター・ホテルで迎えた。誠に暖かい清い日であった。まず日本人倶楽部《くらぶ》に行って両陛下の御真影に拝礼し、ニューヨーク在住のあらゆる日本人と会同した。その内に洋服も出来上ったので、正月二日の夜ニューヨーク発の汽車で首府ワシントンに向うことに決めた。

さて同行して来た串田、吉田両君の処置については、ニューヨーク着後、高橋領事ともいろいろ協議したが、結局両人とも松方幸次郎《まつかたこうじろう》君のいるニュウブルンスウックのラットー・カレッジ附属のグランマー・スクールに入学せしむることとした。折りから学校は休暇中だったので両君をひとまずニューヨークの下宿屋に落着かしめた。

十九年の正月に至って、串田君はニュウブルンスウックに引越し、やがてフィラデルフィアのペンシルヴァニア大学に転じた。同君は、ニュウブルンスウックでもペンシルヴァニア大学でも、学業極めて優秀で遥かに米人学生を凌いでいた。ことにペンシルヴァニア大学では、十九年春の試験で、一躍特待生《オノアマン》に推され、同地の新聞や大学学報にも大きく報道せられた。

かくて、私は、明治十九年正月二日午後十二時、高橋領事と共にニューヨークを発し、翌三日午前八時ワシントンに到着した。公使館からは、赤羽《あかばね》、西郷《さいごう》両君が出迎えて、私を直ちに赤羽の宿たるN通り一五一四番地に案内してくれた。

当時の駐米公使は九鬼隆一《くきりゅういち》氏で、公使館には前記二氏のほかに、三崎亀之助、斎藤実《まこと》の両君も在勤していた。早速九鬼公使を訪問したが折悪しく病気で、特許院への同行はもう二、三日待って貰いたいということであった。

その内、九鬼公使の病気も順調に快《よ》くなったので、同道して内務卿を訪問し、また特許院長モンゴメリー氏に面会を求めた。院長は不在であったのでその弟に紹介せられた。弟はまた特許院の書記長スカイラー・ズリー氏を呼んで私を一同に紹介するよう申付けた。

爾来私は連日特許院に登院して書記長ズリー氏の懇切な指導を受けた。ズリー氏はまず特許院の組織について説明した後、経理部、出願部、審査部、製図部、審判部長室、図書館、模型室等を順次案内して各部局の連絡系統を明らかにし、かつ各部局を訪うごとにその要務の人々に紹介してくれた。

内務卿は私の便宜のために、特に特許院自由参入券を交付してくれたので、その後は各部局にも自由に出入りして、帳簿の附け方、絵図面の取扱い方、書類の整理方法等を詳しく修得した。また石版部の主任ピーター氏について石版術の説明を聴き、その発達の順序を示した見本を貰った。一番感心したのはタイプライターの使用であった。院長が用件を口述すると速記士がそれを速記してすぐにタイプライターで打つ。見る見る内に印字《いんじ》となって現われて来る。今でこそ別に珍しいことでもないが、四十余年前のことであるから、その迅速さには私もいたく驚かされた。

右のごとく特許院ではもっぱら実地について懇切なる指導を受けた。しかしなお残されたる疑問については、宿に帰ってよく推敲《すいこう》の上、一々これを箇条書として書状で特許院長モンゴメリー氏、同書記長ズリー氏、ニューヨークの弁護士ブリズン氏らに問い質《ただ》した。かように私が一生懸命特許院で研究を続けている時、一等審査官補のジェームス・ビー・リッツルウッドという人から日本政府の特許事務に雇われたしと九鬼公使まで申込んで来たといって移牒《いちょう》して来たから、現在我が日本の専売特許法はただ内地人の発明を保護するいわゆる国内的のものたるに止まり、まだ外国人の顧問を必要とするの程度に達していないから、折角であるけれども日本政府においては雇い入れの希望なしと返事しておいた。

ダンスを学ぶ（三十三歳の頃）

特許院における取調べは以上のごとくして書記長ズリー氏の厚意により非常によく進《しん》捗《ちょく》した。

しかしながら自分の調査研究の結果が、日本の特許制度の上に重大なる影響を持つことを考える時に、私は責任の甚だ軽からざるを思わざるを得なかった。従って日夜孜々《しし》営々として国家の負託にこれ背《そむ》かざらんことを努めた。よって特許法規その他の参考資料や模型等のごときも、ズリー氏に相談して出来るだけ蒐集した。ことに米国の特許局が毎週一回発行しているガゼット及び判決録並びに明細書等は、是非五カ年くらい遡《さかのぼ》って手に入れたいと苦心した。

しかるに前者は一部米貨十ドルであるから五カ年を遡れば三千ドル、後者は一部二十五セントで売っているが五カ年の代金を計算すると、一万五千ドルにもなるので到底自分の手におえぬ。それでいろいろ苦心の結果、ズリー氏に会って「どうかして、これを無代《ただ》で戴けないでしょうか」と相談して見た。するとズリー氏は「どうも無代《ただ》で上げるわけには行かないが、交換ということであればよかろうと思う。貴方の方から送って戴けば、こちらからもお送りしましょう」ということであった。それで私は「今日はまだ出していないが、これから帰って出すつもりだから、その時は送りましょう」という条件で、五カ年前より今日まで並びに今後発行せらるべきガゼット、判決録、明細書並びに図面等の分与を受けた。これらの書類はニューヨークから船便に託して日本へ送り、それは大震災の時まで我が特許局に保存してあったが、惜しいことにはあの時に焼けてしまった。

右のようにして実地研究の傍ら参考書類のごときも努めて蒐集したが、なおその詳細なる事柄については、さらに各部課の係員について聞かねばならぬ。しかし係員の中には多数の婦人が交《まじ》っている。男は易《やす》いが女子との交際について、少からず苦慮した。さてどうしたらよかろう、といろいろ考えて見たが方法がつかない。しかるに婦人たちはよく私に「貴方はダンスをおやりですか」と聞く。そうだ、これは一つダンスの稽古を始めようと気づいたから、早速ダンシングの学校を探して入学を申込んだ。校長はシェリダンという人で、その夫婦と娘さんとが教師であった。見るところ男の弟子は少く女の方が多い。毎朝特許局に出掛けるのが午前の十時であるから、その前の一時間乃至二時間を利用して教えてもらう約束をした。授業料は一回二ドル、何しろこれまでダンスなんてやったこともないから、「私に踊りの稽古が出来ましょうか」と聞くと、シェリダン氏は「貴方は歩けますか」と逆襲して来た。「歩けます」と答えると、「そんならもちろん踊りは出来ます」

というわけだ。

さて毎日特許局へ行く前に出掛けてはダンスを教わった。学校では校長夫婦はもちろん娘さんまでが代り合って熱心に教えてくれた。そこには若い娘もおれば人の妻君もいる。若い娘の中には特許局の婦人書記もいた。妻君連の多くは交際季節を目当てに、西部地方から出て来た金持の夫人たちで、東部へ来たついでに、本場の踊りを覚えておこうと習いに来ているものが多かった。

従って舞踏学校では独り特許局の婦人書記ばかりでなく、その他多数の婦人とも懇意になった。

サアプライズ・パアティ

舞踏学校を中心としていろいろの挿話が生れた。一月の末ごろであった。例によって舞踏学校へ行くと懇意なベリー嬢が「近い内に貴方は大変ビックリすることがある」というから、「何です」と聞くと、

「それはちょっといい兼ねます。しかし貴方は外国人でしかも下宿におられるので、何も知らずに驚かしては気の毒であるから、ごく内密にいっておきますが、近い内にサアプライズ・パアティが貴方の所へ押しかけるんです。それだけを貴方が心得ていらっしゃれば

よい」

という。始めて聞いて、何のことだかさっぱり解らない。就中《なかんずく》サアプライズ・パアティというのが分らない。

そこでその日下宿へ帰ると、主婦に、今日はこうこういうことがあった。一体サアプライズ・パアティとはどういうことか、何だか私をビックリさせるといっていたがというと、

「ああそうですか、それはよいことを聞きました。そんなら私がみんな用意をしておきますから、ただ何日に来るかということを内々聞いておいて下さい」

という。それでさらにサアプライズ・パアティとは何か、と訊くと、それは男と女とが一組となって一つの弁当の笊《ざる》を下げて夜分に突然やって来る。そうして皆が持って来た弁当は一緒にして列《なら》べておく。家の人もその席に出る人は同じく弁当の笊を用意して出しておく。かくて、参会の人々が集まったところでピアノを弾いたり唄をうたったり、ダンスをしたりする。その後で、男と女とが籤引《くじびき》で新たなパアティが出来る。持って来た弁当を籤引でわけて、一夕《いっせき》を楽しんで帰って行く。この節流行《はや》り出したなかなか面白いものだという。

それでその晩赤羽にもそのことを話した。すると赤羽も喜んで、その日の来るのを待っていた。ところが、ある日特許局に出るといよいよ今夜行くことに決ったと知らして来た。早速宿に帰って主婦にも話をしてその用意をさせた。その内に赤羽も公使館から帰って来

たので、こちらでも二組のパアティを作り、一緒に出て、誠に愉快な一夕を過した。

　またある時、舞踏学校の校長シェリダン氏が「自分の子供弟子の親御さんたちから、子供たちに揃って日本服をきせて、ロシヤの水夫踊りを教えて貰いたいという注文があったので、家内や娘とも相談して見たが、日本服の見当がつかぬ、たまたま日本服の女子を写した写真があったので、それを見て工夫しているが、これでよいでしょうか」とその写真を突き出された。見ると芸人か何かの子供の写真でとても参考にはならない。

　ところが私はその前にワシントン教育博物館で日本の女学校生徒がこさえた着物が、六、七枚陳列してあったのを思い出したので、シェリダン師の娘さんを連れて博物館に行き、いろいろ説明し、着物の着方や帯の締め方などを教えてやった。すると、それをお手本にして二十四、五人のお母さんたちが、早速日本の着物をつくり出した。その後着物が出来上ったので、娘たちに着せる稽古をするから来て貰いたいというので、行って見ると、みな左前に着せてあったには噴飯《ふきだ》した。それで私が本当の着方を教えてやった。

　この舞踏会は、四月と決って私にも是非それまでいて見て行って貰いたいという話であったが、日程の都合でそれを待たずに三月の末ロンドンに向け出発することになった。

記念の命名――コレキヨ・タカハシ

特許院書記長ズリー氏は実に親切な人であった。私の米国における特許制度の調査が非常に順序よく運び、かつ種々の参考書類や模型などがさしたる困難もなく、手に入ったのはひとえにこの人のおかげといわねばならぬ。そうした事情で、ズリー氏とはついに家庭的にもすこぶる親密となり、時にはその宅へも遊びに行くようになった。氏の住宅はワシントン市からかなり離れた確かヴァジニア州内にあったと思う。ある日、晩餐《ばんさん》に招《よ》ばれて行く時など汽車では途中の景色が見られぬといってわざわざ馬車で行ったことなどもあった。随分道の悪い所もあったが、我々は四方山《よもやま》の話などして、愉快に馬車を駆けた。そうして宅へ着いて後も、皆が打解けてほとんど家族のような親しみを感じた。

特許の取調べをおえて、いよいよアメリカを出発するという前また晩餐に招ばれて行った。ちょうど末の男の児が生れて間もない時であったが、夫人がいうのには、

「高橋さんとこんなに親しくなったが今分れてしまえば、高橋さんの名前はむつかしいから、とても覚えておられない。幸い末の子がまだ名前をつけてないからこれに高橋さんの名前を付けてもらったらどうでしょう」

という、私も、

「それは大変結構だが、どっちを取りますか、高橋《たかはし》と是清《これきよ》とあるが、高橋は姓でブラウンとかスミスとかざらにある名前だ。いわゆるクリスチアンネームに当るものは是清だが」

といううと、

「そんなら両方を取ってコレキヨ・タカハシとしましょう」

と末の子にそう名づけてしまった。ところが、その子がだんだんと大きくなって、学校に行くころとなると、コレキヨタカハシでは長いものだから、平生《ふだん》は単に「コレ」「コレ」と呼ぶようになったと聞いている。

さて、同宿の赤羽四郎君は暇があるとポーカー（一種のカルタ遊び）をやって、私にもぜひ覚えろと勧める。私はそんなことは嫌いだから、「ポーカーなんてよくないじゃないか、君も止めたがよかろう」というと、赤羽は「およそ外交官たるものは、ポーカーの呼吸を知らねば名外交官たることは出来ない」といって大変な熱心さだ。あまり争うことでもないから、教えてくれればやろうと、赤羽からポーカーの仕方を教わったりした。その後赤羽は友達とポーカーをやって負けたと見え、自分のいつも使っていた真珠のネクタイピンを持って来て私に買ってくれという。困ったものだと思いつつも八十ドルで買ってやったのが今も私の手許に残っている。

日本を出発の際森有礼先生から紹介を受けたイートン将軍には二度ばかり面会した。いつも大変親切に接せられた。最初の時は今度の木曜日までに紹介状を書いておくからその日にまた来るようにいわれた。それで約束の通りに行くと将軍は数人の有名なる米国人への紹介状を渡された。

一日ロリニー博士と共に、国務省に行って国務卿に面会しいろいろと珍しい古文書を見せて貰った。中にはジョウジ・ワシントンが学校在学中に書いた数学の答案や書取等もあった。いずれも綺麗にかつ丁寧に書かれて、いかにもワシントンの忠実慎重なる性質を証するに十分であった。その他独立宣言の原書及び独立当時米国の在留民から英国皇帝に出した嘆願書（これは二年前フランクリン家から三万五千ドルで買上げられたもの）等は、最も注目に値するものであった。

なお私はこれから欧州大陸に渡らねばならぬが、英語のほかには仏語もドイツ語も解らない。それでは大陸の調査に不便であると考えたので、ドイツ語の独習書を買って独学を始めた。ところがこの方は独学でも一通りやれるという自信を得たが、仏語の方は、どうも発音が困難で、独学ではとてもやれぬ。よってラロックという人に頼んで出教授《できょうじゅ》をして貰う事とした。一週間に四回で、一カ月の謝礼が十六ドルであった。

名優の腹芸

特許制度の取調べも一通り完了したので、三月十日（明治十九年）にワシントンを引揚げ、バルチモア、フィラデルフィア、ニュウヘブン等の各地を歴訪した。

バルチモアでは、かつて箕作佳吉《かきち》、桜井錠二《じょうじ》君の在学したジョン・ホプキンス大学に行って、総長ギルマン氏に面会した。夫人も出て来て歓待し、今夜は泊って一緒に食事でもしてはどうかと勧められたが、日程の都合で辞退した。そうして、十一日の午後フィラデルフィアに転じ、コンチネンタルホテルに入った。

フィラデルフィアでは、教育局、美術学校等を参観した。たまたま教育局にて府立学校の監督官マッカリストル君に紹介された。氏はしきりに、児童の手工教育について論じた。またウェルシュ君とも話し合ったが、この人は盛んに保護税の必要を説いていた。ここに滞在中名優プースの芝居を見た。フランスの「カーデナル・リシュエリュー」を演じていたが、その名技を見て、思わず九代目団十郎のあの腹芸を思い出し、名人となれば、東西その軌を一にすることを痛感した。

それから一応ニューヨークに引揚げ、三月二十二日改めてニュウヘブンを訪問した。けだしその主要な目的は、ワシントン滞在中ズリー氏に紹介されたアール氏に面会するためであった。

アール氏は米国著名の特許弁理士で、本業務に従事すること三十五年、非常に錬達堪能の人として知られていた。訪問に先だち、あらかじめ電報を打っておいたので、アール氏はわざわざ停車場まで出迎えていられた。早速氏の馬車に同乗して事務所に行ったが、その内容の充実整頓せるには一驚を喫した。ことに図書室の中には、啻《ただ》に米国のみならず、英仏の特許に関するあらゆる参考書が、極めて豊富に蒐集されてあった。しかもそれらの書類は、いずれもワシントンにおける特許院の方式に模して、見事に整理分類され、一目の下に、必要なる書類を択《よ》り出すことが出来るようになっていた。

アール氏の話では、特許弁理士の主要な職務は、発明者の依頼により、発明の明細書及び図面を作成することであって、その最も困難とするところは、発明の請求区域を分明ならしめることである。その報酬として受取るべき手数料は、仕事の難易、それに要する時間の長短に比例すべきものであえて一定していないということであった。

また曰《いわ》く工場における発明の多くは職工によってなされるものである。その場合、雇い主は発明品の特許に要する費用を負担する。もしその発明が価値あるものであった時は、雇い主（あるいは会社）が自ら譲り受けて、その保護者となるのである。万一特許権を犯せる者ある場合は、犯人の住所地の区裁判所に訴えることとなっている、等々いろいろと特許事務に関する有益な話があった。

ニュウヘブンには三日間滞在したが、その間にアール氏と共に、ウィンチェスター連発銃製造会社、掛時計販売会社、釣針製造所等を参観した。その後アール氏とはたびたび往来した。そうして特許事務等にて疑問を生じた場合には、早速書面で質問したが、氏はいつも懇切丁寧に返事を寄越してくれた。

ニュウヘブン滞在二日、二十四日の午後再びニューヨークに帰着、ウェストミンスター・ホテルに投宿した。かくて米国における特許制度の取調べもほぼ遺憾なきを期することが出来たので、三月末にはいよいよアメリカを辞して欧州に向うこととなった。

倫敦赤毛布

アメリカにおける取調べを終えて、いよいよ欧州に向うべく、汽船ネバダに乗込んだのが明治十九年三月三十日、大西洋を航すること十日にして、四月十日の午前八時リバープール港に着いた。

私のことであるから、行き当りばったりである。港へ着けばどうにかなるだろう。いずれ旅館の者が出迎えているに違いない。それに連れられて、馬車にでも乗って行けばよいんだくらいに考えていた。

ところが、船の中で懇意となったグロススミスという人の話によると、船はリバープールに着いてロンドンまでは汽車で行かねばならぬ。故にあらかじめロンドンの宿屋が分っていなければ、船から揚げた荷物の届け先に困るから、上陸前に宿屋を決めておくがよいということであった。

そこで、私は船の中に備え付けてある旅行便覧を見て、宿屋などは高くつくから、どこか下宿屋がよかろうと探して見ると、ちょうどボーチェスターガーデン七番地の下宿屋が、一週間三十シリング乃至四十二シリングで泊めるという広告が出ておったので、それを書留めて荷物はすべて船から直接そこへ届けさせることとし、ロンドンのチアリングクロス・ステーションにつくと、直ちに馬車を雇っていきなりそこへ乗りつけた。

ベルを押すと、若い婦人が出て来た。

「私は日本人だが部室《へや》を一つ貸して貰いたい」

と申込むと、その婦人は「只今空いた部屋が御座いません」といって奥へ引込んだが、しばらくたって母らしい人を連れて出て来た。そうして今度はそのお母さんが口をきいて、「どうして突然ここへ来ましたか、アメリカンエキスプレスにでも聞いて来たんですか」と、聞く。私はこれはもっけの幸いだと思って「そうだ」と答えると「ところが部室はありませんが」という。

「それや困る、部室がなければ、どっかへ世話して貰いたい。もう荷物も追っつけ、こちらに送りつけて来ることになっている」

と、だんだん話込んでいる内に、この娘の父親《てておや》が生前日本にいた話などが出てなつかしいと見えて、いろいろと日本のことを聞く、私がそれを説明している内に聊《いささ》か安心したと見えて、母娘で何か相談していたが、やがて母親の方が、

「一つ大きな部室があるにはありますが、長い間使わずに放《ほ》ってあるので整っておりませ

ん。とにかく一度御覧になって下さい」

と、いう。行って見ると、なるほど部室は部室だが大き過ぎてしかも粗末だ。しかし今さらどこへ行きようもないので頼んで泊めてもらうこととした。

宿も決ったのでまずもって日本公使館を訪問。河瀬真孝君が公使で書記官には大山綱介君らがいた。今夜は公使館で在留日本人会が開かれるから出席せよと勧められたが、荷物のことも気がかりだから断り、その会合に佐々木高美、園田孝吉《こうきち》両君が見えたら、自分の着いたことを伝えて貰いたいと名刺を頼んで辞去した。

翌朝早く佐々木君が来訪されたので、同道して日本領事館に園田孝吉君を訪ねた。園田が、「どこへ泊っている」と聞くから、「実は行き当りばったりと思ったが、それではいかぬというので、旅行便覧を見て、こういうところを探し当てて、やっと泊めて貰った」といって一伍一什《いちぶしじゅう》を話すと、皆が大笑いして、

「そんなところでも前もって通知しておかねば、突然行っては泊めてくれぬ。そんなところにいるより、一層のこと僕の家へ来てはどうだ」

などという話もあったが、その時は好意を謝して辞退した。

園田君は、明治三年ごろ、薩藩の貢進生《こうしんせい》として、田尻稲次郎《たじりいなじろう》、町田陽蔵《ようぞう》君らと共に、大学南校に這入って来た一人で、同四年南校を卒《お》えると、しばらく同校に助教をしておった。従って私とは古くからの知人である。英語も巧みで、領事としては、ニューヨークの高橋

新吉君とともに東西の双璧《そうへき》と称《たた》えられていた。それに夫人のお父さんというのは、私が唐津からの帰りがけ長崎から同船して大変に懇意となった富永発叔《とみながはっしゅく》という人であった。その後、この富永氏から娘に英語を学ばしたいから誰か一人よい先生を紹介して貰いたいと頼まれて、フルベッキ先生のお嬢さんを紹介したが、その娘さんが、園田夫人の姉敏子さんであった――というような関係もあり、始めから家族のように気安くなって、欧州滞在中、大変なお世話になった。

梅ケ枝の手水鉢

ロンドン滞在中は多数の邦人がいるので毎日賑《にぎや》かに楽しく暮した。なかんずく園田孝吉、佐々木高美《たかみ》両君とは、知合いでもあるし、しきりに往来した。黒田（長成《ながなり》侯）、千頭《ちかみ》、山内《やまのうち》、矢野、添田《そえだ》、真中《まなか》、鈴木敬作、中田敬義《たかよし》君らも当時ロンドンにあって時々会合した。

佐々木君の宿は以前末松謙澄《すえまつけんちょう》君の宿で、主婦も大変な日本贔屓《びいき》であった。よくそこで、日本料理（といってもすき焼ぐらい）の御馳走になった。ロンドンに着いてから一週間目ぐらいのある晩、亀甲万《きっこうまん》の茂木《もぎ》と千頭《ちかみ》とで佐々木君を訪問して例により日本食の御馳走になった。食事をおえると宿の主婦が、

「折角日本の方がお集まりになったのだから、このピアノで一つ日本の歌を唄って聞かして下さい」

と、いう。

佐々木、千頭、茂木と自分とで相談して見たが、茂木が少しばかり弾けるだけで、あとはピアノは無論のこと、歌も唄えぬ連中ばかりである。

「これだけいてなんにも出来ぬというのも外聞が悪いじゃないか、何でもよいから誰か唄え。俺がピアノを弾く」

と茂木がいう。皆は芸なしばかりで当惑一方でない。さりとて唄わぬわけにも行かぬから私が、

「それじゃ俺が梅《うめ》ケ枝《え》の手水鉢《ちょうずばち》を唄うからピアノを弾け」

と、いうと、茂木が、

「それくらいのものなら安心して弾ける。それ一つか」

「うん、一つきりだ」

「それ一つじゃあまり短すぎて可笑《おか》しい」

「短けりゃ、幾度でも繰返せばよいではないか。向うには文句なんか解りゃしない」

よし、それじゃやろう、と一決して私が唄い、茂木がピアノを弾く、しかも繰返しも繰返したり同じ文句を二十五回も繰返した。宿の主婦も非常に満足の態である。そしてその

夜は歓を尽して午前の一時半に及び、とうとう私は佐々木君の宿に泊り込んでしまった。

ある日、やはり佐々木君の宿で日本公使館の雇い英人某に紹介された。私の特許取調べの話を聞いてその英人がいうのには、

「あなたは特許法の取調べに来られたそうだが、それなら英国政府に頼らないでむしろ特許弁理士について学んだ方がよろしい。また近くイタリーで、万国特許会議が開催せらるるから、イタリーへ行って、多数諸国の特許関係の官吏とも面会し、その人たちについて研究したらよかろう。ロンドンでは七、八、九の三カ月は皆他国に旅行したり、地方に出掛けたりして不在になる人が多いから、この三カ月間はロンドンでは時間を有益に使うことは出来ぬ。むしろロンドンを避けたがよい。なおあなたの研究を十分にするためには、多くの人と広く交わり、懇意とならねばならぬ。また特許弁理士について研究するからには、相当の謝礼はされたがよかろう」

また「英国の特許局の行政事務はほとんど研究の価値がない。その上に、アメリカのように、すべての書類について調査することを許さぬかも知れぬ」と、私の研究上、すこぶる有益なる忠告をしてくれた。

四月の十二、三日（明治十九年）ごろであったと思う。領事館に園田孝吉君を訪問したら、近日中井上勝之助氏夫婦のパリー着の報が来たので、園田夫婦は不日出迎えのためにパリーへ行くという話であった。時を同じゅうして谷農商務大臣もパリーへつくということ

とであったから、それでは自分も谷大臣に会うため園田夫婦と同行して、パリーへ行く約束をした。その後園田君から二十三日の午前九時四十分にチアリングクロス・ステーションから出発する旨を手紙で報じて来た。

パリーの原敬

園田領事夫妻と私は、四月二十三日（明治十九年）の朝ロンドンをたって同日の夕刻にははやパリーに着いた。停車場には三井物産の支店長岩下清周《きよちか》君が出迎えて直ちにホテル・ペレーに案内してくれた。

翌朝早く日本公使館に蜂須賀《はちすか》公使を訪ねて、その時始めて原敬《はらたかし》君に面会した。同君は外務書記官として着任後間もなくの時であった。

さて谷農商務大臣は四月二十六日に到着したがその随員の奥清輔《おくきよすけ》、樋田魯一《ひだろいち》の両書記官と属官の牧野健蔵らは、大臣より前にパリーについてグラウンド・ホテルに止宿していた。谷さんも到着されるとすぐその旅館に投ぜられた。

二、三日たつと、奥以下随員らはも少し簡便な宿に泊りたいと頼むので、私らの泊っているホテル・ペレーに引越させることにした。何しろ日本から来たばかりの人々とて、ヨーロッパ式の礼儀作法など、一切弁《わきま》えないので、園田も随分宿の主人や他の客に対して気の毒な思いをしたことがしばしばであったらしい。

当時パリーには、大蔵省から派遣せられた加藤済《せい》、同じく河島醇《かわしまじゅん》君らがいた。一日、この二人と園田、私の四人で晩餐をともにした。河島はドイツからパリーに遊びに来ていたが、私とはこの時が初対面であった。席上加藤が、興業銀行条例制定当時の参事院の一件を持ち出して私に喰ってかかった。私もそれに応じて双方の議論が激しくなって来たので、河島が「ここは参事院じゃない、そんなことをここで争うものがあるか」と、仲に入って、ようやく無事に治《おさ》まり、結局加藤が一夕芝居《いっせき》をおごることとなってケリがついた。

二十八日に至って品川子爵が到着された。早速訪問したら、その席で井上勝之助君や伊達《だて》君らに紹介せられた。その日、谷大臣より今度フランス大統領に謁見《えっけん》の際は君も随行員に加えておくからとの親切な話があった。そこで謁見を済ますまではロンドンへかえることを見合せた。その間に少しでも特許院の取調べを進めたいと思って、蜂須賀公使を訪ねてフランス政府に交渉方を懇請した。そうしてそのことにつき原書記官及び宮川書記生と相談した。

翌日、商務省を訪問して特許局長に会い、英文で書いた質問書を手交した。すると局長は「次の土曜日の午後四時に、通弁を連れておいでを乞う、さすれば質問に対して十分にお答えする」という話であった。それで再び公使館へ行って相談した。

その結果原君が同行してくれることとなった。ところが原君のいうのには、

「自分はまだ来て間もない、ところで君の専門的な用件には通弁は出来ない。それで君の便宜のために英語の解《わか》る人に出て貰うよう交渉して見よう」

と、いう。かくて原君が交渉の結果、特許局では英語の解る人を出して私との応接に便利を計ってくれた。

私はアメリカにおける経験からまず一八七六年以降の発明特許の明細書を懇望した。すると特許院では、快く承諾してくれた。そうしていうのには「フランスには特に発明保護の規則はない。発明者は雛形《ひながた》を特許局に提出する。時には局の方より進んで発明者に提出方を要求することもある。そうして発明品の明細書や図面は、それぞれ種類によって分別し一般公衆の閲覧に供することになっている。なかんずく、当局にて有益と認めたる図面のごときは、これを拡大複写して一般の閲覧に供している」ということであった。

そうこうしている内に、園田夫人が盲腸をわずらい、旅先のこととて少からず困った。しかし幸いにして大事に到らず全快したので、同夫妻は間もなくロンドンに帰って行った。

奇傑河島醇

パリー滞在中の一日、谷農商務大臣をその旅宿に訪問した。折りから大臣は外出中であったから、しばらく応接間に入って、その帰りを待っていた。ちょうどそこへ河島醇《かわしまじゅん》が同じく大臣を訪ねてやって来た。当時、日本で憲法制定に関する議論が喧《やかま》しい時で、自然、河島と私の話もそれに及んだ。

河島がいうのには「日本では欽定《きんてい》憲法、欽定憲法というけれども、憲法を作る以上は民約憲法でなくてはならぬ。ヨーロッパでもアメリカでも憲法にして民約ならざるはなしだ」としきりに民約憲法を主張した。

私は「そういう問題についてはあまり多く研究していないが、日本は日本の国体を基として憲法を制定することが当然ではないか。欧米先進国が民約憲法を採用しているからといって、日本もそうでなければならぬという道理はないではないか。五カ条の御誓《ごせい》文《もん》にも、万機公論に決すべしと宣《のたま》わせられている。即ち日本の憲法は外国のごとく臣民から要求して出来たものでなくして天皇より下し賜わったものである。建国以来の皇政の主義もここにあるのだ。およそ世界に、我が国体と同じものがどこにあるか。我が天皇のことを英語でエンペラーと訳するけれども、少しも事実に当っていない。日本の天皇は、世界唯一にして、他に比すべきものはないのである。従ってこの国体に基づいて憲法を制定する以上は、欽定憲法が当然ではないか」というと、河島は憤然として声を挙げ、

「君は憲法の何物かを解せざるものだ」

と、激語した。よって私は、

「我が国では今外国で行われているようないわゆる憲法なるものは必要がないかも知れぬ。

しかしすでに憲法が制定せられるなら欽定憲法即ち天皇の御意思に本づき臣民に許容し賜うところの憲法でなくてはならぬと考える」

というと、河島が、

「日本には憲法が要《い》らぬというならそれで議論は立つ。しかしながらいやしくも憲法を作るというのなら、民約でなくてはならぬと主張するのだ」

といってようやく静かになった。

そこへ樋田魯一と牧野健蔵が入って来て、両人でいうのには、

「実はさっき二人が外から帰ってこの室へ入ろうとすると、室の中で君らが何だか大声で争っている。これや大変だ。今に河島が椅子を振上げて立廻りをやるぞ、今行ったら危ないと、窃かに鍵の穴から様子を窺っていた。ところがマアマア無事におさまってよかった」

という。

こんな風で、河島とも大変に心易くなった。そこで河島が、この夏は是非ベルリンへやって来い、加藤もやって来るはずだから、三人でドイツの旅でもしようじゃないか、といい出した。私もその考えでおったのであるから、うん行こうと約束してしまった。

五月三日（明治十九年）午前十一時、谷農商務大臣に随ってフランス大統領に謁見した。この時随員として謁見を許されたものは自分のほかに、奥、樋田両書記官及び柴、道家《どうけ》両属であった。

かくて大統領への謁見を済ますと、五月五日午前九時にパリーを発って同夕刻ロンドンに帰った。パリー滞在中園田夫妻より懇切な話もあり、ロンドンに帰ると共にケンシントンのホートランドロート四六号の園田孝吉君の家へ引移った。

園田君の家では全く家人同様に自分を待遇してくれて、何の気兼ねもなく誠に愉快に日を送ることが出来た。特許制度の取調べについては、公使から英政府への紹介を頼んで、その後たびたび特許院へ出入りした。院長のラック氏は、ちょうどローマに開かれている万国特許会議に出席中で多くは秘書のウェップ氏に面会した。

ウェップ氏から多くの参考資料を送って来て一応それに目を通し、その上で書面で質問したがよかろうという話であった。

だんだんと英国の特許制度を調べて見ると、すでに米国を研究した目にはむしろ教えてやりたいくらいに遅れている。別に学ぶべき多くの事柄も見出さなかったが、ただここでも重要な仕事は米仏と同じく諸種の参考書を蒐集することであった。

五月の下旬になって特許局長のラック氏もローマから帰って来た。それで早速局長を訪問して、かねての希望である五カ年以前からの明細書及び図面の分与方を申込んだ。すると局長は「それは別に難かしいことではないが順序として貴国の公使から、わが政府当局に公式に申込んでもらいたい」との答えであった。

よって、直ちに河瀬公使のところへ行って、事情を話して、英当局への交渉を頼むと「その種の参考書類は買ったらよいじゃないか、これまで始終そんなことで英政府の恩恵を蒙っているが、それはよくないことだ」といって甚だ冷淡である。それで、公使に頼むことは断念した。

その日園田の家へ帰って、この話をしたら、園田が「園田領事ではいかぬか、それでよけりゃ俺が談判してやる」というから、翌日早速特許局長を訪問して、「領事の名ではいかぬか」とラック氏の意向を訊ねて見た。園田領事はながくロンドンに駐在して英語はうまいし、人交際《ひとづきあい》はよし、当時名声嘖々《さくさく》たるものであった。それでラック氏も、「それで結構だ、その代りに書類はすべて領事館宛てに送るから、領事館から本国に送って貰いたい」という。

こうして、参考書類を得ることは英国でも成功したが、これは一に園田領事の厚意によるもので、このことについては今もなお感謝している次第である。

前にも話した通りロンドン滞在中は、公使館や領事館を中心として、たびたび在留日本人の会合があって愉快にすごした。五月下旬のある日のごときは、河瀬公使夫妻その他の館員が、園田領事宅を訪問するというので、私が腕を揮《ふる》って日本料理を調理して大いに喝采《かっさい》を博したことがある。また河瀬夫人や佐々木高美らがたびたび私のこさえた汁粉を所望にやって来た。

七月の初旬鳥尾小弥太《とりおこやた》氏がロンドンに来たので、園田領事が一夕晩餐によぶこととなり、園田氏から日本料理を出したいから頼むというのでまたまた私が御馳走を作った。思いもかけぬ日本料理に鳥尾氏も非常に満足の様子であった。

夏はドイツへ出かける約束になっているから、その前に一応英国内の工場地を視察しておきたいと、中田敬義《たかよし》、佐々木高美、鈴木敬作の三君とともに、七月二日にロンドンをたって、まずノッチンガムのモンレーめりやす工場を視察し、三日にはシェフィルドに行ってミッドランド鉄道ホテルに泊り、ジョンブラウン製織所《せいしょくじょ》を見学した。四日はリーズのバーカー・エンド・ムーディ・フランネル工場を視察し、またオールダムの紡織機械製作工場、紡績工場、アルバート金巾《かなきん》工場等を見た。

工場の重役らに会っていろいろと話を聞いてるうち、なるほどと思ったことがある。それは、この紡織機械製作工場は、仕事の性質上男工のみを使っていたが、それでは、その家族の婦女の仕事がないので別に、同工場で作った機械をもって紡績工場や織物工場を経営して、そこには主として職工の家族の婦女を女工として使っているということであった。なるほど夕方になって、機械製造工場の方から帰る者を見ると、男工ばかり、紡績工場や織物工場から出て来る者は婦女子ばかりで、いかにもよく男女職工を使い分けているものと感心した。

五日にはマンチェスターへ行ってクインス・ホテルに泊った。ちょうどグラッドストーン内閣の選挙中で確かそこがグラッドストーン自身の選挙区であったと思う。酒舗へ行っても、只今は選挙中だからといって、医者の指図で病人に飲ませるもののほかには酒を売らなかった。私もその取締りの厳なるには一驚した。そこでは取引所、職工学校、市庁等を見学した。

六日にはボールトンに行って、ヴィクトリア・ホテルに泊り、ソホーの製鉄所その他を視察し、七日にはリバープールに転じアレキサンドリヤ・ホテルに泊って、博覧会の見物をなし、八日にはバアミンガムのクインス・ホテルに泊り、タンジースの蒸気並びに瓦斯機械工場を視察し、九日ロンドンへ帰着した。

ベルリンにて

さきにパリー滞在中、河島醇、加藤済らとの約束もあるので、七月の十六日午後八時半、ロンドンのヴィクトリア・ステーションを発してベルリンへの旅に上った。

クインバローに着いたのが午後十時半、非常に月の美しい晩であった。直ちにフラッシング行の船に乗込んだ。ドーヴァ海峡の波穏かに翌十七日の午前六時過ぎにははやオランダのフラッシングに到着した。そうして上陸すると間もなくベルリン行きの汽車に乗込んだ。

さてドイツ行きの汽車に乗りは乗ったが、例によって行き当りばったり主義である。同じ車内にはアメリカ人の夫婦連れとほかに一人のドイツ人がおった。

午後の一時近くになって、オバーハウゼンという停車場に着くと白いエプロンを着けたボーイが同車の客に弁当を運んで来た。私も腹がへっている折でもあるし「俺にも一つ持って来い」とそのボーイに命じたが、いつまで経っても持って来ない。そのうち午後の一時半となり、汽車はオバーハウゼンを出てしまった。それで相客に、

「どうして自分には食事を持って来ないだろうか」

と、尋ねて見た。すると、

「アナタは前もって電報で注文しておいたか」

「否《いや》、頼まぬ」

「それじゃ持って来ぬはずだ、この汽車で午飯《ひるめし》を食うのに一番都合のよい所はあの停車場である。それで皆前の駅から電報で注文しておくのだ」

ということであった。今朝、朝飯は五時半ごろフラッシングに着く前に済ましたので、時間は経つし盛んに空腹を訴える。しかしいつまで行っても弁当のありそうな停車場に停らない。やっと午後三時ごろになって、ウエストハアリアのハムという停車場に着き、ここでようやくパンとハムとを手に入れることが出来た。ところがパンは堅くなってとても食べられない。それにハムは塩からくて、飲み物は何にもないという始末、それでも腹が減っているから、無理矢理に詰め込んだらたちまち腹痛を起した。

午後六時近くにハノーバアを過ぎ、同八時半にはステンダルを経て午後十時四十六分にベルリンに到着した。ポーターがやって来たので自分の荷物はコレコレだからセントラル・ホテルへ届けてくれと頼み放しで、ポーターの番号も聞かずに出口に出てしまった。そうして他のポーターにセントラル・ホテルまでの馬車を頼んだら、そのホテルなら向いですと、目前の建物を指して教えてくれた。

しかるに、さっきのポーターに荷物は渡してしまったが、チェッキもなんにも受取っていない。これはとんでもないことをした。荷物は無事に届いているだろうか、と心配しながらホテルへ行って見たら、荷物は一つも紛失せずにチャンと先に届けてあった。よく行届いたものだと、自分もつくづく感心した。

翌朝公使館に品川公使を訪問して到着の挨拶をした。浜尾新君が数日前サクソニーの旅行から帰って来たというので、公使と共に同君を訪ねた。そこで青山胤通《たねみち》君及び白石《しらいし》（直《なお》治《じ》)、中沢の両技師に出会った。

浜尾、中沢両君と中食《ちゅうじき》を共にしたが、両君の話では、ホテルにいるよりもどこか下宿を探したがよかろうと中沢君がいろいろと肝煎《きもい》ってくれて、ついに井上哲次郎君の下宿されている所に行くこととなった。当時ベルリンに在住しておった主なる邦人は、前述諸氏のほかに公使館員として井上勝之助、小松原英太郎があり、商売人としては、川崎甚兵衛《じんべえ》、伊勢勝の一行あり、河島醇及び奥清輔、中村元雄らの一行は私より一足先に、フランスからやって来ておった。

ビスマーク哲学の講義

ベルリンでは奥清輔、中村元雄らの一行は同じ所に下宿し、毎日ミュラーという博士を聘《へい》して二時間ばかりずつ講義を聴いていた。私もその都度聴きに行ったが、講義の主題は例えば「ビスマークの人となりについて」とか「一八六四年より独仏戦争の終りまでの間におけるビスマークの政治的生涯」だとか「君主の大権」「国家及び国土の組織」とかいうものであった。聴講者は奥、中村、横田その他二、三の人々で、中村の随員本田が通訳に当っていた。河島醇は毎朝学校へ行くといっては出掛けて行ったが、たまたま講義の時に在宿していると、河島自身が通訳の任に当っておった。

七月中は米仏で調査した原稿の整理やミュラー博士の講義を聞くことで過してしまった。何しろ私はドイツ語をやっていないからドイツでの調査には随分困難した。それで調査の助手として誰か英語の解る人を雇わねばならぬと求めておったら、八月の始めに至って「ワグナー」という人が二カ月間百マークの給料で引受けてくれることとなった。

こうして八月の初めに到って初めて特許局長を訪ねる段取りとなった。局長に会って調査の目的を話し、取りあえず特許に関する諸法令並びに参考書の分与を求めたところ、快く承諾し、かつ二、三の局員に紹介してくれた。

その後また特許局に行くと、局長が留守でショーテという人が代って面会した。ところが、同氏の手許に発明商標意匠保護に関する現行法律を英訳したのがあるとて、持って来ていうのには、

「これはかつてメルボーンの博覧会に出すために印刷したもので、印刷の部数が少かったから今日は僅かにこれ一部しか残っていない。従ってこれを貴君に上げるわけには行かぬから、面倒だが写し取りなさい」

と、いうことであった。それで早速借受けて全部筆写した。これがために、私の取調べは大変に楽になった。

それからドイツでも書類の交換を申出た。ところがショーテ氏が注意していうには、

「それは、まず日本公使館からドイツの外務省に申出で、外務省から内務省に移牒して来

る手続きを取ったがよい。これはホンの形式に過ぎないけれども」ということであった。それで公使館に行って明細書図面その他の交換方をドイツ政府へ申込んでもらい、ここでも書類交換の目的を達することが出来た。

　ベルリン滞在中京都の織物の旧家川島という人に二、三回会った。この人は自分の家に昔から伝わっている織物や布地の見本を携えて注文を取って廻っていた。この人が自分の経験で感じたことだといって話すのには「いずれ日本でも意匠の保護をすることになるであろうが、それについて最も注意をせねばならぬことは、図柄と色の配置とを区別して考えねばならぬことである。日本では図柄の保護ばかりでなく、むしろ色の配置の保護に重きを置く必要がある。私の織物や布地の意匠はドイツやフランスでたびたび盗まれている。あす私が見本を送るからよく比較して見て下さい」とて翌日になって見本を送って来たが、見るとなるほど図柄よりも色の配置が大切なものであることを深く感じた。

　ある日、井上哲次郎君と二人で動物園を散策し、一亭に入って酒を呼んでいるところに、関《せき》その他の連中もやって来た。そこへ支那公使の愛人である某婦人がやって来たのでそれを捉えて井上が何か話しかけ、それから皆で冗談をいい合っていると、婦人が突然私の腕を引張って一緒に行こうという。酔っていたから一緒に連れて行かれ、後で大笑いの一つ話となった。

　またある時、知合いの一婦人と汽車に乗って郊外に出掛けた。室内には、私らの向うには母娘《おやこ》らしい二人の婦人が乗っておった。ところがこの母娘が私の方を盗み見ながら、何だかしきりに話している。同行の婦人に聞くと、娘が「この人は無礼な人だ。貴婦人の前で膝を重ねている」といったのに対し、母親が「この人は外国人でドイツの風習は来たばかりで知らないのだ。旅の人には往々こんなことがある」といって聞かしているところだということであった。

発明と裁判

だんだん調べて見るとドイツの特許制度も仏国と同じく、米国のそれに比すれば、遥かに遅れておった。

ある日、公使館で、ベルリン屈指の特許弁理士であるユーゴー・パタキー氏に紹介されたので、私は「ドイツでは、現行法の下《もと》に工業所有権者は十分に保護されているか」と尋ねて見たら、同氏は「決して十分に保護されていない。ドイツの現行法には幾多の欠陥がある」といって左の三点を挙げた。即ちその第一は、商標、意匠、特許等の登録を官報に掲載することである。官報に掲載するがゆえに、一般公衆はその公告を見ない。従っていかなるものが保護されているかそれを知ることが出来ないのである。第二には、数字や言葉を商標と認めないことである。新たに創造された物の名称のごときは、商標として保護すべき十分の価値あるにも拘らず、ドイツの現行法はこれを保護せずして、商標として登録を受くるためには、何らかの形像《けいぞう》（Image）たることを必要としている。第三には保護の範囲があまりに狭隘《きょうあい》なることである。例えば、化学品には特許を与えていない。しかるに化学品の保護こそ最も肝要である。またドイツでは検査があまりに厳重で出願の六割までは不許可となっている。ゆえに米国に比すれば保護最も薄しといわねばならぬ、云々といっていた。

さらにパタキー氏は現行法の不備を指摘し、就中《なかんずく》次の三点即ち、

一、特許公告後三カ年を経たるものには、例え無効の抗議が提起せらるることありとも一切受付けぬこと

二、失われたる技術を再び発見したる時は、その発見者に特許権を与うること

三、特許に関し発明の前後を争う者ある場合において、後より出願したる者が、先に発明せること明白となりたる時は、後の出願人をもって正当の発明者とすること

は現行法において未だ規定していないところであるから、自分は近く政府当局に向って、速かに右三規定を追加補充すべしとの意見書を提出するつもりだといっていた。

右のごとく、ドイツの現行法は、未だ十分に完成されていないので、識者の間には、しきりに法律改正の必要が唱えられ、パタキー氏のごときは、その急先鋒であった。

当時、ドイツにおける工業所有権はすべて裁判所に登録することとなっていた。即ち出

願人は自ら裁判所に出願して、備え付けの帳簿に、出願の年月日、出願人の住所氏名を記入して貰わねばならぬ。しかして出願人が提出したる商標や発明の模型は、ことごとくこれを裁判所において保護することとなっていた。

かようにドイツでは、工業所有権の保護上、裁判所は最も重大なる役目を勤めていたので、一日《あるひ》、大久保、関らと共に裁判所を見学した。そこではブルンネマン、フォース両君が出て懇切に説明してくれたが、両君ともに英語を話さないので、いうことがさっぱり解らない。非常に当惑したが、その内に、大久保とブルンネマンとの間に仏語で話が始まり、これでやっと説明の意味が聞き取れるようになった。

しかるに私は、ここで図らずも肝腎な知識を得た。というのは、従来、登録保護せられている発明権を犯したものは、直ちに普通の裁判所に廻される。すると裁判官に発明に関する技術上の知識がないために、往々にして間違った判決を下し、折角苦心した発明の効力が甚だ薄らいでくる。英国や米国ことに英国では、規則の出来た以前より、発明者の権利を不文律をもって、裁判の上で保護しておったが、ドイツにはこれがない。ゆえに、英、米のごとく幾多の判決例が出来るか、あるいは民間にその参考となるべき技術家が出て来るまでは、発明に関する最後の審判は、特許局においてせねばならぬということであった。これは私の頭にも直ちにピンと響いた。

無言の食卓

八月（明治十九年）の半ば過ぎに至って、加藤済から、ベルジュームを経てベルリンへ行くという通知がきた。その日午前中に着くというので河島が、今日は一つ大いに奮発して盛んな日本料理の午餐をつくることにしようと、前晩から買出しに行って材料を整え、私は朝から台所で料理番をやっていた。

その内に加藤は、迎えに行った牧野や本田等に伴われて河島の宿にやってきた。私は台所で料理方をやっていたので挨拶にもゆけなかったが、二階では加藤に湯を使わせたりしているということであった。

正午ごろとなって、午餐の用意も出来たから、料理着をぬいで、河島の部屋へ行ってみた。ところが、加藤は長椅子の上に横になっており、河島も奥も中村もおのおの離れて腰をかけ話もせず、何だか白《しら》け渡っている。見ると食卓の仕度だけはチャント出来ているので、まず加藤に挨拶をして、

「もう、御飯の用意も出来たから、食卓につこうじゃないか。まず河島から席につけ」

というと、加藤が、

「高橋君、早速だがどっか宿屋を探してくれ、僕はここじゃ午飯《ひるめし》は食わない」

という。突然のことだから、私も驚いた。

「何だ、君が来るというので、昨日から河島は買出しに行く、僕は料理をやって楽しんで待っていたのに、何でそんなことをいうのか」

と聞くと、加藤が、

「イヤ、これにはわけがあるんだ、自分はどうしてもここにはいられないから、早速どこかの宿へ連れて行ってくれ」

という。この時中村が口を出して、

「実はこうなんだよ。先からドクターが来て講義をしていた。それを河島が通訳していたのを加藤が聞いてあまりドクターと河島との議論が激しいものだから、君は二人のため通訳をしているのではないか、さっきから聞いていると、先生と議論ばかりして一向講義は進まんじゃないか、そんなことなら通訳は他の者にさしたらよかろう、といったもんだから河島が怒り出して二人が喧嘩《けんか》になったんだ」

という。それで私が、

「二人の喧嘩は喧嘩でよい。料理は俺が作ったんだから、マア食べて行ってはどうだ」

と皆をひとまず食卓につかしめた。しかし主人の河島と主賓の加藤とは、初めから終りまで一言も交さず食事を終った。

食事がすむと、加藤がしきりに私に頼むから、よんどころなくカイゼルホルフに交渉して、そこに移した。その後加藤は二週間ばかりベルリンに滞在したが、その内またまた奥清輔とも仲違《なかたが》いをしてしまった。そんな風で九月三日に加藤がベルリンをたつ時には、もう一緒に食事する者もなくなるという有様であった。

考えて見れば、パリーで加藤が参事院の話を持ち出し、私に議論を吹きかけてきた時、始めて会った河島が仲に立って、双方を治めてくれた。その加藤が客分となってベルリンにやって来ると早々に、河島との間に衝突を生じたので、今度は何としても、私が仲裁をして治めねばならぬ立場にあったが、それを試みて出来なかったのは遺憾であった。

何でも、河島と加藤との間には河島がパリー滞在中からいきさつがあったらしい。河島のいうのには、加藤がパリーへ来る前に自分はすでに大蔵省関係の事項について一通りの調査を終えていた。ことに煙草専売のことは最も詳しく研究して、参考書類のごときも特にフランス政府に請うて取揃えていた。そこへ加藤がやって来て、同じく煙草専売のことを取調べるということを耳にしたから、重ねてフランス当局に迷惑を掛けては相済まぬと考え、加藤に、「君は何を調べに来たか」と聞いたら、加藤は「そんなことはいえぬ。俺は松方卿《まつかたきょう》の内命によって取調べに来たのだ」というから「何ッ、松方の内命だッ」と憤《おこ》ったが、その時から加藤の心事が分明を欠いている。俺のいうことは、何も私事ではない。国家の体面に関するから、事情を話して相談したのだ。それが解らないとは、心事がよくないからだ、ということが河島の胸に解けずにいたのだ。

老農ガイエンの人生観

ベルリン滞在も案外にながくなって、いつの間にか秋風そよぐころとなった。それに帰朝の日もおいおいと近づいて来たので、九月八日午前五時二十分にベルリンのレエルテル・ステーションを立って、ハンブルグ経由英国に帰ることとなった。奥清輔君、牧野、関両君も見送りかたがたハンブルグまで行こうというので同車した。

汽車は広漠たる北ドイツの野を横切って、夜の十時過ぎにハンブルグにつき我らは直ちにクラウンプリンス・ホテルに投じた。

翌日は取りあえず、わが名誉領事のパウルゾーレン氏を訪問した。すると氏は、

「ここで見るべきものは、ウィルタゲン氏の魚の燻製工場のみである。この工場は秘密にして誰にも見せないのであるが、かねて貴君等《あなたがた》が見えることを聞いていたので、この人々は実業家ではない農商務省の役人で決して工場の秘密を盗むものではないといって、ようやく承諾を得ておいたから是非視察をされたがよい」

とてしきりに勧めてくれた。そこで到着の日から二日目にこの工場を参観した。

その夕、カール・ロード氏に招かれ、ハンブルグ郊外のバーレンフィルドにある氏の養父ガイエン氏の邸を訪れた。この邸というのは非常に広大なもので、中には山林あり、池

あり、それを取囲む数十町歩の畑地は皆ガイエン氏の所有地ということであった。

ガイエン氏は齢すでに古稀《こき》に近き老人であったが実に矍鑠《かくしゃく》たるものであった。我らの一行が邸に着くと、この老翁は長柄《ながえ》の鍬《くわ》を手にしながら、戸外に出迎え、そのまま我らの先に立って邸内を案内した。

広い邸内は実によく整頓せられている。幾つかに区画せられた菜園には各種の野菜が美しく生い培《つちか》われ、その一角に建てる牛小舎、馬小舎には、数十頭の立派な牛馬が威勢よく列んでいる。その小舎の清潔なことよ。牛乳を搾《しぼ》るには、小舎の中で、数十頭の牛を列べて機械で一時に搾るようになっている。馬は耕作に使うもの、馬車に使うもの、乗馬用にするものとそれぞれ違っていずれも見事なものばかりである。ガイエン翁は、遠く広がる一帯の山林耕地を指しながら、

「町からここへ来るまでの土地はすべて自分の所有地だ。この領地はもと三カ村から成立っていたが、土地は年々痩《や》せて物が出来なくなり、山林の樹は枯れて倒れるという風に、幾年か受難の日が続き、村の人々はついに生活に堪えかねて他に移住してしまった。自分は領事館員として永らく南米に在勤していたが、三十年ばかり前に、職を退いて帰って見ると、村の人はほとんどいなくなって畑や山林は、ただ荒るるがままに委《まか》してある。それで自分は残らずこれを買取った。そうしてこの土地の樹木が育たぬので、他の地方の樹木を持って来たらよかろうと考えて、自分のおった南米の樹を移し植えた。ところがそれが

また大変によく繁茂していつの間か鳥や兎の安住の場所となった。畑には自分自ら鋤鍬《すきくわ》を入れ、灌漑《かんがい》をよくし、肥料を施した。あそこにある大きな池は養魚池である。あれに養った魚は市場に出して売る。冬になれば氷が出来る。それを貯えて時期を選んで町に売出す。かくて経済的に経営すること三十余年、今や見らるる通りの豊饒《ほうじょう》の土地となった」

と、ガイエン翁の老顔には、一抹の紅《くれない》をさえ呈して来た。そうして熱心なる言葉はさらに続く、

「人生土地に親しむより快なるはない、土地に親しむとは、これを（長柄の鍬を右手に持って）持って働くことだ。村人たちはそれをしないで、ただ物が出来なくなったといっては外へ出てしまった」

と、過去三十余年の苦心経営と、今日の成果を顧みて、いかにも会心の笑みに堪えぬ状態であった。

ガイエン翁の傍《かたわら》に、三十を越した一人の婦人がいる。英語をよくするので、だんだんと話して見るとこの人は翁の娘さんでホール夫人といい、夫君は目下日本で貿易に従事していることが分った。夫人は「二人の兄弟も、今日貴方がたが見えるというので、家の山に鳥打ちに行きました。もうじきに帰って来ます」といっていたが、間もなくその二人も帰って来た。

やがて、我らは食堂に導かれた。食卓につくと実に山海の珍味である。ガイエン翁は、

我らを顧みて、

「今夜の御馳走は、この鮭《さけ》を除けば、皆自分の領地内で捕れたものばかりだ。……それから貴君《あなた》はロンドンから来たのだから、ロンドンで飲みつけのお酒を御馳走しよう」といって、衣嚢《かくし》からたくさんの鍵を取り出し「これが酒倉の鍵だ、これだけは人手に委せず、自分で開けて自分で取出さねば気が済まぬ」といいながら、酒倉へ行ってビールやポートワインなどを取出して来て「ロンドン人はこれが好きだから貴君《あなた》も飲んでいるだろう」と黒ビールの栓を抜いてついでくれたりした。

実に非常な厚遇をうけた。かつ老翁の経歴談を聞いて私は感激に堪えなかった。そうして、その夜は思わず長居をして遅く月を踏んで帰った。かくてハンブルグ滞在前後四日、いよいよ奥、牧野、関の三氏と袂《たもと》を分って、英国行きの汽船ネリッサ号に乗込んだのは九月十一日の午後九時沖天《ちゅうてん》の月ことに鮮かなる夜であった。

帰船矢のごとし

英米独仏における特許制度の取調べも一通り出来あがったので、私は明治十九年十月七日に英京ロンドンをたって帰朝の途についた。私の船はコロンボから後意外に船足を早めて予定より三日間も早くホンコンに着いた。

ところが接続船の都合でホンコンに一週間も滞在せねばならぬ。長い旅のあとで故国を眼の前にしてオメオメと一週間も船待ちをすることは到底堪えられぬので、ロンドンで買った船切符を棄てて新たに別会社の船に乗込み、ホンコン着の翌日早々に日本に向って出発した。この船は、幸い長崎にも神戸にも立寄らなかったので、最初の予定よりも九日間も早く即ち十一月二十六日に無事横浜に着いた。

それから汽車で新橋駅に下りると、杉山会計局長がやって来て「これからすぐに農商務省に来てくれ」というから、家へも寄らず、そのまま農商務省へ行った。

「一体何事だ」と訊くと、

「実は山林局農務局所管の地所を売った金が八万円ほどある。省内の各局長は、それを各局に分割してめいめいに使いたいという。特許局はもと工務局から分れたものだから、工務局と特許局とで二万円、あとを農務局と山林局とで分ける。もともと工務局には地所がなかったから、分け前が少いわけだ。しかし一応そうは決まったものの近く君が帰るというので、実は君の意見も聞きたいと思って待っていた次第だ」

「八万円の金を各局で分割して使おうといったってろくなことには使えまい。それより一層《いっそ》のこと全部を俺に使わしてくれんか」

「何にするんだ」

「俺はそれで特許局を建てる」

「君の留守中に省内の形勢は全く一変した。果してそんなことが出来るかどうか、とにかく吉田次官に会って君の考えを話して見るがよい」

といふことであった。それで私は翌日早速吉田次官をその邸に訪ねた。そうして商標、意匠、発明保護の三法律を新たに制定するの必要あることと同時に特許局をして一個独立の局として、その庁舎を建築するよう建言し、かつ農商務省の土地処分代金八万円は特許局新築の費にあてて貰いたいと相談したら吉田次官は、いかにも不機嫌な顔をして、

「帰り早々そんなことを言っても返事のしようがないではないか。それよりも取調べに行ったんだから報告書から先に出せ。何もかもそれを見た上のことだ」

といわれた。私は甚だ不満であるけれども、上官の命であるから早速報告書の作成に取掛かった。何しろ非常に急ぐのであるから、当時特許局の次長であった首藤《しゅどう》君や検査官の小出《こいで》君などにも手伝って貰った。

二、三日経つと、杉山会計局長が訪ねて来て、

「吉田次官が君のことを大変に面白くないようにいっていた。全体高橋という男は無作法千万の奴でまるでアメリカ人のような態度だ。人の前に突立って、ぞんざいに物をいう、というから、あれは率直な男で誰の前でもあんなに無遠慮に物をいう男です。と、とりなしておいた。一体君は何をいったのか」

というから、

「うん、私は自分の取調べた大体を話して、どうも今日の専売特許法と商標登録条例とをすっかり改正し、かつ新たに意匠条例を作るの必要がある。ことにこれらの機能を十分に働かせるためには、特許局を独立せしめその庁舎を新築せねばならぬ。それには例の八万円を使わして貰いたいと相談したら、そんなことといったって、今すぐ返事は出来ないじゃないか。それより取調べに行ったんだから、まず報告書から出すがよい、という。私も自ら任じてやっているのに、こんなことを言うものだから、吉田という男は分らぬ奴だ、と、誠に面白くなく感じたが、出せという以上出さねばならぬから、今しきりに報告書の作成にかかっているところだ」

といううと杉山は、

「君はあの人を品川さんや前田と同じように考えていては大間違いだぞ。物をいうのに用心したがよい」

と注意してくれた。

これよりさき、ワシントンに滞在中、この吉田清成《きよなり》という人について聞いたことがあった。それは、ある日友人の家にお茶に呼ばれて行くと、その時同席したアメリカの一議員が、「君はもと駐米公使をしていた吉田という人を知っているか。そうして今何をしているか」と訊くから私は「多分今の農商務次官のことであろう」と答えると、「アンナ酷《ひど》い人はない、自分たちは全く欺《あざむ》かれた」という。私もいやしくも、わが国より派遣せられて

いた公使の身上につき、悪口をいうのを聞いて、すこしムッとしたから、「酷いことって何をしたんだ」と問返すと、

「下関の償金を日本へ償還させるという時に、自分たちをさんざんに使いながら、事成って後一つも約束した報酬を実行しない。実に酷い人間だ」

といっていた。それで帰朝後吉田次官に会った時、私は率直にこのことを話して、「そんなことがあったんですか」と聞いた。すると次官は「そんなことは知らぬ」とムッとした風でいい放った。さようなこともあって、吉田次官はあるいは私に対して快く思っていなかったかも知れぬ。

特許法規完成

帰朝後報告書の作成に約一カ月を要して、それが出来上ったのは明治二十年の正月であった。

それから直ちに商標条例、意匠条例、及び特許条例の起案に取りかかった。その間にたびたび大臣次官が更迭してこれが成案となり、いよいよ内閣に提出の準備が出来た時には、黒田清隆《くろだきよたか》さんが農商務大臣で次官には英国で知りあいになった花房義質《はなぶさよしただ》君がなっていた。

ところが、その原案に対して黒田さんがなかなか判を押さぬ。従って内閣の議を経るこ

とが、出来ない。しかも大臣は省へは滅多に出て来ないから、当時の秘書官小牧《こまき》君（昌《しょう》業《ぎょう》、後に枢密院顧問官となる）、鈴木大亮《だいすけ》君らを介して、毎日のように署名の催促を頼んだ。しかしそれでもなかなか埒《らち》があかぬから、とうとう花房次官のところへ持出して苦情を訴えた。次官も大変に気の毒がって、ある日自分が行って話して来ようと出掛けて行ったが、間もなく、玄関払いを食ったと言って帰って来た。

「それじゃ私が大臣の所へ行きましょう」

「それだけは止し給え、君は大臣と話したらたちまち大衝突を来《きた》してしまう。しばらく自分に任し給え」

というから、そのままにしておいた。その内に大臣が久々で出省された。そうして、私を呼んでいわれるには、

「自分はこの法律のことはよく解らない。いずれ必要なものだろう。しかしこういう法律を出せば、これに伴って必ず経費を要する、経費のことは大蔵大臣が承知しなければ出来ないが、あなたはまず松方さんへ行ってよくこのことを説明し、承知されたらお出しなさい。私は今日判だけは押しておくが、その責任はとれない」

という。

よって早速松方さんを大蔵省に訪ねて一伍《いちぶ》一什《しじゅう》を話した。すると松方さんは「よろしい、私が承知したといって提出しなさい」といわれるからそういって提出した。その後間もな

く内閣が更迭して黒田さんは総理大臣になられた。

しかるに、右三条例は、参事院で議論が沸騰して、通過がなかなか困難である。加うるに、いつまで経っても参事日程に上らない。私が催促すると、参事院の友達が「君そんなにいっても、今度の総理はなかなかむつかしい人だから、そう急には行かぬよ」というから、

「この三条例は、今の総理が農商務大臣の時に出したもので、異論のあろうはずがない。それを君たちがむつかしいなどいって審議を遅らすとはけしからん。黒田農商務大臣が出したものを黒田総理が許されぬというなら、俺が行って談判する。君たちが何か案の内容について議論があって捗《はかど》らぬというならともかくも、単にむつかしいといって、審議を進めぬというのは不都合極まることだ」

と厳談《げんだん》した。そういうことが動機となって、その後案外に早く片がついた。この時、久保田譲《ゆずる》君の弟の貫一君などが、大いに骨を折ってくれた。

さていよいよ特許条例を作るに当って、審判長の権限について議論が沸騰した。私は「特許証の有効無効を裁判するについては特許局長が自ら審判長となってこれを判決し、かつこれをもって最終のものとせねばならぬ」と主張した、すると井上毅《いのうえつよし》氏が極力反対せられた。「そんなことは条理の上から許さるべからざることである。特許局長は農商務大臣の部下ではないか、その部下の役人が、上長大臣の与えた特許証を審判するくらいま

ではよいが、これをもって最終審とするのは不都合である。最終決は国法の定むる大原則に従って当然大審院で下すべきものだ」というのが、井上氏の理由であった。

これには私も説明に困った、そこで私はドイツで聞いて来た例を話して、日本の特許裁判はいまだ過渡期であって、一般裁判官の頭が進んで来るか、民間に参考人として十分なる技術者がたくさん現出するまでは、特許局長の審判にまつの必要があるゆえんを力説した。それで一同もこれを承認し、井上氏も一時の便法として賛成されることとなり、いよいよ明治二十一年十二月十八日をもって、旧法を廃して新たに商標条例、特許条例及び意匠条例が発布せられ、翌年二月一日から施行せらるることとなった、ここに至って、工業所有権保護に関する法規はほとんど具備するに至ったのである。

黒田伯の酒癖

ここで、ちょっと黒田清隆さんについて面白い話がある。元来、黒田さんの農商務大臣は、その期間がごく短かったので、私はあまり接触する機会がなかった。かねてから酒癖が悪いと聞いていたが、ある時省内の課長以上の人々を三田《みた》の自邸に招かれた。

一同は二階の日本間で、幅の狭い長い机を幾つも列べて、その廻りに腰を掛けていた。やがて酒肴《しゅこう》が出る。黒田さんは、自ら立って酌をしながら酒を勧められるという有様であった。

しばらくすると、下の広庭では太神楽《だいかぐら》が始まった。近所の町家のものがそれを囲んで見物している。すると大臣が「皆も太神楽を見たらよかろう」といわれる。それで皆は起《た》って二階から太神楽を見物した。ところが皆はそれを機会にボツボツと帰り始めた。後に残った者六、七人、太神楽を見物しながら飲んでいると、大臣が「サア皆さん、ここから小便をしよう」といわれる。

さすがに誰もするものがない。すると「誰もやらぬなら俺がやる」といって黒田さん自身が二階から前をまくって小便を始められた。そこで、皆もまた例の癖が始まったと思って、だんだんと帰りかけてしまった。私は最後までいたが、もう一遍お酌をしてもらって乱れぬうちにと思ってお暇《いとま》した。

黒田さんは、かような人であったが、平生の物のいい振りや何ぞは誠に優《やさ》しい、好い人であった。

特許局独立

さて、私は帰朝後の仕事として前述三条例を起案し、同時に特許局独立の運動を始めた。元来、特許並びに商標の事務は、農商務省工務局内の専売特許所及び商標登録所で取扱って来たのを明治十九年二月十六日、勅令第二号をもって、農商務省に専売特許局という一局を置くこととなった。これが、我が国における工業所有権保護に関する特別の局の設けられた始まりである。しかるに農商務省特許局ではいけない、さらに一歩を進めて真に独立したる局となさねばならぬと考えて、八方力説した結果明治二十年十二月に至り、勅令第七十三号をもって、農商務省専売特許局が廃せられて単に特許局となった。

私が特許局の独立をはかったのは決して根拠のないものではなかった。米国で聞くところによると、当時米国の特許院では、約八十万ドルの剰余金があった。こんな剰余金がどうして出来たかといえば、元来特許料や登録料は、政府の歳入を目的として設けられたものでないから、一般会計とは区別して、特別の会計となっていた。それが、経費を払って残った金が積り積って八十万ドルにもなっていたのである。それで当局者の意見では、この剰余金の使途については大いに考究せねばならぬ。発明特許や商標登録の方から上って来た収入であるから、出来るだけ発明者や商人の利益になるように使わねばならぬ。それにはまず第一に、発明品の陳列館を拡張し、さらに余裕があれば、特許料及び登録料の値下げをなすべきもので、決して一般会計と混同せしめてはならぬ。また発明の審査や登録の手続きが迅速に行くように、内部の充実をはからねばならぬというような説明を聞いて、私も、それは極めて道理あることと思った。

それで、私は日本へ帰ると、少くとも、米国の特許院の小型のものを作りたいと思って、まず特許局の独立を計り、さらに官制を改正して、局中に庶務部、検査部、審判部、陳列室を置くこととし、一方特許局新築の話を進めた。

そこで私は部屋の数や広さなど自分であらましの図を引き、これを工部大学の教授で建築技師のコンドル氏に頼んで設計を作らして見ると、どうしても十二万円はかかるという。即ち杉山会計局長の手許に留め置いた八万円のほかになお四万円の不足である。杉山局長と相談して、時の大蔵大臣松方さんのとこへ行き、わけを話して不足の四万円を出して戴きたいと相談すると、松方さんは、非常に喜ばれて「よろしい、そういうことに使ってもらえば、誠に結構だ。不足の四万円は大蔵省から出してやろう」と承認せられた。

そうして完全な設計図が出来上るころに、井上馨《いのうえかおる》さんが農商務大臣となられた。

この時、井上さんは設計図を見て「こんな大きなものを建てて一体何年これをやる見込みか」といわれるから私は、

「まず、今後二十年です、二十年経って、これでは狭いというようにならねば日本発明界の進歩は覚束《おぼつか》ないと思います。フランスで谷さんに話したことですが、東京見物に来た者が、浅草の観音さまの次には、特許局を見にゆこう、というくらいにしたいと思います」

と答えたら大笑いして、同意された。

そうして、井上さんが注意のためとて申されるには、

「建築費として十二万円とってあるが、いずれかような建築に当っては、いろいろと装飾

や外柵《がいさく》などに費用がかかる。全部使わないで、一万円ぐらいは別にとっておかなくては後で困ることが出来て来る。それで、この建築は大倉組に請負わして十一万円で、十二万円の仕事をやらせ、その代り十一万円は前渡金で一時に渡してやることとし、残った一万円は別にしまっておけ」

といわれたので、その通りにした、井上さんという人は、こんな細かいことにも気を附けられる人であった。かくて出来上ったのが、即ち震災の時まで、築地《つきじ》にあった旧農商務省の建物で、当時都人士の目を驚かしたものである。

〔九〕旋風時代の国情

鹿鳴館時代の人々

明治十八年十二月、大いに宮中府中の制を更《あらた》め、従来の太政官《だじょうかん》、太政大臣、左右《さう》大臣、参議、各省卿を廃して新たに内務、外務、大蔵、陸軍、海軍、司法、文部、農商務、逓信の各部を設け、その長官をもって内閣を組織しその上に内閣総理大臣をおき、政務の首脳者とするに至った。しかして宮中には内大臣、宮中顧問官を置き、別に宮内大臣を内閣のほかに立たしめ、宮中府中の別を明らかにした。

しかして、これらの変革はいうまでもなく、明治二十三年に発布せらるべき憲法制定の準備の一つにほかならなかったのである。

かようにして、憲法発布の準備は着々として進んで行ったが、それとともに、時の台閣《だいかく》諸公らが窃《ひそ》かに憂慮したところは、来るべき議会において、久しきにわたって抑圧せられたる民権党が、悪戦苦闘の余憤を駆って時の政府に突撃して来はせぬかという一事であった。

それで、内閣の閣僚は、この際大いに事績を挙げて、世論の賞讃を博してもって民軍の鋭鋒に当らねばならぬと覚悟するに至った。すなわちまず井上外相は条約改正に、山県内相は地方自治制の創設に、松方蔵相は財政の整理に、山田法相は法典の編纂に、森文相は教育制度の改善に、谷農相は農商行政に、榎本逓相は交通機関の発達に、おのおの自彊《じきょう》勉励互いに相競ってその成果を挙げんことに努力した。

しかるに、右のごとき各大臣の希望努力も、ついに山県内相の自治制施行の功績を除いては、他はことごとく失敗に終ってしまった。なかんずく問題を惹起《ひきおこ》したものは条約改正であって、その結果は非常なる輿論《よろん》の反対を受け、ついに内閣倒壊の因を作るに至った。

これよりさき、明治十九年九月長崎において支那水兵とわが警官との争闘事件があり、越えて英艦ノルマントン号事件あり、事ごとに甚だしく我が国威を失墜し面目を毀損《きそん》したので輿論大いに沸騰した。国際関係がかような状態であったのに井上外相は忽然《こつぜん》として条約改正に手を染め、しかもその改正が甚だしく国威を損なうものであると見做《みな》された、ために天下の輿論は轟々として、これに反対の気勢を示して来た。しかのみならず、時の内閣は盛んに欧化主義を唱え和魂洋才の必要を鼓吹し、日比谷に鹿鳴館《ろくめいかん》を作って社交上の機関となし、舞踏夜会に歓楽の夢を追うようになり、一方女子教育奨励会を設立して、婦女の籠居《ろうきょ》主義を排ししきりに洋装束髪を勧めた。ただしその真意は、これによって条約改正の進捗を計り、併《あわ》せてわが島国的観念を改めんとするにあった。この年四月、総理大臣官邸に行われたる仮装舞踏会《ファンシーホール》のごときは、最もよく当時の風潮を現わしたものである。すなわちその日、一堂に集まれる内外の貴紳淑女、実に四百五十名、いずれもわれがちにと意匠を凝らしたる仮装の姿にて、会場に練込んだ。まず伊藤総理大臣はヴェニスの貴族に扮して一場の挨拶を述べ、山県内務大臣は長州奇兵隊山県狂介《やまがたきょうすけ》に、警視総監三島通庸《みしまみちつね》は児島高徳《じまたかのり》に、東京府知事高崎五六は牛若丸に、またイギリス公使館附武官は紺はっぴ、紺股《もも》引《ひき》の別当《べっとう》姿に、山県夫人は田舎娘、高木兼寛さんまでが七条袈裟《けさ》の門跡《もんぜき》姿に、思い思いの粉黛《ふんたい》を装い、燦《さん》たる花ガスのもと燃ゆる緋《ひ》の絨毯《じゅうたん》の上に夜を徹して踊り狂った。

かようなことが一般国民の真面目な心に刺戟を与えぬはずはない、果然条約改正に反対するの一派とこの浮華軽佻《ふかけいちょう》の風潮に慨する志士の一団は、決然と起って、条約改正反対、風紀振粛を絶叫するに至った。なかんずく当時官職にありて、最も反対したものには、枢密院顧問官勝安房《かつあわ》、谷農商務大臣、西郷海軍大臣、黒田清隆、副島種臣《そえじまたねおみ》、司法省雇外人ボアソナード氏らであって、いずれも政府に建白《けんぱく》して、かくのごとき粉飾的条約改正の無意味にして、何らの効果なきゆえんを陳《の》べた。しかして谷農相は自ら閣僚たるをもって、閣内において条約改正の非違を責めて断乎《だんこ》としてその反対を主張した。またボアソナード氏の建白に至っては、条理最も透徹して、反対意見中の白眉と称せられた。

前田正名《まさな》君も例の気象として条約改正並びに当時の上流社会の欧化主義的風潮に向っては甚だしく憤慨した一人である。それで私にも相談があって、前田君は人心作興の意見書なるものを書いた。これが出来上ると、前田君は病臥《びょうが》したので、私にそれを井上毅氏のところへ持って行ってその意見を徴して貰いたいとの依頼があった。

ボアソナードの条約改正意見

私は前田の依頼で、その意見書を携えて井上毅氏を訪れた。折りから井上氏は風邪で床についていられたが、特に病床に引いて私に面会された。

前田依託の意見書を差出すと、氏は親しく手に取って静かに一読し、「誠に結構だ」といいながら二、三の文句をなおしていられたが、すぐに話頭を転じて、当時の中心問題たる条約改正に及び、いろいろと意見を述べられた。そうしてやがて手文庫から一通の書類を取り出して「これはごく内密に前田に見せてくれ」とて託された。

その書類こそ条約改正に関する井上毅氏と当時司法省のお雇外人ボアソナード氏との対話の筆記であった。前田君の読後、私がまたそれを複写しておいたが、今においてこれを見るに、実に得られざる史料である。

井上毅、ボアソナード両氏対話筆記

寒暖の挨拶を終って、

ボ氏（ボアソナード氏以下同じ）　足下近来多忙なりと察し、わざと見舞を怠りたり。

余云《いう》（井上毅氏以下同じ）　足下こそ頃日来《けいじつらい》外務のことに尽力されたりと聞く。近ごろはや閑暇を得られし乎《か》。

又《また》**云**　足下の我国のため尽力されたる事件につきその結果如何《いかん》。

ボ云　そのことなり。条約改正は意外の結局を得たり。予が感覚するところによれば、これらもし実行せられなば日本国民は再び二十年前の変動を起すなるべしと想像す。

余云　足下もし予が秘密を守ることを信用さるるならば、願わくば予がためにその詳細を語られよ。足下の不満足とせらるる点は、何々の条件なるや。

ボ云　足下は予が日本国において平素その忠勤なることを信ずるうちの一人なり。予はこのことにつき予の感慨を足下に吐露することの機会を得たるを喜ぶ。予はかつて予の持論を外務大臣並びに青木次官及びシーボルト氏に向ってしばしば切直《せっちょく》に陳述したれども予の意見は一も採用されずして、今日の結果に至りたるは予の遺憾として日本全国のために深く哀痛するところなり。

予はまた栗塚省吾氏を仲人《ちゅうにん》として司法大臣に意見を述べたれども、司法大臣よりはその当務に非《あら》ずかつ談判模様はいつも筆記にて承知するものなりとの意見をもって答えられたり。予は日本の大臣たる人のエネルギーなきを驚歎せり。もしヨーロッパの政治家にあらしめば、予が説に同意ならば必ず奮って内閣に向って一の問題を提出さるるなるべし。予は自然の道理をもって感情とし、このことにつき日本のために深く忠実なる意見をもって外務省に助言したるがゆえに、仏国公使をはじめとし各国公使より甚だしき嫌悪《けんお》を蒙《こうむ》れり。仏国公使出発の折、予は新橋停車場に見送りたるに仏国公使は別れに臨み予に向ってにがにがしき一言を吐かれたり。曰《いわ》く「足下は予に向って多少の困難を与えたり」と。このとき伊太利《イタリ》公使は傍《そば》に在りて、仏国公使に向って「否《いな》ボアソナードは当然の理をもって日本政府に助言せられたるなり」と予のために寛辞《かんじ》せられたり。けだし伊《い》、墺《おう》の二公使は予と感情を同じくする人なり。予が不満足とするは改正のすべての箇条なれども就中《なかんずく》三つの重要なる点にあり。

第一　外国裁判官を用いかつ組織中高数とすることなり。この裁判は公平なるべしと信ずることを得るか。その親近なる所に偏庇《へんぴ》するは普通人心の短所なれば、通常この裁判は日本人のために不利益なるべし。訴訟の件につきみすみす不公平の裁判を得、不利益な結果を蒙りたる日本人を怨むよりも、むしろ政府の国民に対しかくのごとき境遇を与えたることを怨むなるべし。旧条約に従えば、原告たるときに限り外国の裁判を受く。その被告たるときはなお本国の裁判権に従属したるをもって、日本の不利益の区域は、狭隘《きょうあい》の部分に過ぎざりし。しかるに改正草案に拠《よ》れば、原告たると被告たるとに拘らず、すべて日本人は外国裁判官の勢力の下に従属せざるべからずして、その不利益は一般の部分に波及したり。

余問　裁判長はまた外国人なるや。

ボ答　草案に裁判長のことを言明せず。しかしながら、外国裁判官すでに多数なる上は裁判の決着は必ず外国裁判官の所見に傾くなるべし。この時において裁判長はその勢力を恃《たの》むこと能《あた》わざるべし。

余又問　外国裁判官を任用するの組織には年期ありて一時の便法にはあらざるか。

ボ云　十五年間は随分長き歳月なり。今日の日本人民はやや才覚を発達したれば、十五年間の屈辱を忍ぶことは能わざるべし。たとえ屈辱を忍ぶとも、政府はこれがために慎重なる怨望《えんぼう》を招き、到底旧幕の外国交際上に弱点を示したるがために、全国の変動を惹《じゃっ》起《き》したる覆轍《ふくてつ》に倣《なら》うことを免れざるべし。

第二　違警罪《いけいざい》のみ外国人民も日本裁判官の裁判に従うといえども、他は重罪軽罪ともに外国裁判官多数の組織する裁判所において裁判し、並びに違警罪および百円以下の訴訟の日本裁判所は控訴を許すことなり。外国人民は通常日本裁判官の裁判に服せずしてその上の裁判所に控訴するなるべし。控訴の場合においては、日本人民のために初審においても利益なりし裁判も多く翻《ひるがえ》って敗訴となるの結果を招くなるべし。違警罪においてもまた同様なるべし。

第三　には条約の実行期日より八カ月前に日本各種法律案をもって外国政府は通知することなり。これらは草案の趣旨は単に通知に止まりしなるべけれども、外国公使はこの条をもって外国政府の「エキザミネーション」にかかることにして解説したり。すなわち日本国はその立法の権につき外国の制縛を受け左右に動揺さるる意外の結果を来するべし。このことは最も不吉なる主要の件、予にして今二カ年間日本のために勤務するならば、この法律通知の期において「この法律は日本国の主権により発行するところにして、他の外国の干渉なかるべし」と確定の意義をもって外国政府に通知すべきの意見を述べんとす。

余問　足下は旧条約と新草案との比較において、いずれが優《まさ》れりとせらるるか。

ボ答　新草案の旧条約に劣れること甚だ著《いちじる》し。何となれば旧条約の害は区域狭小なれども新草案は不利益を一般全国に流せばなり。なおこのほかに挙ぐべきことあり。外国人組織の裁判所は全国八カ所に限るをもって、日本人は外国人に対し原告たると被告たるとを問わず、訴訟のために遠隔の地方にあるところの裁判所に呼出されるを得ず。たとえば、沖縄県人民も海を越えて長崎に呼出さるることあるべし、これまた日本人民のためには不利益の一事なり。

余問　しからば足下の草案にては旧条約を存するにありや。

ボ云　否《いな》予は刑事の重罪のみに限り外国人は外国裁判の下にあらしめ、軽罪は日本裁判所において裁判し、民事に至って何らの約束もなしにもっぱら日本裁判官の管轄に帰せしむべきことを提出したり。予の草案は採用せられずして今日の結局に至りたれば日本のために哀しむべく痛むべく嘆くべき極度なり、予は今日にありても、日本のためにかくのごとき不利益を傍観すること能わず、日本人の中の忠実なる人々を結合してせめては天皇陛下の御批准を与えられずして、むしろ旧条約の保存せらるることを願うの一路を取らんとす。足下は高等の地位にあり、かつは平常の志操は予の信用するところなり。本国のために古今未曽有《みぞう》の危急に際し、何らの尽力もなさざるか（これらの言語を吐く時はボアソナード氏の顔色勃然《ぼつぜん》として憤怨《ふんえん》の色あり）かついう、予は今日ほど激越の言語を吐きたることなし。（この一節覚えず感涙千行）

余云　予は前に秘密の約束をなしたれども、このことは国の大事なるをもって、足下の許可を得て今日の問答を伊藤伯に報道せんとす。

ボ云　何の差支えなし。

又云　足下のために思慮するに足下もし未だ条約談判の明細筆記を見ざるならば、伊藤伯の秘書官に請いその一部を借り得て予とこれを対論し、詳細にその不利益の点を諒解して、しかるのちにまた予の意見書を一読あり、十分このことの始末を呑み込み、その上にて足下の意をもって忠告ありては如何。

余云　その辺は都合次第にすべし。（右一段の談話おわりて）。

ボ氏突然予に問うて曰く。足下は伊藤伯の「ファンシーホール」に赴かれしか。

余答　たまたま病気のゆえに辞したり。

又問　鳥居坂邸《とりいざかてい》の芝居に赴かれしか。（井上伯の邸）

余答　また病いをもって辞したり。

ボ云　足下は定めて予と同感なるゆえにわざと辞せられたるなるべし。予は近日宴会の席に行くことを好まず、日本国は外は権利を減じ、内は進歩税を徴収し、前途暗黒哀痛の境界に沈淪《ちんりん》せんとするの時に当り、東京の都府は建築土木と宴会とをもって泰平を楽しめり。予は今日贅沢《ぜいたく》の時にあらずと信ずるをもって各大臣の宴会はすべてこれを謝絶するなり。予は再会を期して握手別れを告げたり。

別れに臨んで外まで送り来り、ボアソナード氏はまたいう。もし伊藤伯において、予に面会の機会を与えらるる幸《こう》を得ば通弁は栗塚省吾氏を用いられたし。外務省の人を用いらるることを望まず。かついう、もしなお尽力の機会あらば等閑《とうかん》にすることなかれ、予は通弁杉田氏に向って秘密の約束を懇示《こんじ》して立去れり。

右明治二十年五月十日朝　　井　上　毅

箱根の雑煮

明治二十年の秋、品川さんはドイツから帰って来て、塔の沢に静養していられた。私らは品川さんを農商務大臣に押し立てて、殖産銀行の基礎を作らねばならぬと考えていたので、その年の十二月も押し迫った大晦日《おおみそか》の日に、前田正名、武井守正、宮島信吉並びに私の四人は、品川さん説得のために塔の沢に向った。

当時条約改正反対の叫びは全国に漲《みなぎ》り、反政府の運動激越を極め、ついに十二月二十五日に保安条例を布《し》くこととなり、中島信行、片岡健吉、尾崎行雄、星亨《ほしとおる》、中江篤介《とくすけ》ら在京の志士五百七十余人は帝城以外三里の地に放逐されて間もない時であった。

われわれは、国府津《こうづ》で下車してそれから馬車で箱根に向った。いずれも粗服に木綿の袴、それにトンビ合羽《がっぱ》を引っかけて馬車の中に踞《うずくま》っておった。小田原にかかると警官に誰何《すいか》された。何しろこの時節に四人の物騒な若者が連立って、何かことありげに行くのであるから怪しむのも無理はない。

「一体お前らは誰だ」

と訊くから、武井がすかさず、

「これは高橋特許局長で、あとは皆属官だ」

といいもおわらぬうちに、その傍《そば》から前田が、

「高橋、それぞれ手札《てふだ》を出せ」

という。そこで私が特許局長名の手札を出してようやく無事に通過が出来た。あとで、

「あんな属官がどこにあるか」

と大笑いであった。

いよいよ塔の沢に着いて、品川さんの泊っていた確か福住《ふくずみ》であったと思うが、その宿に乗込んだ。そうしてその晩は皆おとなしく寝た。

明くれば明治二十一年の正月元旦である。皆早く起きて、急いで屠蘇《とそ》と雑煮《ぞうに》を持って来いと命じた。私は体格もよかったし、例によって大飯食い、大酒飲みだ。まず屠蘇をやって、雑煮を食い、それからまた酒を飲んで時の移るを忘れておった。

すると、午前十一時ごろになって突然加藤正義が、われわれの部室《へや》にやって来て、

「君たち、乱暴はいい加減にしておけ」

という。

と尋ねると、

「何だい」

「自分は家内と娘を連れてやって来たが、今日は元旦だから早く雑煮を持って来いと宿屋に命じた。ところが一向に持って来ない。再三催促をするけれどもそれでも持って来ない

から、どういうわけだと小言をいったら、実はあの部室にいるお客さまがあとからとお代りを命ずるので他《ほか》に出す暇がないのですという。雑煮がいつまでも出来ないから子供がとうとう泣き出した」

といってふくれている。まあ元気にまかせて、よほど食べたと見える。宮島も酒を浴びて大変元気を出していた。

元旦匆々《そうそう》から品川さんに会ってそんなことを話すのもどうかと考えてわざと差控え、二日の朝、四人連れで品川さんの部室に行き、わが殖産興業のために是非とも、もう一ぺん農商務省へ出て戴きたいと懇願した。すると品川さんは、

「君たちの折角の話、至極《しごく》もっともだと思う。自分もその気がないではない」

といわれるから、われわれは口を揃えて、

「この際貴方が自身で当路の人々へ農商務省に這入《はい》る希望をいい出すくらいの勇気をもって努力して戴かねば、ただわれわれだけでいっても実現は甚だ困難です。ゆえに政府から話のあるのを待たずに貴方から話出して戴きたい。ついては速かに東京に引き揚げて東京でその目的を達する手段を講じて下さい」

と説くと、品川さんは、

「ウン、東京へ行こう。ただし東京には家がないから、駿河台の平田の所にいることにしよう」

といわれた。われわれも大いに喜んだ。その後品川さんは東京へ引揚げて駿河台の平田邸に仮寓《かぐう》せられたが、われわれの中から毎日一人は必ずこの仮寓に品川さんを訪れて督促した。

その後しばらく経って、代々木の住宅が出来上ったので、品川さんはそこへ引き越された。

ところが代々木ではあまり遠方で東京へ出て来るのには大変に不便だ。あれでは困る、という論も出たので、ちょうど私が自身で御《ぎょ》する馬車を持っていたので、御者《ぎょしゃ》を附けて品川さんに贈ってやった。

それほどまでにして農商務省入りを迫ったけれども、品川さんには何となく躊躇《ちゅうちょ》の色が見えていた。その後また武井と宮島が訪ねてどういうわけかと、さらに突込んで聞いて見ると、品川さんのいわれるには、

「自分はあえて大臣は望まぬ。次官でもよいから、もう一度農商務省に入って殖産興業に尽したいと思っているが、噂によれば、今度井上さんが大臣になられるということだ、そうなれば自分が農商務省入りをいい出すわけには行かぬ。ゆえに君たちはこのことばかりは諦めてくれ、そうして、井上新大臣を援《たす》けて国家のため尽して貰いたい。ことに自分も、気はいくらはやっても健康もまだ十分でないから井上さんが大臣になられることはこの上もない喜びだ。このことは高橋にも杉山にもよく伝えておいてくれ」

ということであった。

井上侯を説く

明治二十一年四月、第一次伊藤内閣倒壊して、黒田清隆伯を首班とするいわゆる元勲《げんくん》内閣の出現をみるに至り、前田正名君以下我々同志の者が暗々裡に大いに運動したにも拘らず、農商務大臣には井上馨《かおる》さんが出でてその任につかれた。

右の報告を得てこれは棄ておきがたいと思って、その翌日早速代々木の邸に品川子を訪ねて、

「私はまだ井上伯を知りませんが従来あまり世間の噂も香《かんば》しくない人のようです。そんな人が、農商務大臣となったとて、商工農林の発達を望むことは出来ません。国家のために は代えられぬ。貴方がそんなに遠慮して出られぬというのは、私には了解出来ませせぬ」

とだんだん不平を述べた。すると君は井上という人を知らない。井上という人は維新前から、これこれの人だと概略井上伯の人物について話された。そうして「井上伯は俺以上に力強い人だから、よく伯を援けてやってもらいたい」と本心からいわれるので、私もこれでは品川さんを断念せねばならぬと考えた。それでも井上さんに対する疑念はなお晴れなかったから、私はもはや農商務省全体のために心配しても駄目だ。むしろ自分の本務た

る特許局の仕事に専心するよりほかに途《みち》はないと、諦めてしまった。

さて、井上さんが農商務大臣に補せらるると共に、一緒に入って来たのが、古沢滋《ふるさわしげる》、斎藤修一郎の両君である。

斎藤が秘書官である。これは学校時代からの知り合いであったが、古沢という人はそれまでは全く面識がなかった。

井上さんが大臣となられてしばらくの間は農商務省の方へは一切顔を出されなかった。そうして斎藤をもって私に、

「外国から新発明の機械を日本へ輸入しようと思っても日本へ売ったら、すぐに模造するから後が困るといって二つや三つぐらいでは売らない状態である。ゆえに、今日新式の機械を輸入することが必要であるから、その機械を保護するために、始めて輸入したる者には専売特許を与えるよう法律を作れと大臣の命であるから、早速それをやってもらいたい」

ということであった。それで、私は、

「いずれそのことについては、私にも意見があるから、大臣が御出省になったら意見を申上げ、その上で起案することにしよう」

というと、斎藤が「大臣は性急だからともかく法案だけは準備しておかねばいかぬよ」と注意してくれた。その後二、三日してから古沢と斎藤とが再びやって来て「大臣から催

促があったが、法律案はもう着手したか」と問うので「まだ着手していない」と答えると、「それあ大変だ、大臣は気が短いから、どんなに怒り出すか知れぬ」という。「だといって、私にも意見がある。法律案は作ろうと思えば今すぐにでも出来るが、一度私の意見を聞いて戴いた上にしたいと思っている」

と返事してやると「それあ大変だ」と二人は、いかにも心配そうであった。

それから二、三日経って、井上さんが初めて役所へ出て来られた。大臣が出られると札がかえることになっていたが、その札がひっくりかえるとほとんど同時に、呼鈴《よびりん》が鳴った。早速大臣室へ行くと、「古沢や斎藤をもって申付けておいた法案は出来たか」と問われる。よって私は法律はすぐにでも出来ます、しかしこれについては、外国で聞いたこともありますので、私に少し意見が御座いますから、それを申上げて御判断を願った上のことにしたいと考えております、といって、かつて英国で自分が聞かされて非常に印象深く感じていた話をした。

それは英国滞在中のことであった。名は忘れたが、確か特許局長の秘書官のウェップ氏であったと思う。その人の雑談の中に、

「日本では今条約改正ということで大変に騒いでいるが、ここに考えねばならぬことは今度の条約改正では、日本側から求むることはたくさんにあるが、外国側から日本に要求して利益となることはほとんどない。強《し》いていえば発明、商標、版権の保護ぐらいのもので

ある。しかるに版権と商標とはすでに警察でこれを保護しているということだが、その上に発明までも保護することになれば外国人が要求する事柄はすべて充《み》たされて、あとには要求すべき利益は何もなくなってしまう。それで発明の保護だけは決定せずに残しておいて、条約改正の時にうまく利用することが日本のためである」

ということであった。私はこのことを詳しく説明した。井上さんは、はじめの間は怒ったような顔で聞いていられたが、話が進んでいる内に、顔つきが和《やわら》いで「よろしい、そんならもうその法律は作らんでもよい」といわれた。私はこの時、これはかねて想像していた井上さんとは大変に異《ちが》う。自説が誤っていることに気がつけば、改むるに少しも憚らぬという美質を持った人であるということを知った。

それから、私は大変に井上さんに知遇を得るようになり、やがて、東京農林学校の校長に兼任を命ぜられたり、また炭坑審査処理委員を命ぜられたりして大いに引立てられた。

名物賄征伐

明治二十二年（三十六歳）の春になって、私は農林学校長の兼務を仰せ付かった。この学校の先校長は前田正名君の兄さんの献吉《けんきち》君で、英国人コックス氏などが教鞭を執っていた。

就任後学校の幹事より話を聞くと、今学校で困っていることが二つある。一つは生徒の賄《まかない》征伐で他は経費の不足である。この二つがこれまでたびたび起った問題で、学校当局も非常に頭を悩ましているということであった。

それで私がまず当時の賄制度を調べてみると、学校で賄料《まかないりょう》を生徒から取り、賄一切のことは学校指定の賄人《まかないにん》に任してあった。生徒の方では、この賄人は学校の某の懇意なもので情実をもって雇入れ、生徒には不味《まず》いものを食わして、不当の利益を得ているから、こんなものは取替えて貰いたいということであった。

これは、久しい間の問題であるが、学校は断じて取上げない、それで生徒は団結して飯を食わないで腐らしたり、ある時はまた大飯を食って飯が足らないといっては騒いだりしていた。

右の事情で賄征伐というものが誠につまらない、些細なことに基因していることが判った。よって私は、これを解決する方法として二つの案を示した。即ち、

第一はこの学校にある生徒は、他日卒業後実社会に出て働くべき人々だ。ゆえに学校にいる時分から、世間に必要な実際の経験を積んでおくことを心掛けねばならぬ。ゆえに自ら飯を焚《た》き、買物をして、物価のごときも研究しておくがよろしい、従って、この寄宿舎も自炊主義をとり、生徒の出す賄料の範囲において生活して行くことを努めねばならぬ。ついては、生徒中よりまず五人ぐらいの組合委員を作り、この委員は一週間更替《こうたい》として材

料の買出し、副食物の決定、炊事、配膳等に当るようにせねばならぬ。そうすれば、自ら米、魚肉、鶏卵、野菜等の市価も知り、賄に関する経済や人の使い方も覚えて来る。そして、この場合学校としては、各生徒から賄料を徴収してこれを委員に渡すだけの手続きを取ってやることとする。

第二には、もし生徒が、右第一案を実行するの決心がつかなければ、一切をあげて学校に任せ、ただ賄方《まかないかた》の選択だけを生徒においてせよ。そして、生徒が選んだ賄人の行動については、生徒自ら監督の任に当り、これについては学校は一切責任を負わぬこととする。

即ち右二案のうちいずれかその一を選べといい渡した。

ここにおいて、生徒は相談の結果第二案を採ることに決定し、いわゆる賄征伐なるものは、これをもって落着した。

次に経費の点はどういう次第であったかというに、当時林学部の生徒は、卒業前六カ月ばかりは、山林に入って実地演習をすることになっていた。ところが学校にその旅費がないので、ある年度の生徒などにはその実習をさせずに卒業させる者もある。ゆえに学校長からそのことをたびたび本省に訴えて経費の増加を申請したけれどもなかなか通過しないで、学校当局も大変に困っていた。そこで、私が校長になると、早速生徒から連名の嘆願書が出た。読んでみると生徒のいうところ、誠にもっともなことだ。早速本省に相談してこれらの卒業生は卒業の上もっぱら山林局や農務局で雇入れるものであるから、経費は、この両局から出すのが適当であると迫った結果、二局から年に六、七百円の金を実地演習の経費として支出することとなり、教員も生徒も大変に満足した。

かくのごとく、東京農林学校多年の懸案も、極めて容易に解決を見たので、学校の生徒も非常に喜び、かつこれを徳として、生徒が醵金《きょきん》して、私に純金製の頌功牌《しょうこうはい》を贈って来た。

その後人事問題や教員の待遇、教授方針等について、大いに学校の改革を要する時に至って、私は俄かにペルーに行くこととなった。

〔一〇〕ペルー銀山の失敗とその後の落魄時代

おもい起すペルー銀山事件

ペルー銀山事件は、わが国人のペルーにおける最初の企業であったばかりでなく、恐らく明治時代におけるわが対外事業の先駆をなしたものであろう。

何しろ日秘《にちひ》両国間には、いまだ条約も締結せられず従って使節も交換されていない時であったから無論ペルーの事情など、わが国民の間には雲煙模糊《うんえんもこ》たるの観があった。この時南米の高峰アンデス山の絶頂で一大銀山を経営しようというのだから世人が駭《おどろ》いたのも無理はない。それに関係者たちが国内で錚々《そうそう》たる人々であったことは一層評判となった所以《ゆえん》である。

しかるに本銀山の経営は、最初に派遣された全権代表田島理学士の報告が全然虚偽であったためにとうとう失敗して、その結果は一世の嘲笑の的となり、事実を知らない者は一大疑獄たるかのごとく考え、私のごときも、一時は誹謗《ひぼう》の中心となるという次第であった。

時はすべてを解決する。今にして昔の冤《えん》を雪《そそ》ぐという考えもないが、想えば当時の組合員も大半は亡き数に入って、空しく消えた覇図《はと》の跡、徐福《じょふく》の夢を語りつぐべき人もない。幸いに私の手許《てもと》には、当時の書類や記録も、そのままに残っているから、後世の人のために事の真相を伝えておこう。

そもそも私がどういうわけでペルー銀山に関係するようになったかというに、私が特許取調べのために、欧米諸国を巡《めぐ》っているうちに、特に感じた事柄があった。それは当時、日本人で商用をもって外国へ行く者は誠に少く、たまたまあっても、多くはベルリン、パリー、ロンドン、ニューヨークというような先進文明国の都市を廻るばかりであった。しかもその多くは言葉も解《わか》らない人たちであるから、折角商談を持って行っても、相手にされぬという風であった。私はこの状況を見てこれはいかぬ。日本商人はもう少し考えねばならぬと痛感したので帰朝早々前田正名君にその話をした。

「どうも日本商人の海外発展もよいが、いずれも文明都市ばかりを目がけて行く。ところが話は出来ず、習慣は知らず、資力も乏しいから至るところで軽蔑されるばかりだ。それで強《し》いてそんな所に発展するより、もう少し文明の程度や富の程度も低く、人民も傲慢《ごうまん》でない、そうして土地も広い所、例えばスペイン語やポルトガル語などが話されている南米、中米等の諸国に向って、市場の開拓を図《はか》ったがよい」と話したことがあった。それを覚えていたからであろう。前田がある日私の所にやって来た。

「君はかねてから日本人の発展すべき場所は、富の程度や文化の高い欧米諸国よりもむしろイスパニア語やポルトガル語の話されている程度の低い諸国がよい、といっていたが、思い掛けない人たちがその方面に仕事を始めた。それはこのごろ、藤村紫朗《ふじむらしろう》君（義朗男《だん》の厳父）が来ていうのには、実はこれまで、誰にも話さず、ただ六、七人の者だけが申合せて、南米ペルーでオスカル・ヘーレンというドイツ人と共同して、銀山経営の話を進めて来た。そうして、すでに技師を派遣し実地踏査をした上、共同経営の契約まで取交したが、思わず計画が大きくなって自分たち最初の発起人だけでは力が及ばなくなって来た。この際会社を設立して公《おおやけ》に株主を募る必要に迫られている。ついては一臂《いっぴ》の力を貸《か》してもらいたいということであった」

といって、この銀山の起りから、今日までの成行きを詳しく私に話した。

純銀に近いカラワクラ銀鉱

前田の話すところでは、ドイツ人ヘーレンという者は相当の家柄に生れ、親からかなりの遺産を相続して本銀山事件より二十年も前の明治二年に、日本へやって来て、築地に家を持ち大名のような暮しをしていたがその後日本を去って帰国し、今度はドイツの領事館員として、ペルーに行きバドロー大統領の姪《めい》を娶《めと》ってついには中央銀行の総裁とまでなり、今やペルー実業界では知名の士となっているということであった。

元来ペルーは、燐鉱その他の金属鉱山に富んでいるので、従来資本家たちは主としてこの方面にばかり投資してほとんど他を顧みなかったが、バドロー大統領に至ってペルーの国柄としてはどうしても農業を盛んにしなくてはならぬ。そのためにはまず鉄道の普及を図るのが肝要であるとて、さきに二億円の外債を募集してその費用に充《あ》つることとした。大統領の考えがすでに右の通りであるから、ヘーレンも政府から、ペルー北部の土地を払下げ農場の経営に着手した。

しかるにペルーの土人は、農業労働者としては甚だ不適任で、これのみを使ってはとても農場の経営は出来ぬということが明らかとなった。そこでヘーレンは、かつて日本におり日本人の勤勉力行の性格を最もよく理解しているので、農場経営に日本の農夫を使ってみたいと思いつき、自分の雇人井上賢吉を日本に派遣し農場の共同経営を説かしめることとした。即ちヘーレンの意思は自分の方からは農場を提供し、日本側よりは、開墾に要する資金と農夫とを提供して貰いたいというのであった。

かくて井上はヘーレンの意を受けて日本に帰国することとなったが、その時ヘーレンはペルー産業紹介の意味でカラワクラ銀山の鉱石を井上に持たして帰らしめた。

さて、井上は日本へ帰ると、以前から懇意であった城山静一君に事情を話して助力を求めた。すると城山は大乗気で、直ちに井上を前山梨県令の藤村紫朗君に紹介し、同時に実業家小野金六君にも依頼するところがあった。

こんなわけで、ペルーにおける農場及び鉱山の話は藤村のところに持って行かれた。ところが、当時はちょうど鉱山熱の盛んな時で、藤村は井上持参の鉱石を見ると食指大いに動いたと見え、早速それを鉱山学界の泰斗巌谷《いわや》立太郎《たちたろう》博士に分析鑑定を頼んだ。

巌谷博士が分析の結果、この鉱石はルビーシルヴァオアといってほとんど純銀に近い良鉱で、しかもその原産地カラワクラの銀山は、ドイツの鉱山雑誌にも載っている有名な山であることが判った。

これを聞いて藤村君らは大いに喜んだ。そうしてヘーレンの使者井上の話では農場の経営ということであったが、それよりも鉱山の方が面白いといって、三浦梧楼《ごろう》、藤村紫朗、古荘嘉門《ふるそうかもん》、高島義恭《よしやす》、高橋長秋《ながあき》、佐竹作太郎、小野金六の諸君が相談して金五万円を醵出し、銀山経営の計画を進めてしまった。

しかし、いくら分析の結果が良かっても、ドイツの雑誌に載っているといっても、実地を調べて見なければ安心は出来ぬ。ついては誰か適当な技師を選んで実地踏査を致させ、もし良かったならばヘーレンと共同経営の契約を結ばせようとその技師の選択方を巌谷博士に依頼した。

するとと博士は自分の下《もと》に使っている田島晴雄《はるお》という理学士を推薦してくれた。それで協議の結果いよいよ田島をペルーに派遣することとなった。

右の事情で、田島技師は明治二十一年十一月二十八日に日本をたってペルーに向い、翌二十二年一月二十三日にリマ府に到着した。その後一カ月をおいて田島から最初は電報で、次には書面で契約を取交したことを知らせて来た。それによると会社は、資本金を百万円とし、日本側とヘーレン側とにて、各五十万円ずつを分担することとなっている。そうして、すでに四鉱区だけは二十五万円で買取り、内日本側の負担に属する十二万五千円はヘーレンが立替えて支払ったので、その分だけは来る十一月までに支払わねばならぬ。かつ農場の方も同時に着手することとなっている。で、来年の四月までには農夫四百人を日本側の負担においてペルーに送る責任がある。ヘーレンの出資は農場、精煉所その他の不動産である。しかして坑夫、農夫の供給並びにこれに要する渡航費等はすべて日本側が出さねばならぬということであった。

官を辞し、いよいよペルー行き決行

組合員たちは右のような田島からの報告を得て驚いた。それで藤村が前田のところへやって来て、

「我々発起人の最初の考えでは、この仕事が成功するまでは一切他人に秘しておく。万一

失敗に終ったら発起人だけのことにして世間には知らせずに済ましたいと思っていたが、すでに日本側の出資額を五十万円と契約した以上は、自分ら発起人の力には及ばなくなった。どうしても公に会社を設立して株主を募る必要に迫られて来た。ついてはこの株主を作ることに一臂の力を貸して貰いたい」

ということであったとて、前田はさらに語をついで「とにかく発起人たちがここまでやったのは感心じゃないか。そこで私は一つ世話してやろうと思うが君はどう考える」というから、私は、

「それはもう考える余地も何もないじゃないか、すでに巌谷博士その他大学の技師たちも鉱石を分析して驚いているくらいだし、田島理学士が実地を踏査した結果は、ドイツの鉱山雑誌に載っている通りの良鉱だといって、早速四鉱区を買入れたほどだから、鉱山そのものに対しては疑う点はない。ただ場所が外国であり外国人と共同事業であるから、その経営上欺《だま》されることのないように注意する必要はあろう。とにかく面白い事業だと思うから藤村の希望通り一臂の力を添えてやってはどうだ」

と勧めてやった。すると前田は「では君も株主となって出資してくれるか」と訊《き》くから「それや俺の力に応ずるだけの出資はしよう。しかし万一の失敗を予期せねばならぬから、持株は俺の財力の余力だけに止めておかねばならぬ。今のところ俺には一万円以上の出資は出来ないから左様承知して貰いたい」と答えておいた。

それから前田は八方奔走をはじめてだんだんと同志を集め、以前からの組合員のほかに、森岡昌純、大久保利和、奈良原繁、高田慎蔵、荻昌吉、武井守正、牧野伸顕、藤波言忠、河野鯱雄、有吉平吉、沢村大八、九鬼隆一、米田虎雄、曽我祐準、巌谷立太郎、田島晴雄

それに私と二十余人の同志を募り、資本金五十万円の「日秘鉱業株式会社」というものを設立した。

ところがこれら株主たちの間に一体誰が日本側を代表してペルーへ行くか、第一その人を決めぬ内は安心が出来ぬといい出す者があっていろいろと協議した揚句、高橋が行ってくれるなら一番良いがどうだろうか、前田から勧めて見よと、皆が一致して頼むからとて、前田がまた来て「皆が、こんなに切望しているから、君一つ奮発して行ってくれまいか」と、だしぬけの申し出だ。私は、

「そりゃ困る。私は今、やっと三条例の取調べを終ってその実施に取掛ったばかりのところだ。それに一方特許局の建築を始めている。これらの仕事に当る者は、恐らく自分を措《お》いて他にないと思う。いかに海外における国家的事業だといってもこれらの仕事をさし措いてその方に変るわけには行かぬ」

と断然はねつけた。

すると前田は、直接談判ではとても動かせぬと考えたか、私には内密で、当時三田尻《みたじり》に

滞在中の井上農商務大臣の所へ飛んで行き事情を話して懇請したと見え、帰って来ていうには、

「実は君に直接談判しても、到底駄目と思ったから、三田尻へ行って大臣にお願いし、君の体は貰い受けて来た。同志の者も是非君に願いたいといっているから奮発してくれ」

といや応なしの懇請である。私は実に案外なことであると思った。しかしながら、大臣がすでにこれを承認した以上、もはや断るわけには行かぬ。よろしい、株主が是非やれというなら決心しよう。それに大恩を受けた老祖母もすでに天寿をおえて心に残ることもない。ただペルーは遠隔の地で往復にも日がかかる。ついてはこの事業が予期の成績を挙げ得るまでは、その基礎を鞏固《きょうこ》にしておかねばならぬ、それで私は株主に対して、本会社の株は二期か三期、事業上の利益が正確になるまでは決して他に譲渡せぬことを約束してくれと申入れた。すると株主たちは、必ず譲渡せぬと誓ってくれたので私はいよいよペルー行きを承諾した。

「述懐」の手記

かくて私は明治二十二年十月三十一日附をもって特許局長非職を命ぜられ、いよいよペルー行きを決行することとなった。その時自分の決心を叙した「述懐」があるから、ここ

に掲げておこう。

述　懐

嗚呼《ああ》余の年歯《ねんし》は已《すで》に人生の半（この時三十六歳）を経過せり、予弱年にして海外に渡航し、艱難《かんなん》辛苦、もって学業を修《おさ》めたるの素志は、生涯の安逸を計るためならんや。しかるに成業後年少にして学識浅薄、未だ信を実業社会に取るに足らず。加之《しかのみならず》当時家に老祖母の侍養《じよう》ありしをもって、教育のことに従事し幾年を閲《けみ》したり。その後、職を農商務省に奉じ、工業上の事務に当ることここに数年、その間の経歴は素志の一片を表するに足るものあり。そもそも余が現職の事務は命を奉じて後始めて調査するものに非《あら》ざるなり。今や幸いにして事務成《せい》を告げたりといえども成を守るまた容易に非ず。豈漫《あにみだ》りに他を顧みることある可《べ》けんや。しかりといえども邦家《ほうか》のこと現職の守成よりも急にしてかつ重きものあり。事迫りて日足らず。従前の事業ようやく結果を見るの楽しみを得るに際して現職を去らざるを得ざるに至れり。本邦諸般の事業を視察するに農に工にもしくは林業鉱業に労費と得益と十分に相償うもの甚だ鮮《すくな》くして、業伸びず、事興らず、常に萎靡不振の状あるを免れず。これ他《ほか》なし。資本に余裕なければなり。けだし本邦通貨の額たる敢《あえ》て不足を告げざるに似たりといえどもその利子の割合たる商業上には使用し得べきも、農業工業のごとき収利の僅少にして遅緩《ちかん》なるものには使用し得べからざるなり。これを要するに本邦通貨の額は商業上に充《み》つるのほか、余裕なきなり。それ労役相償《あいつぐな》わずば、何をもって事業自らを伸張するを得んや。また如何《いかん》ぞ功を永遠に期するの企作を為すの余力あらんや。かくのごとくして往かば、それ将《は》たいずれの日か財源を饒《ゆた》かにし、国力を増すの期あらんや。今日の急務は、資本増殖の方法を計画するに在りと為《な》す。しからば即ちこれを如何《いかん》せば可ならんか。我国乏しきものは資本にして、余りあるは労力なり。余は同志と共にこの余力を用いて外国の財源を開き、これを本邦に注入するの目的を立て南米秘魯《ペルー》国に鉱業を起すの計画を為せり。

そもそも秘魯《ペルー》の国たる、地味気候最も農業に適せること、またその金属鉱山に富めるの事実は西班牙《スペイン》国がかつてこの国を侵略して欧州の一富国たりしをもって知るべきなり。しかして富源は今に至ってなお尽きず、誠に某地の銀鉱を検せるに、鉱脈は本邦のものに比して、三四十倍にして、鉱量は百倍なり。かくのごとき富膽《ふせん》の財源を得てこれを吸取するの機会あり。何ぞ国の内外と地の遠近とを問うを須《もち》いんや。

今や計画ほぼ整って、事業管理者その人を得るに難《かた》し。同志の諸氏余を推して管理の任を委託せられたり。余不肖《ふしょう》といえども心窃《ひそ》かに諸氏の委託を全うし得べしと期する所あり。しかして、今回の事業はその結果独《ひと》り資本増殖の一点に止まらずして、波及する所の効また極めて大なるを信ず。

邦人元来進取の気象に乏しきに非《あら》ずといえども二百年間制禁のために拘束せられ、ことに海外に赴くもの全く跡を絶てり。しかして維新以来、制改まり禁解けたりとも、僅かに海外に向って雑貨舗を開くがごとき小商業を企てたる者あるのみ。未だ邦人の力をもって外国に事業を起せるものなし。近来、人智大いに進みたれども、外に対しては常に受動の有様なり。何《いつ》の日か能《よ》く海外諸強国と対等の地位に立つことを得んや。邦人をして力を海外に伸べしむるの途を開き、進取の気象を回復し、外人と並び立って鹿を逐《お》うの端緒も今回の挙をもって開くべきなり。

曩《さき》に封建の陋習《ろうしゅう》を一変し、人々農に工に商にただその意の適する所、その材の長ずる所に従って身を立て業につくを得せしめたりといえども、全国の子弟笈《きゅう》を負《お》うて東京に集まる幾万人にしてその目的とする所を問えば、十の八、九は法律政治の研究なり。これ皆法律政治の学、その長所たるをもって然《しか》るものならんや。実業社会にその志を伸べ、力を致すべき途なきが故なり。他年これらの少年子弟《してい》成業して、社会その供給を受くるの余地なきの日に至っては、その害けだしいう可《べ》からざるものあらん。況《いわ》んや、今日既《すで》に已《すで》にその徴候を見るにおいてをや。有為の人材を実業社会に導くの途も、今回の挙をもって開くべきなり。

今や余が多年従事せる調査は全く成を告げ、しかしてまた撫育の恩深き老祖母は已《すで》に天《てん》年《ねん》を卒《お》え、侍養と奉職と、公義私情両《ふた》つながら遺憾なきを得たり。これ宜しくますます進みて事に当るべきの秋《とき》なり。余は現に担任する公務を軽くして緩なりとするにあらず、しかるに今これを去って他に就《つ》くはその一層重くして急なることを信ずるによるなり。余の去就を決せる因由《いんゆう》はかくのごとし。その結果は異日奏効の時に至って明《あきらか》ならん。

明治二十二年九月二十三日記

三たび桑港へ

明治二十二年十一月十六日（三十六歳）、私はペルー銀山経営の全権代表として三たび太平洋を横ぎる身の上となった。

乗船ゲーリック号は、この日の午前十時に横浜埠頭を離れた。今回の同行者は、技師田島晴雄（ペルー銀山の踏査を終えて当時帰朝しておった）、雇員屋須弘平《やすこうへい》の両君で、同船の客には、リオン領事大越成《おおこしせい》、正金銀行員大坪《おおつぼ》文治郎君などがいた。

私は国を離れる時心ひそかに誓うところがあった。今度の事業は容易ならざる大計画である。その成否は啻《ただ》に株主の利害に関係するのみならず、実に今後における我が海外発展のバロメーターたるべきものである。従って自分の体は自分のものではない、同志友人たちの魂を織込んだものであるゆえに、渾身《こんしん》の力を尽して事業の大成を期すると共に断じて他の軽侮を受けてはならぬと、されば私は船中日常の坐臥《ざが》にも自重して、外人に対しても決して卑下するような態度は執らなかった。

船は大抵日に二百七十乃至三百カイリの速力で航行した。三日目ごろから海は少しずつ荒れ模様を示しておったが、五日目ごろになると、もう狂瀾怒濤《きょうらんどとう》甲板を洗うの状態となった。そうして、ある日のごときは一日の航程八十七カイリに過ぎないほどの大荒れで、船客《せんかく》の多くは船室から一歩も出られぬ有様であった。

かくてゲーリック号は、十二月一日の午前三時即ち横浜を出てから十六日目に桑港に到着した。我々は午前九時に上陸し、領事館員三宅《みやけ》君の案内でパレス・ホテルに投宿した。当時の桑港領事は河北《かわきた》陸軍少佐であった。未だ一面識もなかったが同君のことについてはかねてから前田正名君に聞いていたので、桑港着の翌日領事館に訪問して面会した。

同領事がいうのには、

「近ごろの新聞によると、ペルー政府は、国内における鉄道延長のために、英国のグレイス商会と借款《しゃっかん》の契約を結び、その抵当として税関、鉱山等の財源一切を提供したということである。ついては貴君《あなた》らが田島技師を遣わして買入れたという鉱山も、恐らく抵当の中に含まれているに相違ない。もしそうだとすれば、貴君らが資本を下ろし、いよいよ良鉱山であることが明らかになっても、グレイス商会がそれを要求して引揚げてしまえば馬鹿を見ねばならぬではないか。貴君らの企ては実に危険だと思うがどうだ」

ということであった。それで私は、

「貴君の注意はまことに有難い。しかし鉱山の買入れにつきてはさきに田島を派遣し、かつ巌谷博士や河野学士らが顧問となって派遣員との間に幾度か電報を往復し、十分確かめた上決定したことであるから、手続きの上において遺漏なしと考える。して、ペルー政府からグレイス商会に抵当として差出した鉱山の数は幾つぐらいだろうか」

と問い返すと、「多分五百ぐらいであろう」という答えである。それで「それくらいならペルー鉱山中の幾百分の一にも過ぎない。我々の買った鉱山が抵当に這入っているようなことは万《ばん》あるまい。いずれにしても借款が成立って鉄道の延長をやるということは耳よりの話である。我々は一日も早くそれが実現することを希望する」などいろいろと快談し、今後は互いに通信を怠らぬよう相約して辞去した。

私が桑港滞在中、かつて私の農林学校長時代に注文したホルスタイン種の種牛三頭が、受託者加藤某に索《ひ》かれて桑港に着いていたのは奇遇であった。

今、政友会の代議士である菅原伝君も当時桑港のバウウェル街にいて日米用達会社の計画を進めていた。何でも在留日本人及び米国旅行の日本人のために、船切符の周旋、旅行の案内、荷物の運搬、その他諸般の代理業を営む計画のようであったが、その後どうなったか、ついに聞かなかった。

子供のしつけ方

桑港に滞在したのは僅かに二日間に過ぎなかった。かくて十二月三日午前十時パレス・ホテルを出でて汽船アカプルコ号に乗込み、いよいよペルーに向って出発した。

船が一日二日と南下するに伴《つ》れて、気候はだんだんと暖かくなって行く。サンフランシスコでは、師走《しわす》の風寒く肌を衝いたが、三日もたつとズッと暖かくなって、わが四月ごろの気候となった。五日目には、はや六月ごろの気候となり、甲板には日避けの天幕《テント》さえ張りはじめるようになった。

十二月七日の夜は、あたかも満月で、ちょうど白昼のごとく明るかった。船はメキシコの海岸に沿い、南に向って走っている。静かな海原を越えて突兀《とっこつ》たる山岳の上に、月光照り映《は》ゆるさまは、故国の瀬戸内海を航する心地である。平生あまり歌に親しまぬ私も思わず感湧いて、

海原の雲井に高く故里《ふるさと》のいとどゆかしき月を見る哉《かな》
旅衣薄く重ねて冬深く秋の景色を月に見るかな
我国はいづくなりやと人問はば月もさやけき日の本の国

など、口ずさんだ。

十二月九日、すなわちサンフランシスコより一週間にしてメキシコのマザッラン港に入り、久し振りにて上陸し、一ホテルにて風呂を浴びた。その日の午後四時にマザッラン港を出帆して、また南航を続け、十二月十二日午前三時にアカプルコ港に入った。この港は高さ三千乃至二千五百フィートの山嶂《さんしょう》に囲まれ、水清く、底深く、非常に魚類に富んだ港である。かくて十五日にはチャンペリコ港、十六日早朝にはグアテマラのサン・ホーゼ港に到着した。ちょうどここから留守宅に送った書面があるから、ここに掲げることにしよう。

〔サン・ホーゼ港より留守宅へ〕今朝グアテマラのサン・ホーゼという港に着せり、船はここに二日ばかり停り候ゆえ、屋須は今朝早く鉄道にてその故郷とも思う（屋須は長くグアテマラに居住し、その国人と姻せり）グアテマラへまいり候。明日船の出帆する前に帰船するはずなり、昨日チャンペリコという港に立寄りたるに、ここより男女の客多数乗込み候。皆グアテマラ人にて帰り途なり、そのうち三四人の婦女は屋須の懇意なるものなり。屋須は大喜びにて昨夜は眠ることも出来ざりしくらいならん。

寒暖計は百二十五六度まで昇り随分暑く候えども、だんだんに慣れてまいり候ゆえ、今では格別に苦しとも思わず候、何でも人間は避くることの出来ぬ困難に逢う時はあきらめが第一にて、あきらめればさほど暑くもなし。

船中夫婦と子供の連あり、子供は男児にて満三歳の由、まことに可愛く是福よりも僅かに二三寸くらいせいが低いのみ、珍らしく大きく且丈夫なる子供なり。気性もなかなか勝れおり、将来必ず人並優れたるものとならん。その子供なかなかいうことを聞かざるようにあばれ候えども、親が来り、腰を掛けて少し静かにせよ、と申しつくる時は、ベソをかき、泣きながら自ら腰掛を持ち来りてちゃんと腰を掛け、何か理窟をいいながらベソをかきつつおとなしく親の言を守りて、そこを去らず候。この一事は船客皆感心致し候。

この辺蜜柑はなかなか大にして味は甚だよし、まことに果物に富めり。是賢、是福は如何にしているやと、毎日思わぬことなし。今に両人も、いろいろの国を困難して旅をせねばならぬことならんと思えば、何卒体は丈夫に致し遣《つかわ》し度《たし》と考え居候。新聞紙に子供を育つることについて一寸面白き言葉あり。その意味を訳せば「子供を仕置(所刑)する時は、必ずその仕置によって子供の心によき結果あることを確めてのちそれをなすべし。決して親の威を示すために仕置するな」ということなり、随分面白き言葉なり。これは六七歳以下の子供を育つるに最も心得べきことにして、殊に二三歳くらいまでは必要の教えなり。奥君、杉山君および前田さんの奥さんなどへ(何れも子持)話の序《ついで》あらば、かようのこと申し来れりと御話し下さるべく候。

明晩この港を出帆すれば、二十日ごろパナマというところに着くべし。もし二十四日の朝着すれば、直に出船あるゆえ、一月五六日のころにはペルーに着すべし。若し二十四日の出船後にパナマに着すれば、それがため一週間許りパナマに滞留するゆえ、一月十二三日ごろならではペルー国に着せざるべし。ペルーへ着したる時は会社へ電報を掛くるゆえ、会社より直に宅へ知らするはずなり、このことは杉山君へも御話し置き被下たく候。

十二月十六日　　サン・ホーゼ港　　是清

留守宅へ

船中四十六日

十二月十八日午前五時、サンサルヴゥドア国内の、アカフツラ港に入り、翌十九日午前六時同国第一の港リバルタット港に到着した。そして二十日にはニカラガ、二十一日にはコスタリカ国のキントゥ港に着き、碇泊《ていはく》二日にして出発、翌日パナマ港に入った。

当時桑港ニューヨーク間には汽車会社と汽船会社とが大競争をしていた。汽車で行けば大陸を横断して走るから僅かに六日間で着くが、汽船によると、桑港からパナマに出《い》で、ここで上陸して大西洋岸に出で、また船に乗りニューヨークに達するのであるから、約一カ月を要する。ところが賃金は汽車と汽船と同値であったから、道を急がぬ旅人や病後の人などは、船を択《えら》ぶものも少くなかった。ここに面白いことは、汽船賃は桑港ニューヨーク間よりもパナマ・ニューヨーク間の方が却って高値であったことだ。そのために狡獪《こうかい》な者は、桑港ニューヨーク間の切符を買って、パナマで下り、そこでニューヨーク行きの旅客を見つけて、その切符を売付けるというようなことも起った。現に船のパアサーが、その日船から下りて行く二、三の人を指して、あれが切符を売る仲間だといってたくらいだ。

桑港パナマ間の船中で懇意となったカンペル氏夫妻、スタインハーゲン氏らはいずれもここで下船した。ペルー行きの船客もまたここで乗替えねばならぬので、我々も久しぶりで船を下りてホテルに投じ、汽船の来着を待つこととした。

パナマにて船待ちすること一週間ばかりで、ようやくペルー行きの汽船サンタロサ号が着いた。早速同船に乗込んで三十日午後五時パナマを出発した。

パナマ・ペルー間でも、二つの汽船会社が大競争をやっていた。一つはアメリカの会社で、他はチリーの会社であったが、二会社の船が同時に港に入って、同時に出帆する時は、船賃はただのように安く、一方の会社の船だけが出る時は、割合に高い船賃を取っていた。

明治二十三年の正月元日は、サンタロサ号の甲板で迎えた。この日早朝、田島、屋須両人と共に遥かにわが皇州に向って、両陛下の万歳を奉祝し、しかる後船長その他と新年の祝辞を交えた。

午後七時赤道直下を過ぎた。この夜、月皎々《こうこう》として明らかに、南風静かに動いて涼気を覚える。漫吟二、三首が出来た。

四方の空は見なれし春にあらねども浮きてぞ見ゆる船の諸人《もろびと》
新玉《あらたま》の年を迎へて二本の国の児松《こまつ》よ緑増すらん

正月三日午前七時、エクアドル第一の港ガイヤキルに着、同四日午前十一時にはパイタ港に到着したヘーレンの技師ドイツ人エルクレイマルが出迎えのため、パイタ港に待受けていた。

私は、これまで外国船に乗るごとに、下等船客の状況を視察する癖があった。それは維新前私が十四歳にして初めて桑港に渡った時、往復共に下等船客として、不自由不愉快を嘗め尽したからである。今サンタロサ号の下等船客を見るに、まだかつて見ない惨憺たる状態である。桑港パナマ間の汽船の待遇設備は、横浜、桑港間の汽船に少しく劣るだけであるが、パナマ以南の下等に至っては実に甚だしい。この航路の下等船客には、船室もなければ寝具もない。従って多くの者は甲板か荷物の上に、牛や豚と相並んで眠るという有様だ。しかも大概は、甲板の上に直《じ》かに厚さ二寸ばかりの藁布団《わらぶとん》を敷いて寝ているから、船体の動揺に連れ、牛馬の糞尿が縦横に流れ出で、それが布団を汚す、衛生知識のない結果とはいえ幼児の両便を食器に受けているなど、危険かつ汚穢《おわい》の極みである。彼らの日々の食物は、船の厨夫《ちゅうふ》から時々買取っているようであるが、銭に乏しき人々であるから、それも十分に腹を満たすに足らない。隣の客が御馳走を食べていると、これを見て泣き叫ぶ幼児がある。また買って来た一つ鍋の食物を父子《おやこ》兄弟が争い喰う者もあるなど、その混雑その醜状は実に言葉に尽されぬ。

船はさらに南航して五日エテン港に着、六日早朝サリベリ港を過ぐると、濃霧濛々《もうもう》として陽を覆い、天日ために暗きを覚えたが、驚いたのは船の白ペンキが一夜のうちに異変したことだ。船員に聞くと、これを「カリャオペイント」と称して、この辺で揚がる硫気のために起るものであるという。かくて七日午後三時半に到って、はじめてカリャオ港に到着した。

顧みれば昨年十一月十六日横浜を発し、今七日一路恙《つつが》なくカリャオ港に着くまで、前後五十三日を経過している。これより桑港における二日、パナマにおける五日間の船待ちを控除すれば、真に航海に費せる実数は四十六日である。そして寄港地は桑港よりカリャオに到る間に十四カ所、気候は我が国より桑港までは大差なく、桑港を発して暑熱ようやく加わり、中央アメリカの海岸近くに及んで炎熱最も甚だしく、パナマに遠ざかるに至ってまた冷風そよぎ、赤道以南に至っては航海中夕暮れ時など、夏服のみでは凌ぎ難き時もあった。

リマ府にて

カリャオ港に着くと間もなく一人のスペイン人が船に来て、私に会いたいという。英語を解せないので、屋須《やす》をして通訳させると「ヘーレン氏は目下家族と共に海浜の避暑地へ行って、リマ府にはおらないが、今日の午後四時ごろまでには出迎えのため、来船のはずである。自分はヘーレン氏の命を受けて荷物その他のお世話に参った」というのだ。

それで、荷物一切はこのスペイン人に頼み、屋須をこれに附添わして、私と共にいよいよ船を下りようとするところへ、ヘーレン氏と番頭のピエズラ、日本人の伴竜《ばんりゅう》などを連れてやって来た。互いに初対面の挨拶をして、ヘーレンが特に仕立てておいた小蒸汽《こじょうき》に乗って上陸した。途々《みちみち》田島が「ヘーレンは貴君《あなた》のために別邸内に新館を建てておいたから、すぐその方へお越し願いたいといっていますがどうしましょう」というから、私は「そりゃ困る、断ってくれ」と即座に拒絶した。

すると伴竜が、「新館は全くあなたのために新築したもので、ヘーレン氏は先だってからしきりに工事を急がせて、やっと昨日内部の装飾を終ったところです。市中の旅館はとても不潔かつ不便ですから、是非新館にお泊りを願いたい」と切に勧誘する。私はなおも肯《き》かなかったので、伴はその旨をヘーレンに伝えた。

するとヘーレンは「すでに晩餐の用意も出来ているから、永くお泊りが叶《かな》わずとも、せめて今晩だけなりとお越しを願いたい。かつ貴君《きくん》らの着かれたことは今しばらくは世間に知らさぬ方が会社の利益でもあり、また健康の上からいっても、始めから雑沓《ざっとう》せる市中の旅館よりも、閑静な新館の方が遥かに宜しい。もしお気に入らなかったらその節市中へ移ってても差支えないではありませんか」と、いたく親切に勧められるので、私も深くヘーレンの厚意に感じ新館行きを承諾した。

かくて一同と共にカリャオ港より汽車にてリマ府に着くと、駅にはヘーレンの書記パッソンブリオが馬車数輌を用意して出迎えておった。私はまずヘーレンの本邸に行き、日本へ送る電信を認《したた》め、それより別邸に赴いた。

ヘーレンの別邸というのは広さ一万坪ばかりで、周囲を高さ二丈ばかりの土塀《どべい》で廻らし、表門を入ると六十間ばかりの間、石叩きの通路があり、左右両側には長屋様の建物が連なり、その一番端の方に内門《ないもん》がある。この門を入って石段を上ると、正面に新築の一館がある。中央は食堂で、後庭に面して長さ十二、三間の遊廊が連なり、その壁の上には蔦蔓《つたづる》がからまり、その下に男女四個の大理石像が列んでいる。遊廊の左方には、私のために設けられた事務室、客室、寝室等があり、内部の装飾もすべてよく整っている。遊廊の右方には数個の部室《へや》があるが、この方はまだ内部の装飾が出来上っていない。部室の前面は広い広い庭園で、その一方には昔イスパニア人が植えたという葡萄《ぶどう》の樹が連なっている。手近なところだけは日本の植木職松本某が造ったという日本風の山水園になっていた。園中には池があり、噴水塔からは数条の銀線を迸《ほとば》らしている。眼をあげて遥かに東南を望めば重畳《ちょうじょう》たる連山が、霞を曳いて絵のごとくに聳《そび》え、実に開豁爽快《かいかつそうかい》なる風景だ。数十日間、船中の無聊と炎暑に苦しんだ身にはまことに蘇生の想いがあった。

この日の晩餐を終って、ヘーレン氏と閑談を交えた。氏は藤村、三浦、高田の諸氏をはじめ発起人の安否を尋ね、かついう。

「貴君《あなた》の人となりはすでに発起人諸氏ことに前田正名君からの懇切なる書面でよく承知していたが、面会するまではなお少し心配していた、ことにさっき貴君《あなた》が強情《ごうじょう》にもここに来ることを拒まれたには失望した。ところが道理を尽して勧告したら、貴君がたちまちそれを容れられたので、私はまた大いに喜びかつ安心した」

というから、私は笑いながら、

「貴君は最初から私の性癖を知る機会をつかまれ、同時に私の強情も道理の前には屈服するものであることを知られたことは、貴君の満足されるところであろう」

と応酬した。するとヘーレンは私の肩を叩きつつ「そうだ、そうだ」と連呼して喜んだ。かくてヘーレンとはだんだんと打解けて話すようになった。私は新たに加入した株主の主な人々について、その人物、閲歴、地位などを説明し、かつ新たに加入した人々の精神のあるところを述べ、本事業の成否はただに個人的の幸不幸にとどまらず、将来海外事業に対する我が日本人の神気の消長に関する次第であるから、万事慎重を要する旨を附言した。ヘーレンもまた自己の立場、資産の状態、その他につき腹蔵なく吐露し、夜遅くまで話して別れた。

農場と鉱山——朝風呂のたたり

リマ府のヘーレン別荘に落ちついた翌朝は非常に早く床を出で、まず入浴して爽快な気分で庭園を散歩した。

しかるに午食後になって少しく気分が悪くなって来た。ヘーレンが心配して「始めてこの国に来た人は、誰でもまず医者に診《み》てもらって到着後四、五日の間はその注意に従って用心せねばならぬ。それで昨日医者を頼んでおいた。多分もうじきにやって来るだろう」という。

その内に医者が来て診察をしながら、これまでどんな病気を患ったか、またこのごろは体に異常はなかったかなどと聞くから、これまでは夏になると、よく脚気《かっけ》をやったこと、それから今朝は食事前に入浴して、上ってから散歩したことを話した。

すると医者は「それや一番悪いことをした。この地に始めて来た人は三、四日気候に慣れた後でなけりゃ入浴してはいけない。ことに朝飯前の散歩は最も慎むべきことだ」といって、散薬と下剤の処方箋をくれた。それで早速薬を調合して貰ってのんだら、翌日はほとんど回復した。

その後四日ばかりの間は持参の土産物（銅器や陶器類）を開いてヘーレン氏その他へ贈ったりまた多数知名の士の訪問を受けたり、チョリリョスにあるヘーレンの別荘を訪うなどして社交的の日を送った。

十三日になってヘーレンとの間に農鉱事業に関する契約改正の商議を始めた。私は談判の始めにあたって日本出発の際組合員の間に決められた左の要項を提示しかつ説明した。

一、会社営業の目的は農場を取除き鉱業専一とすること

一、会社の資本金を英貨十五万ポンドとしペルー法律の定むるところにより有限責任とすること

一、会社の資本金はこれを折半しその一半は日本側全権委員より他の一半はヘーレン氏において負担すること

一、会社の株式は少くとも第一回の利益配当を行いたる後にあらざれば譲渡せざること

一、前条の譲渡を許す時といえども本会社の認可を経て登記するに非ざれば譲渡の効力を生ぜざるものとす

一、坑夫は日本人を使用し本会社の事務員技師らは会社の最大利益を得るに便なる限り日本人を使用すること

一、会社の設立には左の予算を標準とすること
　起業予算書
一、英貨十五万磅　起業費
　内　訳
英貨八万一千磅　鉱山石炭及び地所購入費
同　四万三千磅　機械及び建築費
同　七千四百六磅　労役者渡航費
同　三千七百四十九磅　渡航者前渡金
同　一万四千四百八十磅　準備金

即ち右のように私は第一番に組合の事業中より農場取除きの談判をした。するとヘーレンは「自分はバドロー大統領の勧めによってサンカロス農場を手に入れ、その後巨額の資金を投じたがついに失敗に終った。これは地味悪《あ》しきがためではない。地僻陬《へきすう》にありて交通便ならず、自分自身で監督ができないのと、良き労働者を得ることができないからである。よって自分はここに日本人を移住せしめたならば必ず成功すると思い井上を日本に送った。しかるに日本側では農場を顧みず、ひたすら鉱業に力を入れて田島技師を派遣された。しかし自分は全然農場を見捨てることが出来ないので、田島、井上両氏とも熟議し農鉱二業を経営することに契約した。それで早速農場用の軽便鉄道レール、

農業機械及び器具牛馬等を買入れた。目下農場の評価は一万九千ポンドになっているから、もし今に至って農場経営を止めることになれば、自分はさらにそれだけの現金を出資せねばならぬ。しかるにこの際現金の払込みは妻が同意しないので甚だ困難である」と腹中を吐露して訴える。

私もヘーレンの誠意を諒として、最初農場の価額は一万九千ポンドであったのを一万五千ポンドに減らし、日本組合はその中の三分の一を負担し、利益の三分の一を収むることとして折合いをつけた。

談判まとまる

農場に関する談判は、十三日に始まって十五日に決定した。十六日から鉱山事業の談判に取りかかった。私は原案通り会社の資本金は十五万ポンド、日秘両国当事者にておのおののその半額ずつを分担すること、その他を主張したが、それについては大体両者の意見が一致した。ただここにヘーレンから提供する鉱山の評価額について、端《はし》なくも議論が起って来た。

ヘーレンがいうには「先ごろ自分は共有鉱山の隣接地で、九鉱山の借区をした。これらの借区はいずれも会社に取っては必要なものであるが、右のうち三借区は昨年田島技師の注意によって買取ったものであるから、原価で提供する。しかし他の六借区はそれといささか事情を異にしているので、自分は農場の代りにこれを一万三千ポンドで会社に提供することにしたい」

と、私は「その借区が必要であるかどうか、またその値段が適当なものであるかどうか、自分では判断がつかぬので、田島技師に意見を聞いて見よう」とて、早速田島を呼び、図面に照らしてその意見を尋ねた。すると田島は、新借区についていろいろ説明した後、「九カ所とも会社に取っては必要であるが、六区で一万三千ポンドとは少し高過ぎる」という。ヘーレンはそれに対して一万三千ポンドは決して高くない、現にロンドンの某会社からも買受けの照会が来ているとて、田島との間にしばらく押問答が続いた。

かくのごとく評価値段に相違があっては、鉱山に関する談判はいつまでたっても決まるはずがないから、私はこの借区に要した実費を聞いたなら、算定の基礎もつくだろうと考えて、ヘーレンに実費を尋ねたところ、彼はよく計算して明日改めてお知らせしようといい、その日の談判はそれで終った。

翌日の夕刻、ヘーレンが一通の電報を持ってやって来た。「この通りロンドンからも電信が来ている。こちらに売れば儲かるわけだがそれは自分の快しとしないところだ。また昨今は数年前とちがい大変に事業熱が勃興して、諸鉱山の値段も騰貴している際だから、一万三千ポンドは決して高くない」という。

私は「いずれにしても、自分は貴君の申し出に同意することは出来ない。貴君が新借区を得たのが我々と組合を約せざる前であったならば、貴君の要求もごもっともだと思うが、共同の山を買取った後、その山の作業に必要な地続きの鉱区を手に入れ、それを高く会社に売付けんとするのは、面白くないことではないか。それよりもむしろこの邸宅を売ってはどうだ。これならまだ我々と合弁の契約をしない前に財利の目的をもって買入れたものであり、かつ会社に取っても是非必要なものであるから、原価の二倍や三倍に評価しても誰も怪しまないであろう」と注意してやった。

私は日本組合員がそもそも本事業を計画した精神から、将来の計画等について詳しく述べ、その間ヘーレンは終始謹聴しておったが、やがて椅子を立ち、「ごもっともだ」といって、いかにも欣《よろこ》びに堪えぬ様子で私の手を握った。かくてこの日の談判はこれで終った。

翌十八日、ヘーレンがまたやって来た。そうして昨日の注意は誠に有難い、是非邸宅を出資の目的物としたい、なお今後は一層に誠心を開いて共同の事業に当りたいというので、私も大いに喜んで満足の意を表した。

右の通りにして、鉱山に関する談判も二十日に至って、一通り片ついた。

ヘーレンとの談判中、私は閑を見ては、総理大臣ソラア氏、大蔵大臣デルガト氏、ドイツ公使ゼンピッシ氏、ロンドン銀行支配人ウエルス氏、大学校長マリノウスキー氏らを訪ねて、来着の挨拶をなし、かつ進物を贈呈した。多く避暑中で不在であった。また二十二日には、へーレンと共に大統領カスレス氏をチョリリョスの別荘に訪問した。夫人令嬢及びスペイン公使、海軍将校の某氏が同席であった。私はそこでペルー渡来の理由、並びに今後の抱負を述べ、将来我らの事業に対して、大統領の有力なる援助を願う旨を申出で、銅製花瓶《かびん》一対《つい》を贈った。

船中の活劇――髪への悪戯

一月二十七日（明治二十三年）には山口慎《しん》君が技手坑夫職工ら合計十七人を引率してカリャオ港に到着するというので、田島、伴、ピエズラ、パッソンブリオの諸君は出迎えのためにカリャオまで赴いたが、午後六時ごろに至って一同恙《つつが》なくへーレンの別邸に到着した。

この日別邸では日本国旗を屋上に掲げ、私とへーレンとは、外門まで出迎えた。一行は一人の病者も出ずいずれも大元気であった。へーレンも久し振りに多数の日本人を見て非常に悦んでいた。

前にも話したように、新しく来た人には一応医者の手当てを加えておく必要があるので、早速医者を呼んで診察して貰った。医者の話では、一週間も休息したら、登山してもよいということであった。

さて引率者の山口について、航海中の話を聞くと、随分面白いことがあったらしい。何しろ一行の者が皆血気盛りの若者揃いで、横文字もわからなけりゃ洋服の着方も知らぬという者ばかり、ややもすると腕力沙汰に及ぼうとする。それを止めるのに一苦労したというのはもっともなことだ。それに皆始めて海外に踏み出すのであるから何となくさきざきのことが気にかかる。それで山口は先年自身がアメリカに渡った時海上ことのほかに穏かであったので、太平洋という所はその名の通り平和な海であるから、決して心配はないと幾度も繰返して話して聞かせた。ところが船が房州沖を廻るや廻らぬに猛烈な北風が吹きつけて雪さえ加わり、船は非常な動揺を始めた。すると、山口さんは自分たちを欺したと大変に苦情を持込んだということであった。

船に乗込んで間もなく大工の勇六というのが、何か棒のようなものを黄色い袋の中に入れて始終持って歩くから、それは何かと尋ねたら護身用の刀だという。これから山掘りに行くのにそんな物騒なものは要らぬといって、やっとのことで行李《こうり》の中に蔵《しま》わせた。桑港に着く二、三日前のこと月落ち夜も更けてから、下等船室の方でけたたましいドラの音、やがて船客は右往左往、泣くもの喚《わめ》くもの大混乱がひき起された。何事ならんと行って見ると、下等にいる日本人、支那人無慮百人ばかりの連中が入り乱れて格闘している。山口はそれを見て鎮めようと思うけれども、手の出しようがないのでちょっとためらっているうちに、チーフメートが現場に駆けつけてやっと取鎮めた。

騒ぎの起りを聞くに、この船には数十人の支那人の乗客があった。彼らは習慣として、乗船するとすぐにコックらに交渉して、部屋や食物の自由を得るに引替え、日本人はなにもやらないから、いずれも棚床に追上げられ食物は支那コックのあてがい扶持、副食物のごときも僅かに梅干か沢庵漬くらいが関の山で誠に不愉快なる有様であった。それに支那人は毎日交る交る辮髪《べんぱつ》を束ねるがその毛がまた方々に散乱する。それが誠に汚いが彼らは少しも他の迷惑を顧みないので、同船の日本人らはすこぶる憤慨していた。

ある日のこと、何者の悪戯《いたずら》か、支那人が二人列んで睡《ねむ》っている所を窺って、その辮髪を結び合せ、それをまた確《しっ》かと柱に縛《くく》りつけておいたものがあった。ところがそんなこととは夢にも知らぬ支那人は、眠りから覚めて何心なく起き上ると、頭の毛が引吊《ひきつ》って根元から引抜かれるような痛みを感ずる。そこでびっくりして大声揚げて号泣《なき》出した。ふと自分たちの毛が縛《くく》りつけられているのに気がつくと、今度は非常に怒り出し、これはてっきり側に居合せた日本人の仕業だとばかり大変な見幕で喰ってかかった。ところがその人はちっとも知らぬことであったので大いに立腹して、とうとう二人で組打ちを始めた。

するとそれに双方の味方が飛び出して加勢をする。とうとう烈しい格闘となり、船中は鼎《かなえ》の沸くがごとくに混乱して、一時は収拾すべからざるかのごとく見えた。この時一人の日本人が太刀を引抜いて、騒乱の中に飛込み今一瞬のところで斬りかからんとしたのを、我が同胞が後から抱き留めて事なきを得たのは不幸中の幸いであった。

航海中はかようなこともあったが船がいよいよ金門湾に入ると風光明媚《めいび》な丘陵の上に、美しい大きな煉瓦建ての家が列んでいるのを眺めて皆は胆を潰し、「こんなに美しい所なら嬶《かかあ》を連れて来りゃよかった」と嘆賞しかつ喜んだということである。かくて、十二月十八日に桑港に着き五日間滞在して、同二十三日桑港からパナマ行きの船に乗り、正月は船中にて迎え、同十三日パナマ着、十八日パナマを発し二十七日カリャオ港に着いた次第であった。

俸給問題で田島技師の不満

山口慎《しん》君の引率し来れる坑夫職工十七名の一行は、ヘーレン別邸内の長屋に寝泊りさせることとし、風習に慣れぬ間はどんな不体裁をしでかさぬとも限らぬから、濫《みだ》りに門外に出ることを禁じ、邸内で適宜酒食を給し、出来るだけ品行を慎ませた。幸いにして最初の数日間は皆神妙にして何事もなかった。

その間に、私とヘーレンとは登山のことでいろいろと打合せた。ヘーレンのいうのには、「リマからカラワクラに行くには非常に気候の激変がある。こちらで着ている衣服では、とても凌げないから、衣服のごときはすべて新調せねばならぬ。それに往復の旅費も通例ペルーより欧州へ行くより高くつく。しかし今度の登山は他日多人数の坑夫らを登山させる時の試験となるものであるから、今度は例え多額の費用が要《い》っても十分の仕度を整えて行かねばならぬ。かつチクラまで一日で登る時は非常に苦悶を感ずるから、途中一、二カ所に宿泊して稀薄な空気と酷《きび》しき寒気に慣れしめたがよい」

ということであった。

二月（明治二十三年）の三日になって登山用の衣服、靴等が出来上る。坑夫、職工ら十六名の健康診断がはじまる。その結果は坑夫頭の加藤要助だけが心臓に異常があり、しばらくリマ府に留まって服薬を必要とするほか他の者は大丈夫であることが判った。

かくて登山の用意は出来上ったので、私はヘーレンと相談して田島技師の年俸を英貨六百ポンドに、山口を庶務課長として年俸三百ポンドに、また小池技手の年俸を百十二ポンドと定め、各人を呼んでその旨を申渡した。すると田島技師のみはいかにも不満げに「本隊の着くまで一応それでお請けしておく」というから、私は意外に思い「それや一体どういうわけだ。本隊が着いたら、また請求するというのか」と詰問した。すると、「そうだ」と答える。

「そんなら、その請求が容れられない場合はどうする」

「罷《や》めて日本に帰るばかりだ」

私は実に不快に感じた。実はこれから山に登って製錬機械据付けの基礎工事を始めねばならぬ。すべてのことが都合よく行っても機械が到着するのは、本隊が到着するのと同時日のころと思わねばならぬ。本隊も着き機械も到着したその時になって、己れの請求が容れられないといって罷めて帰国するなどとは実に責任を解せないものである。私はその心情が気に喰わぬので「その時になって罷めるつもりなら今罷め給え、一体何でそんなに不満足なのか」と訊くと「坑夫どもですら日本にいる時に比べて三倍余の賃銀を取っているのに、自分の給料が六百ポンドというのは少いではないか」という。しかるにこの俸給の原則は日本を出発する前に、会社の技師部にて田島らが協議して定めたもので、かつて総会の席で巌谷博士が提出した会社規案には技師長は月給何ほど、副技師長は何ほどと規定し、技師長には河野を、副技師長には田島を推薦することとなったのだ。即ち田島の俸給英貨六百ポンドということも、つまりその時の規案に基づいて決定したもので、これを日本金に換算すると、巌谷博士の原案よりも遥かに高給であったのである。それに対して田島は不満をいうのみならず、さらに最初の鉱山の調査、契約の締結などに対する行賞をまで要求するなどあまりに自我的の振舞いが多かったので、私もますます不快に感じた。田島とは俸給のことでいろいろと議論をしたが最後に田島が「日本に帰れという命令なら帰ります」というから、私は「命令はせぬ、しかし帰るなら帰ってよい」と突離した。すると田島が「そんなに御立腹では困る。自分は決してあなたの説に服従せぬというのではない、なお再考して見ましょう」と、その日はそれなりで話を打切ってしまった。

かく田島の俸給問題では、私も少からず感情を害し、一旦は解雇しようとまで思ったが、ヘーレンが仲に入って今度はそんなことのないようにとしきりに取りなすので、田島も無条件で承諾さえすれば別に解雇するまでもないと許してやった。二月の八日になって、坑夫ら十六名に、昨年雇入れた時より本年一月三十一日までの賃銀額を渡すこととし、田島技師をして分配せしめた。

坑夫の喧嘩――誓約書を返す

先日到着した坑夫職工の中に大工金太郎なる者があった。今はちょうど梅雨《つゆ》の時季で、山に登っても、大工の仕事はなんにもない時であるから、金太郎だけはリマに留めて私の邸内で仕事をするように申し渡した。

ところが金太郎はなかなかそれに服しない。是非坑夫と共に山に登らしてもらいたい。もしそれが出来なければ、日本へ還して下さいとしきりに頼む。それで、何ゆえそんなにリマにいることを嫌うのかと尋ねると、その答えが面白い、「日本では暑い時は裸で仕事をして来たのに、リマの邸内では裸を禁ぜられて窮屈で仕方がない。こんなことじゃとても働けない」という。それで、やむなく木挽職《こびきしょく》某と差代えることにした。

八日の夕刻、いよいよ近く登山することとなったので、坑夫らに酒肴《しゅこう》を与えた。すると午後七時ごろ、我々が食事を終って雑談中に坑夫部屋の方で大声が聞える。喧嘩だろうと、小池が出て行ったが声はますます大きくなる一方、今度は田島が出て行ってやっと取鎮めた。しかるに十五、六分を過ぎて、再び騒ぎが持ち上った。今度は庭の中ではげしい叫び声が聞えるので、私も気にかかるままに部屋を飛出し庭へ出た。見ると疋田《ひきだ》という坑夫がグデングデンに酔っ払って、大木に縛りつけられ、何ごとか大声揚げてしきりに罵《ののし》っている。その側には二人の坑夫が平身低頭して田島に詫びていたが、しばらくすると田島は二人の坑夫に命じて疋田を部屋の中に連れ込ましめた。

それから私は部室に帰ったが、その後一時間も経たぬ内にまたまた門の近くに騒動が起った。心配になるからまた出て見ると、田島が縄を持って一人の酔漢を追廻している。坑夫らはただそれを傍観しているばかりだ。ハッと思う内に、坑夫らの中から二、三の者が飛出して田島を打ち倒した。それで小池、屋須両人が仲に入って、取押えんとしたが、これも却って殴られた。その時山口が出て来て、両三人の者を投げ飛ばした。伴も出て来て、酔漢を縛ろうとするけれども、力が強くてなかなかに縛れない。よって、私が飛出し、酔漢の手を取って部屋に引入れ、寝床の中に押し込んで「今夜は静かに寝ろ」と手ずから布団《ふとん》を被《き》せてやった。

田島は脚を挫《くじ》き非常に痛みを覚えるというので坑夫の一人をして水にて冷させ、かつ部室に帰って寝さした。そこへ山口、小池、屋須、伴らが食堂に集まって来た。

小池がいうのには「元来坑夫の喧嘩を技師が取押えに来ることが悪い。田島さんが来なければ彼らは仲間同士で始末をつけるものだ。また酔払いを縛る時、手首を縛ろうとしたから、他の坑夫が怒って田島技師を殴ったのだ。手首を縛ると、もがくから皮が剝けて稼ぐことが出来なくなる。酔払いを縛る時、手首を縛るということは一番悪いことだ。今晩の田島技師のやり方は、鉱山技師にも似合わぬやり方だ」とブンブン怒っていた。

右のような始末であるから、私は翌日早朝坑夫一同を呼び集め「君らは昨日固くいいつけを守ると誓約書を出したが、それを守らぬのはどういうわけだ。そんなことではこの誓約書は反古同然だ、返す」といって返してやった。一同は部室へ帰って相談しておったが、やがて三名の総代がやって来て、昨夜の不始末を詫び、かつ誓約書は納めて戴きたいと懇請するのでよって、私は、「いくら誓約書を書いても、実行伴わざれば不用のものである。また実行すれば誓約書なぞないでもいい。只今誓約書を納めおくことは出来ぬ。他日謹慎の実が挙ったらば、再び納めることもあろう」と申し聞かした。

古墳を掘る――インカ帝国の興亡

リマ府滞在中、豪商ガルランド氏の招待を受け、一日アンコン海岸にある同氏の別荘に趣いた。アンコンはリマ府から汽車で一時間半ばかりの北方にある風光明媚な海水浴場である。

午前九時にリマ府を発って、同十時半にはアンコンに到着した。この間の沿道には、最初は牧場と砂糖畑を見たが、海岸に近くなると一面の砂丘で、その砂原の上には、ところどころに白骨が積んである。これは鉄道工事の時に掘り出した骨ともいい、またチリーとペルーとの戦争の時に死んだ人の骨だともいうことだった。

停車場にはガルランド氏が令嬢を伴《つ》れて出迎えてくれた。徒歩で氏の別荘に着くと、夫人令息令嬢たちが賑やかに歓迎し、初対面の挨拶を交すか交さぬ中から、もう一かどの旧知のごとき感を起さしめた。

それから令息たちの案内で、海水浴場に至り、そこで多数の紳士淑女に紹介された。上院議員ガンダモール氏の二令嬢もそこにおった。そうして約一時間ばかりの間海浜を散歩して、再びガルランド邸に帰ると、食堂では早やすでに盛大な午餐の用意が出来ていた。私を主賓に、ヘーレン氏やかのグレイス条約に関係せる英国資本家代表ロード・ロードノモル伯を陪賓《ばいひん》として、ガルランド家の人々が揃って食卓につき、歓談、雑語、食いかつ話して、極めて愉快に食事をおわった。それから夫人や令嬢たちは代る代る起って、ピアノを弾じ、歌を唱い、少しの隔たりもなく、真に家庭にあるの想いがした。私は先年、欧米巡遊の時、しばしば宴席に招待を受けたが、こんなに気軽い宴席は一つもなかった。実際ペルーの交際界は欧米に比すれば、遥かに男子の行動が自由である。ロードノモル氏の言によれば、自分は始め妻を同道して来たが、彼女はこの国の風習に染まず、ついに過般《かはん》帰国した。爾後《じご》心おきなくこの国の風習を学ぶに、至極簡易であって、再び英国に戻りたいとは思わぬ、ということであった。

それよりガルランド氏とその四人の令嬢、ヘーレン氏と私とは七頭の驢馬《ろば》に跨《またが》り、古墳発掘のため十数町の地点にある砂丘へと赴いた。この驢馬は鐙《あぶみ》も鞍《くら》もなく、ただ背部に毛布を被《かぶ》せ、腹の中央部を腹帯様のもので括《くく》ったばかりである。裸馬にはあまり乗った経験がないので、驢馬が走っている内にいつの間にか腹帯が弛《ゆる》んで毛布が滑り、私は驢馬の背中から真逆様《まっさかさま》に落馬したが、幸いに下は一面の砂地であったため、少しの怪我もなく却って一興を添えた次第であった。

アンコンの部落を出ると、一面の砂原である。砂丘の上のところどころに白骨が露出している。この辺一帯はいわゆるインカ土人の墓地址《あと》と称せらるる所である。インカ帝国は、十一世紀の末葉、アンデス山上の湖水チチカカを揺籃の地として出現し来り、爾来五世紀の間、南米の一帯にその勢威を張ったもので、十六世紀の始めに当りては、国運の隆昌無比、まさにインカ帝国の黄金時代を形成し、その版図《はんと》は百万方里の大地域に亘り、ペルー以外にエクアドル、ボリヴィア、チリーの北部及びアルゼンチンの北部までも抱擁するに至った。しかしながら、この大帝国も、一五三五年英傑フランシスコ・ピッサロの侵略によって一とたまりもなく瓦解してしまい、今はようやく墓地の址に敗残の影を留むるのみとなった。今塁々《るいるい》たる白骨を見て、治乱興亡のはかなさに、いまさらのごとく無限の感に打たれざるを得なかった。

我らは一旒《りゅう》の白旗翻える砂丘に向って驢馬を進めた。そこが即ち今日発掘すべき古墳の地点である。驢馬を下りると、すでに二人の役人らしき者が、六、七名の土人を指揮して発掘を始めている。そうして、約四、五尺も掘り下げたと思うころ、高さ三尺五寸、胴径一尺二、三寸ぐらいの大瓶《おおがめ》一個が無疵《むきず》のままで現われて来た。これは死人を埋葬した時、酒を満たして、その棺側に埋めたものである。この外に大小の瓶、茶碗類が数多《あまた》発掘され、ついに大小二個の死体が現われて来た。二つとも足を折り蹲踞《そんきょ》させて、茅草のようなもので巻いてあった。リマ府始めこの地方一帯は年中一滴の降雨もなく、地中には硝石分が多いため、死体も器物も少しも損腐せず硝石が附着している。そうして今掘り出した死体のごときも上被《じょうひ》を取除いて見ると、枯骸整然、頭髪のごときも原形のままに存している。大きい方は母親らしく、小さい方は七、八歳の娘のようだ。小屍の側よりは、玩具様の品、首飾り、白粉入れ、毛織物及び竹製と覚しき珍奇なる楽器などが出て来た。また二間ばかり隔たりてさらに一個の古墳を掘ると、ここからは男子の死体が現われた。これも前同様に整った形をなしていた。

皆のいうのには、これまで、幾度か古墳の発掘を試みたが、今日のように多種多様の品物の出たのは稀である。ことに今日の大甕《おおがめ》のようなものが、無疵で出ることはあまりない。かつ政府の許可を得て古墳を発掘することは、他国の人に対する最上のもてなしであるということであった。

かくてその日の発掘は大成功に終り、一同再びガルランド氏邸に引返した。そうしてまた鄭重なる御馳走を受け、日暮れ方になって辞去した。

汽車でリマ府へ帰り、ヘーレン別邸に入ると間もなくガルランド氏の使が今日の発掘物を届けて来た。まことに愉快なる一日でこの日のことは、いまも私の記憶に鮮かによみがえって来る。

アンデス登山――何という寒さ

二月十二日（明治二十三年）には、いよいよカラワクラ鉱山に向ってリマ府を出発するので、八日ごろからしきりにその準備に忙殺された。まず鉱山で要する採掘用器具、日用品その他の荷造りをせねばならぬ。しかも嶮《けわ》しい山路を運ぶのであるから、平地を行くように自由にはならぬ。それで運び易いように、荷物をそれぞれ適当の斤量に包装する必要がある。よってすべての品物は原則として一個五十斤くらいの包とし、その上にズックを被せてそれを縫い合せた。また一個の品で五十斤以上のものは、百斤乃至百五十斤の包とした。これはチクラより鉱山までは羊、馬、ミウルの背をからねばならぬのに、羊の駄載量は百斤を限度とし、馬、ミウル等でも二百斤乃至三百斤以上を運び得ないからである。

かくて万端の用意も出来たので、二月十二日私は山口庶務課長、小池技手、番頭ピエズラ、書記パッソンブリオ、その他坑夫職工ら総勢十四人を引率し、午前七時三十分リマ発の汽車で登山の途についた。最初の予定は田島技師が一行の嚮導《きょうどう》として行くことになっていたが、先夜疋田のために危禍を蒙ったので、俄かに私自身がその任に当ることとなった。

リマ府からチクラまでは、汽車をもって一日にして達せらるる。しかしながら、何しろ海抜四百尺の首府から、海抜一万三千尺の高所に到ることとて、空気の稀薄、気候の激変等のために、ともすれば病気を引起し易いので、医者の注意もあり、途中三日間を費してチクラに達することとなった。即ち出発の当日は午後三時過ぎマツカナ駅に到着、ここで下車して我々はマツカナ・ホテルに、坑夫らはホテル・シーコロンに泊り、翌十三日は早朝マツカナを発し、午前十時サンマテオ駅に下車して一泊した。かくて十四日正午にサンマテオを発し、同午後一時、ようやくチクラに着いた。

さてチクラに着いて見ると、実に淋しい所で、フランス人の宿屋が一軒と、土人を泊める宿が一軒。それを取巻いて、土人の住家《すみか》が点々せるだけである。

見渡せば、連山の起伏波濤のごとく、チクラを境として、下方には樹木蒼々《そうそう》として繁茂せるが、上方は一面の赭岩《しゃがん》で、剣峰《けんぽう》嶂々《しょうしょう》として天に入っている。山上は、午前中常に晴れて、午後は必ず雨、気温は非常に低く幾枚か下着を重ねても、なお悪寒《おかん》身を襲い、気圧の関係からか、ややもすれば嘔気《はきけ》を催して来る。夜は持参の毛布だけでは、寒さを防ぐに足りないので、土人の家へ行って、あるだけの毛布は皆買込んで配ったが、それでも坑夫らは寒がって「こんなに寒くちゃ、凍え死んでしまう、何とかしてくれ」と不平を訴える。しかし毛布もすべて買いつくして、もう売物はない。それにいくら着ても、この寒気では駄目だから、私は「俺は国家のために出て来たんだから、事業のために死ぬことは覚悟の前だ。君らがそんなに寒がるなら俺の着ている着物をみんな剝いで持って行け」といって、たしなめたら、「先生の物を剝いで行くことは出来ません。先生がそういわれるなら」といって、不平も止んでしまった。

チクラの宿には二日間滞在した。その内に、だんだんと稀薄な空気にも慣れ、元気も回復して来たので、さらに荷物を整え、十六日午前十時チクラ発、ミウルの行列をなして、一万八千尺のアンデス山の最高地へと向った。

先に述べたようにチクラ以上の高地に品物を運ぶには、普通このミウルを使用する。羊（ペルビィヤン・シープ）はアンデス山の苔《こけ》を常食として、大概四十頭乃至六十頭をもって一群をなし、それをただ一人の土人が指図している。そうしてこの羊の群には、首に鈴を附けた一頭の先達《せんだち》があって、それが真先に立って進んで行くと、他のものはすべてその跡を追うて行くのである。

登山中の奇禍——落馬、谷底へ

チクラ滞在二日にして一同は大いに元気を回復したので、二月十六日（明治二十三年）午前十時過ぎ、チクラを発ってまたまた登り始めた。坑夫ら一同は徒歩である。山口支配人は皆を元気づけるために自分も歩くといって真先に進んで行った。この辺はすでに海抜一万三千呎《フィト》を越え、非常に寒くて頭痛がする。それでも僅かに二人の落伍者を出したばかりで、正午には一同無事カサパルカに着いた。

そこには、アメリカのフレザーシァマル会社（鉱山機械製造会社）のガイヤル技師も来ていた。一しょに茶を飲み、後同君の設計した精煉所を見に行った。

小池は書面をもって、坑夫のうち五、六人の者が病気になったからもう一日だけここに滞在して貰いたいと嘆願して来たが、すでに明朝の六時には一同の乗る馬が着くことになっているし、もし日程を変更すれば、一昼夜の間馬を無駄に止めねばならぬ。私は書面で、日の丸の旗を忘れるな、日本人の元気を出して登るように皆を励ませよ、と小池にいってやった。小池と屋須とはその書面を早速坑夫らに読んで聞かせたら、一同は、そういうことなら喜んで御命令に従うと勇み立った。

二月十七日はいよいよヤウリに向って出発する日だ。坑夫らは早朝宿を出発し、私と山口、ピエズラ、パッソンブリオの四人は、朝六時にヤウリから下りて来たヘーレンの山の支配人カーデナスの案内で、まずクレメン氏の鉱山事務所に行き、その坑夫小舎を視察した。

そこの視察をおえると、ピエズラやパッソンブリオは、我々と別れて坑夫らの後を追うた。私と山口とはカーデナスの嚮導で、別路を進んで行く。肌をつんざく寒風が吼《ほ》えて、骨も凍《こご》えんばかりである。通路の辺《ほとり》には死馬の骨などが到る所に散らばって、一層に山上の光景を陰惨ならしめている。雪がしきりと降って来た。

右を望めば千仭《せんじん》の谷で、左の方はやや緩やかなる傾斜である。カーデナスを先頭に、山口がこれに次ぎ、私が殿《しんが》りをなしていた。そこは馬の背のような嶮岨《けんそ》な路、やっと登りつめたと思うところに、先頭のカーデナスは俄かに馬を止めて後の二人を見下ろした。そのすぐ後から進んでおった山口も、同時に馬を止めんとしたが、馬の腹帯がゆるんで、鞍がズルズルと尻の方にすべり落ちた。山口は驚いて拍車を入れると、鞍はスッポリと抜けて、山口は数間下の岩の上に投げつけられ、抜けた鞍は馬の後脚にからみついて、脚の自由を奪いバタバタと後しざりしておったが、とうとう山口の上に大臀《おおしり》を落し、さらに顚倒して私を左の谷に押し倒し、馬自身は、右の谷に墜落した。

幸い、左の谷はさまで嶮岨でなかったから、私と馬とは数間転げ落ちてやがて一畳敷きばかりの平らな雪の上に止まった。

山口が転落した刹那、私はアアしまった、殺したワイ、と思ったから、すぐに雪の中から跳起《はねお》きて、

「山口死んだか」

と大声揚げて喚ぶと、

「死にはせぬ、死にはせぬ」

とかすかに答える。

「どうした、しっかりしろ」

といって山口の側に飛んで行くと山口はニコと笑って、痛みを我慢しながら立ち上った。見ると山口の馬はおよそ百尺ばかりの断崖を転げ落ち、谷底近き深雪の中に首を突込み、逆さになってもがいている。

カーデナスは逸早く馬より下りて谷底目がけて駈け下ったが、やがて山口の馬を引き起し、坂を上って来た。馬は白馬であったが、口や四肢や横腹から出血して、いかにもあわれである。私は谷底から山口の馬を引き上げるには、一、二里も迂回せねばなるまいと思っていたのに、瞬く内に血だらけの馬を追い上げたるカーデナスの技倆には感服した。

山口はもう自分の馬には乗らぬというから、私の乗っていたミウルを山口に渡し、カーデナスの馬には私が乗り、カーデナスは山口の馬に乗って、またまたその峻坂《しゅんぱん》を登り始めた。

雪はますます降って来て、寒さはいよいよ加わるばかりである。腹も減って来たが、あたりには一軒の人家も人影もない。ふと気がつくと、我らはいつの間にかけわしい数百間の絶壁の上に来ておった。ここはもう海抜一万八千呎《フィト》を越え、目指すカラワクラの鉱山はこれから二千呎余を下った所にある。しかし雪は道を埋めてこの嶮峻を下ることは甚だ危険である。カーデナスは目ざとく五尺幅くらいの坂路を見つけて、馬首を廻らしたかと思うと、前脚を突張ったままスーッと滑り下りてしまった。私と山口とは、そんな芸当は出来ないので、まず馬だけを追い下し、二人は抱き合うようにして、その坂道を滑り下りた。

坂を下りると、坑夫らの一行に出会《でくわ》した。それから飢《ひも》じさをこらえて、なお七里ばかりも馬を進め夕方五時ごろようやくヤウリ村に着いた、そうして早速医者を呼んで山口その他に手当てをした。

その日私に一句出来た。

あんですもまろびて見れば低きもの

あんですを転げた時に富士山ははるか麓の霞なりけり

また山口が、

もろ共にまろびし駒の谷底にいななく声ぞあはれなりけり

と、それからこの話を聞いて技手の小池が、

落馬して高さを測る二万尺

と詠んだ。

鉱山開坑式――神酒を酌交す

ヤウリに着いた翌日（明治二十三年二月十八日）は非常な強雨《ごうう》であった。午後、一同は医師ヴァレンチンの診察を受けた。私は別状なく、山口も追い追いよくなったが、小池は胃を痛め、坑夫の内四人が病気となった。医師の勧告もあり、坑夫らも希望するので、今明日はヤウリに滞在静養することにした。そうしてここに滞在中、カーデナス、ピエズラ、パッソンブリオらと、近くはじむべき仕事の上についていろいろ相談した。

第一、カーデナスは、これまでヘーレン個人の使用人であったが、今後は会社の使用人として働き、私の命令に服従するよう申渡した。

それから今日の経験によると、カサパルカとヤウリ間を一日で行くことは甚だ困難だから、両地の中間に、もう一カ所止宿所を作らねばなるまいと話合った。また一番困難なことは、この山上で食糧を得ることであるが、他日多数の日本労働者が来着した時に、どうしたら安い食糧を潤沢に供給することが出来るかと種々考究して見た。ピエズラがいうには、米、玉蜀黍《とうもろこし》、馬鈴薯《ばれいしょ》等については、自分に成案がある。肉類については、この近所に牧場を作って、羊を二、三千頭、牛を百頭ぐらいも飼育したらばよい。また運搬用のミウルもそこで飼えば、何百人の食糧でも供給することが出来よう。牧場のことは自分に委《まか》してくれというから承認を与えた。

二十日早朝坑夫らはカーデナスに引率されてカラワクラに向け出発した。小池、屋須の両人も午前十時ごろからその後を追うた。後には私と山口並びに落伍した二人の坑夫が残っているばかりであった。

二十一日になって、山口も二人の坑夫もよほど快《よ》くなったので正午ヤウリを発して、午後二時ごろカラワクラに着いた。この附近は、すでに一万六千呎近くの大高地で、非常に寒い、ことに塵寰《じんかん》を絶した高峰の奥深き所であるから、寂寥言語に絶するものがある。かねて覚悟はして来たものの、私は果してこんな所で仕事が出来るかと思った。

第一火を起そうとしても、アンデス山の苔よりほかには燃料がない。これで飯を焚くのであるが、出来上ったものを見ると、半分も煮えていない。まるで生米同然だ。仕方がないから、罐詰を食うという有様で、坑夫らは着く早々からブツブツ不平をいい始めた。ところが、翌日になって前日出来損いの生米飯を、も一度炊いて見たら、図らずもそれがふかし飯のように軟かくなって来た。それで一度炊いた米を一晩中そのままにして翌朝改めて炊くと、食べられるようになるという原理を発見して、大いに喜んだ。

二十二日から二十四日までは、一同仕事開始の準備のために休養した。その間に医師ヴアレンチンの診察を受けたが、疋田一人を除いては皆健全であった。また帳簿の調製、リマ本社に送るべき報告書の形状などもこの間にきめた。かくて二十五日に至っていよいよ鉱山の開坑式を行うことになった。

この日は早朝からサンフランシスコの坑口に日秘両国の国旗を交叉《こうさ》し、その前に机を置き、大山祇命《おおやまつみのみこと》を中央に、右に嘉良和久良山神《からわくらやまがみ》、左に正一位稲荷《いなり》大明神を安置し、神前には坑夫らが試掘した鉱石と神酒《おみき》並びに鳥肉を供え、私以下各役員、日秘両国の坑夫雇人ら一同着席。型のごとく式を行い、終りて神酒を日本人と土人の両方から飲み廻し、それから酒宴を始め踊りかつ歌い、その勢いで仕事にかかり、約七時間を働いて鉱石二噸《トン》を掘り出し、八人の土人をして運ばせた。坑夫らは坑口に入って坑内は大変に暖かく、全く日本内地と違わないといって大喜びであった。

馬もろとも泥沼に沈む

二月二十六日（明治二十三年）午前八時、ガイヤル、ブラボーの両君がヤウリからカラワクラ鉱山に来て、カーデナス、ピエズラ、パッソンブリオらと一緒に、山に働いている日本坑夫の仕事ぶりを見に行った。

ところが、カーデナスが何か坑夫らに指図をしたというので自分の職権を犯されたとでも思ってか、小池がプンプン怒り出し猛烈な抗議を申込んで来た。ただし見に行った一行は、日本の坑夫はよく働く、鶴嘴《つるはし》の使い方など実に器用なものだ、と口を極めて嘆賞していた。

朝飯後、ブラボー、ガイヤル、ピエズラ、パッソンブリオおよび小池らとヴィクトリヤ製煉所並びに用水路を視察した。非常に強い霙《みぞれ》が時としては上天から時としては脚下に降りしきり、寒さは肌を劈《つんざ》くばかりである。午後五時にいたりヤウリに帰った。

二十七日午前八時いよいよヤウリを引揚げて同午後一時半カサパルカに着く。ここにはガルランド氏経営のカサパルカ鉱山がある。小ガルランド及び同鉱山の技師ジョンストン君に面会し、明日訪問することを約束した。

二十八日は午前八時に宿を出てガルランド氏の鉱山に向った。鉱山事務所に着くと前面は非常に深い谿《たに》に臨み谿を隔てて対岸は数百尺の急傾斜をなしている。鉱山はその上にあるのである。事務所から対岸に渡るには橋が架けられ、急傾斜のところは、鉱石運搬用の索道があり、それには長さ六尺、幅二尺ばかりの箱車が動いている。

橋板は八寸角ばかりの木材を一尺置きぐらいに列べたもので、一つ踏みはずせば下は千仭の谷底である。ジョンストン君が案内してくれたが御本人は馴れているから橋の上を平気で渡ってしまったが、私は少からず危険を感じた。しかし躊躇しては日本人の面目にも関わると思って眼を真直ぐにし下をも見ずに、勇を鼓して渡りおえた。そうして索道によって六百尺の高所に運ばれ、鉱山に着いて、坑内外を詳しく視察した。

鉱山の視察を終えてチクラへと急ぐ途中のことである。一行は案内者を先頭として、凛《りん》烈《れつ》たる寒風と戦いながら山中の小径《こみち》を進んでいたが、やがて広漠たる平野に出た。案内者は馬であったが私はミウルに乗って案内者のすぐ後から進んで行った。すると、どうしたはずみか先の案内者の馬が突然、物の気に驚いて後蹄《こうてい》蹴立てて跳ね上り非常にあわてて駈け去った。すぐ後に続いた私のミウルは、馬が跳ね上った場所まで来るとあっという間もなく泥沼の中に脚を踏み入れた。そこは深さも測られぬ泥沼で、ミウルは私を載せたまま、たちまちズブズブと約半身を泥の中に埋め込んでしまった。

こりゃ大変！　と私はびっくりした。下手《へた》に狼狽《あわ》てると、ミウルと一緒に泥の中に埋められそうなので、私は静かにミウルから下りてようやくのことで命拾いをした。

元来ミウルは、これらの泥沼に対しては非常に敏感でその中に脚を踏み入れるようなことは決してないということであるが、この時は一生懸命に馬の跡を追うていたので不覚にもその中に陥ってしまったのである。しかしそれがミウルであったからまだ幸いであった。ミウルの性として、かく泥中に陥った場合は決して慌てずもがかず、じっとしているので、乗手はその間に始末が出来る。これが他の馬であるといたずらにもがくから、ますます泥の中に埋れてしまい、とても助からぬということであった。今思い出してもぞっとする事件であった。

かくてその夕、五時半にチクラにつき翌三月一日午前七時にチクラを発って同日午後五時半にリマの本社に帰着した。他の同行者は私の乗るべきミウルを率いて、馬で順路山に登り待っていた。この一行だけに鉱石の運搬及び製煉所を見せたわけである。

万事休す！　良鉱、実は廃鉱

三月の初めになって、カラワクラ山にある山口支配人から手紙がきて、通弁の屋須は山上の気候に堪え兼ねるからとて辞任を申出た。またカーデナスはリウマチスで下山を望んでいるから至急田島を登山さして貰いたいといって来た。その後、山口からは始終書面で山の模様を知らして来た。それによると、精煉所や用水路の測量もおえ、牧場の位置も決定し、すべてのことは順序よく進行しているようであった。

一方精煉所の方は雨季前に機械の据付けを終ることが必要なので、フレザーシァマル会社のガイヤル技師にこれが設計書と見積書の作成を依頼しておいたが、三月三日になってガイヤルは自身でその設計書を持って来た。

だんだん調べて見るとガイヤルの設計した機械は、すでにペルー国内の二つの鉱山会社に据えつけて、その結果も至極良好であるということが判った。それでヘーレンと田島らとも相談して我々の方もガイヤルに据付けを依頼することに決したので、ヘーレンと私連名の公文依頼状をガイヤルに渡した。

右の次第で資金が要るようになった。手元にはもういくらも残っていないので速かに未払込みを徴収せねばならぬので、この際二万ポンドだけ大至急に払込みをするよう東京本社に電報した。ところが東京本社からは目下内地金融界やや恐慌の気味であるから、株金の払込みは五月まで延期して貰いたいと返事が来た。しかるにその後間もなく、山の方が急を要することが判ったので先の払込みの件は承知した旨電報が到来した。

そこへ三月二十六日になって、小池技手が突然山から下りて来た。あまり突然なのでこりゃきっと日本坑夫と土人との間に騒動が持ち上ったに相違ないと「何事が起ったのか」と訊《き》くと、小池は声を低うして、

「一大事が起ったので、内密に申上げにまいりました。実は山口君が来るはずでしたが本社からの手紙で誰か山に来客があるそうで私が代ってまいりました」

という。それで早速小池を私の部屋に引入れ、その顚末を聞いた。小池のいうには「去る二十一日の午後サンフランシスコ坑内を調べたら、驚くべきことには坑内はがらんどうで底の底まで掘り尽されている。たまたま脈らしいのにブッ突かったのでよくよく調べて見るとそれは石を積上げて作られた支柱であった。元来、大抵の鉱山では支柱だけは掘り残してあるのにこの山ではそれもなくなっている。この間から坑夫らが稼いでいるうちに支柱が崩れてついに片腕を入れるくらいの穴が出来た。自分がその中に鉄棒を入れて探っ

て見ると、支柱は一度に下の方に崩れ落ちて遠くのところで水の音がしたからそれを覗いて見たら深い堀となっていた。それから坑道の中をあちらこちらと巡廻中、とうとう道を失って出ることが出来ない。ようやくのことで薄明るい坑口に行きついたから、まあよかったと出て見たら、豈図《あにはか》らんや。それは自分たちの山でなくて隣山の坑口であった。この有様から推してもこの鉱山は数百年間掘り尽した廃坑であることは明らかである。

自分（小池）はあまりの意外なことに坑口を出るとすぐに山口支配人のところに行って、このことを報告した。山口も非常に驚き、これはとんでもないことになったと翌日から秘密のうちに各鉱石を取寄せて分析に取りかかった。そうして三日三晩昼夜兼行で試験した結果は、最上のもので千分の一半乃至《ないし》二くらいで、さきに日本において分析した百分の二十乃至二十八の鉱石に比ぶれば問題にならぬほどの貧鉱である。

山口と自分（小池）とはこの結果を見て今さらのごとく驚嘆し、かくなった以上はもはや一日も黙過することは出来ない。それにリマでは今ごろ高橋委員長が改正契約に取掛っているころであるから、一刻も早く通知して契約を中止して貰わねばならぬと、大至急で意見書を作り自分（小池）が病気治療のため下山するという形にして飛んできた」ということであった。

以上小池の話を聞いて、私も実に驚いた。

嗚呼《ああ》、万事止《や》ぬる哉《かな》。実に明治二十三年三月二十六日こそ私に取りては生涯忘るることの出来ない日であった。

十二万円水泡に帰す

意外千万な小池の報告に私は全く途方に暮れた。

そこで直ちに田島を起して訊いて見た。

「一体君は最初に山を買う時、実地を良く調査したのか、唯今小池からの報告によると、山はすでに数百年も掘り尽した全くの廃鉱というのじゃないか」

と詰問すると、田島は答えることが出来ない。私は重ねて、

「果して実地を調査したか明確《はっきり》いえ」

となじると、田島はようやく、

「実はあの時はよく調査をしませんでした。しかも一度山へ行って調べて見なければ、小池のいうことばかりも信じられません」

「しかし、君の報告書には、四鉱区を買収した時に、実地調査をやったように書いてあるじゃないか」

「何とも申しわけがありません」

といって泣きながら、

「実は先生（田島は大学予備門時代私の生徒であった）のような方がこの会社に関係されようとは思いも掛けぬことでした。あの時の報告書はペルーの鉱山学校にあった雑誌を英語で読み聞かされたのをそのまま翻訳して送ったので、自分で行って調査したのじゃありません。私はもう一度山へ行って確かめて参ります」

と白状した。事ここに至っては、私の不安はますます加わるのみであった。一方当時の事情はどうであったかというに、すでに牧場は十年乃至十五年の期限をもって借り入れの約束を結び、またミウル購入のためには人を選んで不日《ふじつ》出発せしめることに決定している。それに精錬所や鉱山の建築については請負人と談判中である。精錬機械その他の据付けに関しては、すでにフレザーシァマル会社のガイヤル技師に公文の依頼書を渡し、電報一本で契約は成立することとなっている。従って東京では目下資本金払込みの手配中である。人夫輸送については汽船会社社長から見積りが到来して相談も大略整わんとしているところである。

かくのごとくすべての準備は着々として進行している時に当って小池技手の一報は、実に陽春の麗日に霹雷《へきらい》を聞くの思いがあった。ただ不幸中の幸いともいうべきは私がなお未だ改正契約に調印をしていなかったことである。

さて、どうしたらよかろう？　といろいろ苦慮して見たが別に名案とてもない。この時、フト私はガイヤル技師のことを思い出した。彼は始めに私と一緒にリマに来り、四、五日にして再びカサパルカに帰るつもりであったがインフルエンザに罹《かか》り、この時未だリマの旅宿に滞在していた。

それで私は、翌朝早速ガイヤル君を訪ねた。まだ臥寝中であったが、私が行くと直ちに起き上って寝衣《ねまき》のままで出て来た。私はむしろ何もかも打明けて話したがよいと思って、日本組合とヘーレンと共同して鉱山の経営をやるに到った径路を詳しく話し、

「さような次第で、日本の組合員は全く田島の報告を信用して、共同経営の決心を定めかつ山代としてすでに十二万五千円を支払った。そうして、改めて私を日本組合員の代表者として改正契約を締結し、また鉱山経営に当らしめるために派遣した。ところが昨夜小池技手の報告によると、田島の報告書は全くの詐《いつわ》りでその実は掘り尽した廃鉱に過ぎない、ルビーシルヴァオアなどいう話は真赤な嘘だということである。貴君はどう思うか」

と訊くと、ガイヤル技師は、

「それやまことに気の毒だ。実は自分も危いところでそれに引掛かる所であった。その山はカラワクラの一部分ではあるが、すでに数百年からも稼がれた山で、河の底まで掘り尽されている。往年この山の隣区で銀鉱のポケットに当ったことがあって、その鉱石がドイツに送られ、ドイツの鉱山雑誌に載って大評判となった。その鉱石の余りが今なおリマ府に残っているが、先年日本へ見本として持って行ったルビーシルヴァオアというのは即ちそれである。貴君らの山はかつて自分が二度ほども調査して種々の鉱石を取り、分析して

見たが、いずれも千分の一乃至一半を出でない、このことは当時ニューヨークの本社に知らしておいたから、わが会社の日本代理店である高田商会（高田慎蔵君も組合員であった）はそのことをよく知っているものと思っていた。貴君はこの山を二十五万円で買ったといわれるがその実二千円も出せば買える山だ。またよしその山を買ったところで交通の便は悪いし、製錬所その他の設備に多額を要して生産費は非常に巨額になってくる。自分は五万か六万も出せば、もっと見込みのある山を幾らも知っている。最初田島が来て山を買うという噂のあった時、自分は何だか変だと思っていた。その時田島が自分の所に来たら腹蔵のない意見をいうはずであったが、訊かれもしないのに自分から進んでいえば人の仕事を妨げることになるので控えていた。今貴君から一切の話を承って、実にお気の毒に堪えぬ」

という話であった。

ヘーレン怒る

ガイヤル技師の話は、小池の報告と全く符節を合している。それに田島の報告書は、鉱山雑誌の翻訳であって実地踏査の結果でないことは彼の自白によって明白となったから、もはやこの山が廃鉱であることは疑う余地はない。かくなった以上は速かにヘーレンにも話をして、早く善後の処置を執らなくてはならぬ、とガイヤルの旅宿を辞するとその足でヘーレンを訪ねた。そして小池の齎《もたら》せる凶報を伝え、自分は小池の報告だけでは心もとなく思ったので直ちに田島を呼んで確かめ、それからガイヤル技師を訪ねて意見を聞いた所、こうこうであったとその経緯《いきさつ》を詳しく話した。

一伍一什《いちぶしじゅう》を聞いて、ヘーレンは非常に不機嫌である。そうして「一体小池は誰の指図で山から下りて来たか」と訊くから、「山口の指図で下りて来たのだ」と答えると、「山口は誰の許可を得てさような指図をしたか」と追求するから、「山口は山にいて我々両人を代表する支配人である。会社のため大事件が突発したという場合に随意に人を出して、本社に相談せしむることは当り前ではないか」というと、ヘーレンは「日本では支配人の権利はそうなっているかも知れぬが、この国ではさような場合はまず本社に用向きを申送って、伺いを立つることになっている」というから、私は「まだ創業匆々《そうそう》の際で、支配人の権限等も詳細に決めてない。ことに山口はペルーに来たばかりでこの国の会社法や慣習など知る由もない、従って小池を下すことも、全く自分の権限にありと心得てやった次第で、決して悪意をもってやったことではない」

と説明してやった。

それから、私は田島技師をして再調査を遂げしむるまでは、諸般の準備を中止することが必要である旨を述べたらヘーレンは、

「改正契約の調印を済まさぬ間は、小池はもちろん田島の登山も許すことは出来ぬ。改正契約の調印までは鉱山は自分の私有物である」

というから、私は「それじゃ再調査を終るまでは改正契約に調印は出来ぬ」というと、ヘーレンは憤怒して「田島が再調査した結果悪かったらどうするか」というから「山に見込みがなければ廃止するよりほかに途がないではないか」と答えた。するとヘーレンはますます怒って、

「元来自分は最初から鉱山経営を希望したのでなく、井上を日本に送ったのは農場の経営が目的であった。しかるに日本側からしきりに鉱山を望み田島技師を送って調べさした。自分は鉱山のことは素人で何にも解らないが、田島技師がよいというからオツキアイまでに手を染めて、すでに二十五万円も金を支出した。そうして今ではこの山は自分の大なる財産となっている。しかるに今となって小池のごとき者が下山して、山は廃鉱だといって騒ぐ、そもそもその責は誰にあるか。自分はまだ日本技師の技量を信用することが出来ない。ゆえにかかる技師に再び調査せしめて自分の大なる財産に疵《きず》を附けるようなことは承知が出来ぬ。是非とも再調査をさせるというなら、その前に改正契約に調印を済まし鉱山を会社のものとしてからに致されたい」

と気色ばんでいう。それで私は、

「誠にやむを得ないことである。再調査に不同意であれば自分はこれから日本へ電信を打

って、本隊の渡航をしばらく見合せるようにせねばならぬ。それに貴君は今日大変に昂奮しているから十分談判が出来ぬ。今日はこれでお暇《いとま》する」

といってヘーレン邸を辞し、宿に帰るとすぐ東京宛てに本隊の渡航をしばらく見合せるよう電報した。

保証状の看破――ヘーレン泣く

私はヘーレン邸から帰ると、取敢えず日本に電報を打ってそれから小池とガイヤルの分析表を基にして予算を立てて見た。するとどうしても年三朱もしくは四朱以上の利益を挙ぐることは出来ない。それでさらに田島や伴を呼んで、とてもこのままではやって行けぬことを話すと、両人は大いに心配して何とか方法を立てて会社の存続するよう尽力したいというから、私は、

「カラワクラ山は意外の貧鉱であるから、これを経済的に経営して行くには日々百噸《トン》ぐらいの鉱石を精錬し、いわゆる多量生産によらなければ利益を挙げることが出来ない、そして多量生産による時は機械に巨額の資本を要さねばならぬ。従って今日までの予算ではとてもやりきれない」

と話すと、伴が、「ヘーレンがこの邸宅を除くことに同意すればよろしいでしょうか」

というから、

「いや、そのほかにも請求すべきことがある。もしヘーレンが誠心誠意会社の隆昌を希望するならば、この邸宅は、もちろん田島技師らが先に約定《やくじょう》したるうちの不用なる精錬所の用地及び水利権等を引き去り、その上に鉱山の代価も幾らか減じ、少くとも年一割三分乃至一割五分の配当が出来るという確実なる予算が立たなければならぬ。そうなれば自分も振って話を進め、努めて社費の節約をはかり、本社はヘーレンに委し自分は山に行ってすべての支配に当ろう」

というと、伴は「貴君《あなた》がそれほどの決心をされるならば、私はヘーレンに会って貴君の要求を承諾するよう尽力致しましょう」といって出て行った。

三月二十八日（明治二十三年）ヘーレンがまたやって来て、私と一緒に食事をしながら、「高橋さん、何とかならないだろうか。自分は名誉も財産もすべてをこれに打込んでいる。この事業が失敗すれば自分は破滅だ。自分はまるで貴君の擒《とりこ》になってるようなものだ」

「そんなことがあるものか、こっちこそ貴君のために擒にせられているのだ。山の代金、坑夫の渡航費その他日本組合が今日まで使った金だけでも少からずに上っている。それに自分が日本を出発する前に各新聞紙は皆反対論を唱えていた。それにも拘らず、自分が断乎としてこの事業に賛成し、特許局長の現職まで棒に振ってこの会社に関係するに至った理由は、一に鉱山が田島の報告に違わざる良鉱であって、最も有意義なる海外事業たることを確信したからである。しかるに不幸にも鉱山は買入れ当時の調査と違って、非常な貧鉱であることが明らかとなった。されば今のままでこの上に資本を投じたら、日本の組合員はほとんど全部破産するよりほかはない。さりとてこのままに廃棄したならば、これまでの出資金をすべて失うばかりでなく名誉地に墜《お》ちただいたずらに世間の物笑いになるばかりだ。実に自分も進退両難に陥っている」

という。ヘーレンはとうとう泣きだした。

「貴君の立場の困難なことは十分にお察しする。しかし高橋さん、安心されよ。よしこの談判が満足に纏《まと》まらずとも日本側から払込んだ山代はそのうち必ず償還する」

というから、私は、

「万一纏まらなかったら貴君においても少からず名誉を損じ、財を失うことは自分もよく承知している。その時になって山代など請求されるものでない」

といえば、ヘーレンは「そうでない」といって部屋を立去り、しばらくして一枚の書附を持って来て、これは山代償還の保証状であるとて、私の前に出したから、私は「そんなものは要らぬ」と突返した。するとヘーレンは、少しく気色ばんで、「受取らなければ貴君はもう自分の朋友ではない」というから、「そんならやむを得ない」といって、その保証状を受取り一読して見ると、文意誠に巧みであっていつでも責任を免れ得るようになっている。ヘーレンはこの保証状によって山代は決して私に損をかけぬと思わして改正契約に調印させようという魂胆であったが、私はそれを看破したので調印に対しては相変らず同意しなかった。

引揚げに際し善後策に悩む

翌日（二十三年三月二十九日）ヘーレンはまたやって来た。一緒に食事をした後で、私が、

「いろいろ熟考してみたが、どうも名案がない、この際双方の名誉を傷つけず、日本組合員が倒産しないようにするには、会社にあまり必要でない不動産即ちこの邸宅やカンデラカンチヤの精錬所用地並びに水利権等をとり除き、貴方の新借区六カ所の値段も引下げて、社費を節減し、少くとも年一割二分以上の配当をするよう考究し、それによって着手するよりほかはない」

というと、ヘーレンは色をなしていう、

「昨日あれほど親切を尽し保証状まで渡したのに、貴君はまだ日本人の利益ばかりを考えるか。自分はもう日本の技師は用いない。小池のごときは早く日本へ帰して貰いたい。日本の坑夫もこれ以上は要らぬ。払込金も至急一時にやって貰わねばならぬ、でなけれや邸宅を除くことは出来ない」

「貴君の請求は一つも承知することは出来ぬ。外国人によって稼ぎ外国人によって管理されては、日本人の事業という性質は失われてしまう。この上はもういくら談判しても駄目だから、残念ながら私は引揚げて帰国する」

というと、ヘーレンはますます怒り、

「昨日の書附を返して貰いたい」

という。私は書附を持って来て、

「これは昨日要らぬというのを貴君が強《し》いていうから受取ったまでだ、返せというなら返す」

とさっさと返してしまった。その夜、私は再び田島を呼んで買入れ当時の模様とその後の経過を聞いた。田島は買入れ当時のことを回顧して大いに過ちであったと詳しくその時の事情を述懐した。それを聞いて私もいよいよ最後の決心をなすに至った。

三十日の午後に至って、ヘーレンの番頭ピエズラが、ヘーレンと私との間を調停するつもりで伴竜を通訳として、私のところにやって来た。そうしていうのには、

「元来貴君もヘーレン氏も、いらぬところに心配をしていられる。すでにここまで準備が出来た以上、この上は一日も早く機械を据付けて仕事を始むれば、利益のあることは疑いない。さすれば、貴君をはじめ従業員一同十分に俸給が貰えてその上にそれぞれ賞与金を受くる次第ゆえ、貴君には少しも迷惑するところはないではないか。それだのにただ株主

の配当が少いとて、躊躇せらるるとは、どういうわけか」

というから、私は、

「なるほど会社が仕事を始むれば銘々の手許は一時楽になるかも知れない。しかし日本にある組合員が倒産すれば何の甲斐もないではないか。自分だけ利益を得て株主に迷惑をかけるようなことは私の廉恥心が許さない」

とキッパリ断った。

もうこうなった以上は万策尽きた。いくら考えても名案が出ない。もっとも私自身の立場からいえば、田島技師の報告が全然嘘であったことが明らかになった以上、直ちに日本に帰り株主にありのままを報告すればそれで役目は済むわけだが、ただそれだけでは、さきに田島、井上が日本の発起人を代表してヘーレンとの間に取結んだ共同経営の契約は依然として存続することとなり、将来大きな悶着の種を残すこととなる。これはどうしても引揚げて帰る前にこの契約を破棄して、日本側に損をさせぬよう手段を廻らさねばならぬと考えた。

この時、私はふと、ガイヤル技師の一言を思い出したので、ピエズラに向って、

「カラワクラ鉱山が田島の報告のような良鉱でないことが明らかとなった以上は、これが経営にはさらに資本を増し多量生産によるよりほかはない。しかるにヘーレンは今日以上に資金を投ずることは出来ぬといっているから、一層のことヘーレンの権利を日本側で買

取り、日本側のみで経営したらば成功するであろう」

というと、伴が傍から口を出して、

「過日来日本から電報で、目下金融恐慌で現在の払込みさえ困難なような報告がしばしば来ているが、増資は大丈夫出来るだろうか」

「金融の逼迫せることは事実である。しかし今のように会社がペルーにあっては出来ないことだが、東京で会社が設立さるればその株券は直ちに抵当物件となるから、増資もさまでむつかしいことではあるまい」

というので伴がそのことを通訳すると、ピエズラもそれを聞いて大いに諒解し、早速へーレンに伝えて勧めてみようといって、その夜はわかれた。

旧契約破棄のひと安心

三月三十一日へーレンがやって来て昨日保証状を取戻した弁解をしたり、また山の代金を返そうと思って金策に手段を尽したことなど話して帰って行った。

その日の午後になってピエズラがへーレンの手紙を持って来た。見ると「自分はこの者に貴下と協議して話を纏める権利を委任した。かつ貴君の意に逆《さか》らうべからずと申付けおきたるゆえ貴下は貴下の思い通りに取極められたい。自分はその取極めに対しては何らの異議なく調印すべし」という意味が書いてあった。私は今日は頭痛がして談判は出来ぬと謝絶した。そうして、東京の方へは「山は増資しなければ見込みなし、一旦帰朝する」旨を打電した。

四月一日に至り、私は伴竜に託して一書をヘーレンに届けさした。その内容は「昨日は頭痛のために失礼した。もっともかくのごとき大事については自分は貴君と直接でなくては代人とでは談判は出来ぬ。委細は伴氏よりお聞取り願いたし」というのであった。そして伴に申含めた要領は、

一、日本組合は新たに会社を組織しヘーレンの権利を全部六万磅《ポンド》にて買取り、代金の内五万磅《ポンド》は現金をもって支払い、残り一万磅《ポンド》は新会社の株券をもって充当すること

一、この計画は帰朝の上六カ月間に実行すべし。もし右期限内に実行すること能《あた》わざる時は、日本組合は現在共有の鉱山権を喪失すべし

一、本契約の調印と共に、さきに田島、井上両人が日本発起人の代表として調印したる契約はその効力を失うべし

一、このたび会社創立の費用として出資したる三千ポンド余の金員については、これまでの精算をなすに及ばず、ただしこの条約調約の日へーレンより一千五百ポンドだけを日本組合に返戻すること（これは万一新条約の計画を実施する能わざる時坑夫その他の帰国旅費に充《あ》つるものとす）

一、新条約の期限中は、ヘーレンは日本坑夫に対し一定の賃銀を払いかつこれまで通り家屋及び食物を無代価にて給与するものとす
一、ヘーレンは田島、山口、屋須、小池には給料を与えざるも、家屋と食物はこれを無代価にて交付するものとす
一、六カ月以内にヘーレンの権利を買入るること能わざる旨を東京より電報したる時は、ヘーレンは直ちにその旨を山口に通じ、日本人総体の帰国について金銭を除くほか万端の世話をなすものとす
一、この契約を実施せざることあるも双方共に異議を申立てざることとまたこの契約書の日附以前に定めたる事件はすべて無効とす

等であった。ヘーレンはこの伝言を聞いて早速やって来た。そうして「貴君のいうところは一応ごもっともだ、それにしてもわざわざ帰国しなくともよいではないか」というから私は、

「田島の報告が嘘であったことが内地に知れ渡っては新会社の株式募集に差支えを生ずる、それで今の内に日本に帰り組合員を納得せしめまた別に新株主らをも物色せねばならぬ」

と答えると、ヘーレンもやや安心した様子で、まあ今晩一晩考えさして貰いたいと、その日はそれで引取った。

翌二日ヘーレンが再びやって来て、熟考の結果いよいよ決心したと、前日の私の提案に

同意を表した。後で聞けば、番頭のピエズラは反対したが、ヘーレンは高橋のいうところはもっともだといって押して同意したということである。

右のようにして、新契約が成立したので、さきに田島、井上の両人とヘーレンとの間に締結せられた契約書には、ヘーレン自ら「廃棄」と朱書しその下に署名して私に渡した。日夜気にかかっていた悶着の種もここに始めて消滅したので私の気も大いに軽くなった。

そこで、この夜（四月二日）直ちに山にいる山口に下山するよう申送った。山口は五日夜になって下って来たから、私は小池下山後今日までの経過を話し、かつこの事業は、この際断然放棄せねばならぬことを始めて打明けた。ただし今日のところ、表面は多量生産の設備を行うために資本を募りに帰国するということにしておこうと打合せた。

かくて、私は急速に帰国の準備に取掛った。それを聞いて我々も一緒に連れて帰って貰いたいと坑夫たちが山口支配人まで申出て来た。今、坑夫らを連れて帰っては、今度の仕事が全然失敗したことを公表するのも同然であるから、一緒に帰るわけには行かぬ。そこで山口は残って、坑夫らを宥《なだ》めて貰うこととし、私が帰国して、いよいよ実行不可能の電報を打ったら一同を引纏めて帰朝するよう申含めた。

すると山口は、そういう万一の場合に必要だから、自分の自由になる金を一万円ばかり銀行に当座勘定を開いておいて貰いたいというから、それはもっともだと直ちに山口と共にヘーレンを訪問し、自分が日本に帰るについては、その間山口が自分に代って坑夫らの監督をすることになるから、万一の用意として金一万円ばかり欲しいという、誠に無理からぬことであるが只今自分の手許にはその金がない。ついては貴方の手許から山口の名義で、銀行に一万円だけ預けてくれまいかと依頼した。ヘーレンもそれはやむを得ないことだと早速承認して、自分の取引銀行たるバンク・ロンドレスに山口の名義で一万円を預けてくれたので、山口も安心して坑夫らの監督を引受けた。

さらばさらばアンデスの山よ

私は四月十日カリャオ出帆のサンタクローサ号にて帰国の途についた。ヘーレンはじめ在リマの社員一同はカリャオ港まで見送ってくれた。四カ月前、大なる希望を抱き、赫々《かくかく》たる前途の光明を望んで上陸した私は、四カ月を経た今日、来た時と同じ船上に畢生《ひっせい》の志業を一炬《いっきょ》に附した断腸の思いを秘して突立っているのであった。送る人、送らるる人、何となく物足らぬ情あるはまたやむを得ざるところであろう。

別れに臨んで山口君一詩あり、

加比亜遠港別高橋君

海門分手暗銷魂　　心事自今誰与論

帰去来兮安嶺窟　艱難玉汝亦天恩

山口君もまた感慨無限のことであったであろう。彼はこれより再びアンデスの山窟に帰って荒くれの坑夫らを宥めながら何カ月か私よりの便りを待たねばならぬ。それを想いこれを想えば一種いうべからざる哀愁が惻々《そくそく》として身に迫って来る。嗚呼《ああ》憐れにもまたはかなき一場の夢であった。さらばアンデスの山よ、ペルーの人々よ。

船がカリャオを発してパナマに着する間に、私は電信の略号を作った。何しろ用事を足すに手紙では遅くなるし電報で詳しく書けば費用が嵩《かさ》むからである。

パナマまでは岡山という風来坊が附いて来て私の用を足しておった。この男は始終ヘーレンと連絡を取っていて、油断のならぬ人物であったが、パナマから引返すので、これに托して山口とヘーレンに、電信の略号を送ってやった。電信のことについて一言せねばならぬことは、ペルーという国はまだ十分に秩序が立っていないから、電信の秘密が完全に守れない。それでヘーレンのごときも常に電信局と連絡して、私が東京へ打つ電信のごときはことごとくその手許に写し取っておった次第である。

従ってヘーレンと最後の解決をするまでの私の苦労は一方ならぬものであった。第一私は、山の悪いという事情を詳細に承知しかつこの際断乎として放棄せねばならぬと決心していながら、なおこの事業に対しては、今後資金を増して、多量生産の方法をさえ講ずれば、必ず相当の利益を挙げ得るものだと確信しているように思わせねばならぬ。これは、私に取っては大苦痛であった。それからも一つは電信局とヘーレンとで通謀しているから、露骨に山のことを日本に知らせることが出来ない。ことにこれまで会社に出した報告書には、いずれも買入れた鉱山が有望であるように報告してあるので、自分がペルーを去った後日本にいるヘーレンの代表者井上が勧めればどんなことで送金をせぬとも限らぬ。それでヘーレンに疑いを起させないようにして、自《おのずか》ら日本組合員に悟らせるようにせねばならぬ。それで私は三月三十一日にリマ府から「さらに増資しなければ山は見込みなし、自分は一旦帰朝する」という意味の電報を打っておいた。これは、自分が帰朝するまでは金を送らぬよう、日本の組合員に悟らしめるつもりであったが、日本では果してよくその意を諒解しているだろうかどうかということが心配の種であった。

かようにして、私は破れたる胸に無限の心配を抱いて一路日本へと帰りを急いだ。そうして六月五日東京へと帰り着いた。

出資は丸損で、ついに手を引く

私は船中千々《ちぢ》に思いを砕きながら、六月五日（明治二十三年）ようやく東京に帰り着いた。そうしてまず第一に前田正名君を訪《と》うたが、驚いたのは、藤村社長その他重立《おもだ》った人々が、カラワクラの鉱山がよいというのに惚れ込んで、私が折角苦心して出した電報の意味を本当に解釈出来ず、却って私の処置に不満を抱き、高橋には山のことは解らぬとて私と行違いに山田直矢《なおや》夫婦をペルーに派遣し、それが今ちょうどサンフランシスコに着したという電報に接したところであった。

そこで私は早速株主を一堂に集め今日までの事情をありのまま詳細に報告して、「右の通り田島の調査報告が全然嘘であったために、事業の計画が根柢から覆《くつがえ》り到底前途見込みなきを感知したので、鉱山事業は断然放棄せねばならぬと考え、それにはさきに田島、井上両人が日本側の全権代表としてヘーレンと取交した契約が残っていては後でどんな悶着の種とならんも図られないから熟考の末、ついにこれを破棄して来た」旨を話し「これだけは不幸中の幸いとして喜んで貰いたい、聞けば会社からは自分と行違いに山田直矢君を派遣したそうだが、何ゆえに自分の帰朝を待たずまた一応の相談もなしに派遣せられたのであるか。山田君がペルーへ行けば、自分が折角苦心してようやく破棄して来た契約が、株主の承認によって再び蘇生して来る。そうなれば株主は明らかに見込みのない山になお多額の払込みをさせられて、大変な損害を受けることとなる。この際速かに桑港に電報して山田が先に進まぬようせねばならぬ」と説いた。

株主らは一伍一什《いちぶしじゅう》を聞いて非常に驚き、私の電信の意味を十分に了解しなかったことを謝して、直ちに桑港に打電し山田を呼び返すこととなった。

一方ヘーレンに対しては六月二十一日に至って、二百万円の新会社設立のことは日本株主の賛成を得ることが出来なかった旨を電報にて通告した。よって新契約第何条に基づきヘーレンと日本組合員との共同事業は当然廃棄せられ、同時に、日本組合が今日までこれに投じたる資金及び山の権利は全部喪失することとなった。

日本から会社不成立の電報を受取ると、ヘーレンは非常に悲しみ、声を揚げて泣いたそうである。しかしながら、ヘーレンは契約によって遅滞なくこのことをカラワクラの山口に通報した。しかして山口はその報を得ると共に直ちに坑夫らに通達し一同を纏めて、日本へ引揚げる準備を開始することとなった。

去る四月、私がペルーを発ってから今日まで二カ月余、山口はアンデス山中で、多数の坑夫を相手とし、日本からの吉左右《きっそう》を待っていたのであるからその苦心は一通りではなかった。何しろ多数の荒くれ男が、一万六千フィートの雲境で、暗澹たる前途を抱きながら籠居している間に、いろいろの悶着《もんちゃく》紛擾《ふんじょう》が相次いで起ったのは当然のことである。ある時は、坑夫らが暴動を起してヤウリの鉱山局を襲うて暴行をやり、またある時は坑夫と土人とが大喧嘩をおっぱじめて刃傷沙汰《にんじょうざた》となる等、これが統御には一方ならず苦心したらしい。山口の歌に、

木も生えず鳥も飛ばねどよしあしの言の葉しげきからわくら山

とあるが、まさに当時の実感を歌ったものであろう。

かくて新会社不成立の通知が、山口の手に届いたのが七月の二日、山口は直ちにそのこ

とを一同に伝え、いよいよカラワクラを後にしたのが同四日の朝、その夜はチクラに泊り、翌五日午後四時リマ駅着、一同は人目を避け馬車に乗ってウエルタの本社に帰った。そうしてその後十二日間リマに滞在し、七月十七日正午、南米汽船会社船ランタロー号でカリャオ港を発し、八月二十日サンフランシスコ着、同二十二日ペキン号に搭乗、日本に向い、九月十日午前八時横浜に着いた。

田島技師懲役――小池の裁判ざた

山口慎君に引率せられた小池技手以下坑夫ら十七名は、帰りつくと同時に会社に対しては三カ年分の給料を請求して来たが、その時会社はすでに解散していて、どこからも金の出ようがない。それで私は一日一同を自宅に招《よ》んで牛鍋で別盃を汲みながら、

「何しろ立派な人たちが田島という悪技師のために欺《あざむ》かれて世間の物笑いとなっているくらいであるから、お互いも過去半年のことは一場の夢と諦めて綺麗に別れようではないか」

といって、自分の手許《てもと》から、一人前十円ずつの旅費を出してやると、坑夫らは元来私の意気に感じていたので、

「外国も見て来たことだし、万事諦めて綺麗に別れよう」といって無事に解散、おのおの

その郷里に帰って行った。

　これよりさき田島は、山口らがまだペルーにいるころ即ち六月二十八日に脱走してしまった。何でも幾万円かの金を拐帯《かいたい》して行ったから、日本へ着いたら捕り押えよ、との電報であった。その後彼は果して帰って来たが、藤村君は田島のやり方があまりに酷いといって、十月二十日（明治二十三年）にいたり、発起人を代表して詐欺取財の下に田島を告訴した。そうして裁判の結果は有罪となり、たしか三年半の懲役に処せられた。

　さて、坑夫らのことは一応片付いたが、ここにまた技手の小池政吉が苦情を持ち込んで来た。もっとも小池は私に対しては表面よく服従しているように見せかけていた。そうして、田島帰国の後の状況などいろいろ調べては書面や口頭で知らしてくれたりしていた。そのうちには「今田島の家では門を新築するといって大工や人夫が六、七人も働いている。造作《ぞうさく》もすでに出来上っているから、今すぐ外国へ逃げ出すような心配はあるまい。近所の人々は、南米の鉱山は失敗に終ったというのに、田島の様子では、どこにも失敗の模様がない」といっている、などいうことも書いてあった。

　しかるに小池は表面右のようなことをいって寄越しながら、蔭に廻ってはしきりに会社に対して自分の手当を要求した。ところが会社にはもはや一銭の金もない。たまたま小池がペルーの山から持って帰った分析機械がただ一つ残っていた。それを小池の手で売らしてその代金はすべて小池に渡して、まず片を附けた。しかし小池はそれでも満足が出来ず、主なる株主のところへ行っては損害の賠償を要求し、聞かなければ裁判所に訴えるといって威《おど》し廻っていたが、それも物にならなかったので、とうとう十二月二十四日にいたって、麹町裁判所に勧解《かんかい》を願い出た。しかしこれも双方意志の一致が出来ずに結局不調に終った。そこで小池はついに損害賠償の訴えを起すこととなった。

私は小池に対し「君がそんなことをやっても到底勝味《かちみ》はない、止めてはどうだ」と忠告して見たが彼はなかなかきき入れない。もっとも小池自身も勝味《かちみ》のないことは十分に承知していながらなおかようなことをやったのは、相手が知名の士であるから、訴えるといえば裁判することを嫌って金を出してくれるものがあるだろうと卑しい考えからであった。私はそれを覚ったから幾度も幾度も繰返して宥《なだ》めたがきかないので、放《ほ》っておいたら二、三の株主は、小池の策に引掛って数百円の金を出したということであった。

小池のこの告訴に対して、会社側からは白石剛《しらいしごう》という弁護士を頼んで解決したが、その後十一月十二日（明治二十四年）にいたって判決の言渡しがあり、結局会社側の勝訴に帰した。

かくのごとくして一時世を挙げて注目の的となったペルー銀山事件は、いよいよ最後の幕を閉じた。その終焉《しゅうえん》に当って先輩品川弥二郎氏は左のごとき一書を送り、ペルー銀山跡始末について、私に注意を促された。

貴書拝読御安神の御報御同慶に堪えず何等一点の塵なしに立派に陣払らいの始末を付

け他の事業に御着手奉祈候、この塵を残しつつ他に手を着ける事は万々御不得策と存候、御閑暇候わば一応御来駕被下候得ば御留守中やじ（品川弥二郎氏）が老婆心を悪口を吐きつつ尽せし事を御耳に入れ置たし前田始め皆々逐出されこれも時節到来何も当惑する事も有之間敷《これあるまじき》と存候、何もかもやじ承知しつつ諸老を補助し得ぬは微力の致す処汗顔の外なし正名をやじが陥れしとの説専ら有之由《これあるよし》尤《もっとも》の事なり、正名を入れるも出すも過半はやじが手伝致せしなり、心事も推察あれ。何れも拝眉に譲り御答まで匆々《そうそう》

八月二日　　　　　　　　　　やじ

高橋老台

内地の天沼鉱山でも失敗

ペルー銀山の事業は株主一同の熱心なる希望を裏切って、彗星《すいせい》のごとく出《い》でて泡のごとく消えさった。

しかしながら、私はこのままペルーを見限ることが我が海外事業発展のために、面白からざる結果を生ずることを憂えたので、さらに一つの計画を樹《た》てて見た。

そもそも今回の失敗を招いた最も大なる原因は、未だ十分の調査が出来上っていないの

に経験もない人々が始めから巨額の資を投じて鉱山事業に着手したからである。元来ペルーは気候和《なごや》かにして地味肥え百物みな穣《みの》るところであるから、馴れぬ者が事をおこすのなら農場の経営が第一無難である。ついてはヘーレンが当初に勧めた通り、日本の農民を使って農場の経営のみに専心したらどうであろう。しかし今度は最初から大規模にやることは注意せねばならぬ。まず十万円の資金を集めそれを銀行に預けて、最初の数年間はその利息約一万円のみを使うこととする。そうして私はまず商業練習生と農業練習生の二人を選抜して彼《か》の地に同行し、一人は商館に入れて商売のことを研究させ、他は農場に働かして農業経営のことを調べさせる。かくていよいよ大丈夫と目算のついたところで十万円の元金をもって事業に着手するということにしたらば、前回の失敗を繰返すことなく目的を達成することが出来よう。と、このことを株主連に説き廻ったが、すでに鉱山で懲りた後であるから、誰も賛成する者がない。とうとうこの計画は成立するに至らなかった。かくてペルーの事業はここにいよいよすべてを放擲《ほうてき》せざるべからざるに至った。

そこでもうこの上は人頼みでは駄目だ。自分たち、本当に気心の合った者のみが資力のあらん限りを尽して内地でもう一仕事試み、それによって海外発展の資金を得るよりほかはないと、前田正名、宮島信吉及び私の三人が凝議した。

たまたま数年前、前田が開墾の目的で貸下げを受けていた福島県安積《あさか》郡の農場が、明治二十五年十二月で開墾の期限が満了するので規定によってそれまでに開墾を完成しなければ取上げられることになっている。前田も常にほかに多忙な身体であったのと金融が円滑でなかったために完成が遅れていたのを、三人で協議の結果、至急進捗せしめてそれで資金を得ようと、早速取調べにかかった。ところがこれまで一つも手を附けていないので、第一測量からやり直さねばならぬという始末で、到底急速には物になりそうでない、やはり手っ取り早いのは鉱山だとばかり、前田が推薦した山田直矢という人に依頼してどこかよい鉱山はないかと、秋田、青森、宮城など東北地方の鉱山を調べて貰うこととした。

当時は鉱山熱の盛んな時で、我々が内地で鉱山をやるという噂が立つと、各所から売物が出て来た。山田は右各県その他の鉱山を隈《くま》なく調査した上で、結局上州天沼《あまぬま》の鉱山が、最初からあまり多くの資本を使わず、経営の出来る有望な鉱山だというから早速その山の権利を譲り受け、精錬機械なども据付けて採掘に着手したが、さて鉱石を掘り出して精錬にかけて見ると、これも予期通りの成績が挙がらない。ついに数カ月にして廃鉱の余儀なきに至り、入れた資本はすべて損失となってしまった。

この時最初にこの鉱山を世話した者が、廃止するならほかに売ってやろうかといって来たが、我々が見損なって買込み、実地にやって見て悪かったものを、他に転売して自己の利を計ることは不道徳の極みであるとして断然断った。そうして据付けた機械その他はすべて取壊して売ってしまった。

実に運の悪い時は何もかも一緒に来るもので、することなすこと喰い違う。もうどうも仕様がなくなったので、今度は、かねて聞き及んだ上州利根《とね》郡の戸倉《とくら》の山中で気ながに探鉱することに決めて、原田彦熊《ひこくま》、石川鎮太郎両人に長男の是賢《これかた》をつけて、その山中に山籠りをさせることにした。是賢はまだ十四歳の少年であった。特にこの少年を戸倉に送ったわけは、身体を丈夫にし、不自由を忍び、艱難に堪えしむるためであった。この時私は目黒の原田邸にて山神《さんじん》を祭り、三子を送るの文を読み、かつ山中における心得の大要を示した。

心得の大要（前文略）

一、早起は少々午睡するとも必ず怠るべからず、人に対しては力《つと》めて温和にして言寡《すくな》かるべし、実行を励み、自然と人の帰服するを楽み威力によるべからず

一、米味噌その他需用品はこれを仕入れる時予め次期の仕入を考え置き、また平常の事務をとるにはその日その日に五、六日先のことまで方法順序を考え置き、手落または齟齬《そご》のことなき様注意すべし

一、坑内事業については能く日々の変化を記憶しまた極めて必要なる場合のほか坑夫に坑内模様の可否を問うべからず、必ず実地について視察し確定せる意見を立て得るまでは漫に喜憂の状を現すべからず

一、坑内測量図面の製調を平日に怠る可からず

一、鉱物の分析はかねて教諭せられたる旨を遵守し実行すべし

一、物品の購入及び人夫雇人等に関し好機会若《も》くは好人物あるの故をもって他より勧誘

せらるるとも実際の必要に迫られやむを得ざる場合のほか断然採用すべからず
一、日記を怠らず少くとも一カ月一回東京に通信すべし
以　上

裏店ずまい――一家涙をのむ（三十七歳の頃）

これよりさきペルーから帰って今度の事業の精算をしてみると、東京本社の金は、私が予想していた以上に費消せられている。

会社に対する私の持株は最初一万円であったが、全権代表となって行くのに一万円では肩身が狭いといって、会社の友人たちが立替えて私の持株を五百万円にしておいてくれた。ところが大損失を負うて解散することとなり、自分の持株中で未払込みとなっているおよそ一万六千円ばかりが債務となった。しかるにこの時私の手許には、かねて心当ての一万円のほかには一家が住まっている大塚窪町《くぼまち》八番地の家屋敷があるばかりであった。それでそれを売って債務の支払いにあてたいと売捌《うりさば》き方を武井、藤波その他の友人たちに頼むが、何しろ数年来引続いての不景気でなかなか売れない。

その家屋敷というのは地坪千五百二十七坪からあり、その中には西洋館もあれば日本建てもあってかなりの屋敷だったが、いよいよ処分することにしたら四千五百円にしか売れ

なかった。それを前記の一万円に足してやっと払込みの後始末をつけた次第である。

　家は売ってしまうし持っているものは出してしまって肩の重荷はよほど軽くなったが、早速住居から探さねばならぬ。家内などどんなに小さな家でもかまわないが、どうせ移るのなら、少し遠方の方に引越して下さいと頼むけれども、私は常々人はその分を守らねばならぬと考えているので、そんなことには一向おかまいなしにちょうど今までの家のすぐ裏に小さな家が一軒空いていたのを借りて、ここなら引越しの費用もかからぬからとて早速その家へ引移ってしまった。何でも六、七円の家賃であったと思う。

　さて、家を引越してみれば、今度はどうして家族を養うかということを考えねばならぬ身となった。

　友人たちの中にはいろいろ親切に奔走してくれて、あるいは北海道庁とか某県の知事とか郡長とかに世話しようと再び官途につくことを勧めてくれたが、私はいずれも厚く親切を謝して断った。というのは、これまで私が官途についたのは衣食のためにしたのではない。今日まではいつでも官を辞して差支えないだけの用意があったのである。従って上官のいうことでももし間違っていて正しくないと思うたときは、敢然これと議論して憚るところがなかった。

　しかるに今や私は衣食のために苦慮せねばならぬ身分となっている。到底以前のように精神的に国家に尽すことは出来ない。時によれば自分の意に合わないことでも、上官の命であればこれを聞くことを余儀なくされぬとも限らない。かかる境遇の下《もと》で官途につくことはよろしくないと考えた。

ところが私はまだ恩給年限には達していなかった。官は非職であるからその期間中は俸給の三分の一は貰える。三年でこの期間は切れるがそれが済めば千円足らずの一時資金を貰える。従来は共立学校の方からもいくらかずつの収入があったが、ペルー行き以来一切関係を断ったので、目下は非職給以外には何らの収入もない。今にして家計の途《みち》を立てなければ、一家は餓死するばかりだ。こうなったらもう田舎に引込んで、百姓でもするよりほかはないと考えた。

そこで一日家族の者一同を集めて、私は始めてペルー失敗のことから福島農場、天沼鉱山の失敗、今日の事情一切を打明けて、

「この上は運を天に委せ、一家の者は一心となって家政を挽回するに努めねばならぬ。ついてはこれから田舎に引籠って大人も子供も一緒になって、一生懸命に働いて見よう。しかもなお飢えるような場合になったら皆も私と共に飢えて貰いたい」

というと、長男の是賢《これかた》は黙って聞いていたが、二男の是福《これよし》は「そうなったら私は蜆売《しじみう》りをして家計を助けます」といったので皆が涙を呑んだ次第であった。是賢はこの時十四歳、是福は十歳で、家内は毛糸を編んで手内職をし、僅かな工賃を得ていた。

（以下、下巻）

『高橋是清自伝』一九三六年　千倉書房刊

本文中、今日の歴史・人権意識に照らして不適切な語句や表現がありますが、テーマや著者が物故していることに鑑み、原文のままとしました。

中公文庫

高《たか》橋《はし》是《これ》清《きよ》自《じ》伝《でん》（上《じょう》）

1976年7月10日　初版発行
2018年3月25日　改版発行
2023年11月30日　改版4刷発行

著　者　高《たか》 橋《はし》 是《これ》 清《きよ》

編　者　上《うえ》 塚《つか》 司《つかさ》

発行者　安 部 順 一

発行所　中央公論新社
〒100-8152　東京都千代田区大手町1-7-1
電話　販売 03-5299-1730　編集 03-5299-1890
URL https://www.chuko.co.jp/

DTP　ハンズ・ミケ
印　刷　三晃印刷
製　本　小泉製本

Published by CHUOKORON-SHINSHA, INC.
Printed in Japan　ISBN978-4-12-206565-9 C1123

定価はカバーに表示してあります。落丁本・乱丁本はお手数ですが小社販売部宛お送り下さい。送料小社負担にてお取り替えいたします。

中公文庫既刊より

各書目の下段の数字はISBNコードです。978－4－12が省略してあります。

た-5-4
高橋是清自伝（下）
高橋是清
上塚司 編

失意の銅山経営から帰国後、実業界に転身。やがて日本銀行に入る。そして日露戦争が勃発、祖国の命運を担い、外債募集の旅に赴く。〈解説〉井上寿一

206566-6

た-5-5
随想録
高橋是清
上塚司 編

日本財政の神様がその晩年に語った、財政政策や、政党党首として接した大正デモクラシーの群像、文化や教育、女性観に至るまでの思索の軌跡。〈解説〉井上寿一

206577-2

あ-1-7
日本史の黒幕
会田雄次
小松左京
山崎正和

歴史にあらわれた人間の表と裏を探ろうという座談会。黒幕・闇閥・浪人・悪党・スパイなどをめぐり、碩学三人が、独自の視点からせまる。〈解説〉井上章一

206786-8

あ-36-2
清朝の王女に生れて　日中のはざまで
愛新覚羅《あいしんかくら》顕琦《けんき》

故郷や実姉の「女スパイ」川島芳子の思い出、女子学習院留学から文革下二十数年の獄中生活など、さすらいの王女の感動的な自伝。〈解説〉上坂冬子

204139-4

あ-72-1
流転の王妃の昭和史
愛《あい》新《しん》覚《かく》羅《ら》浩《ひろ》

満洲帝国皇帝弟に嫁ぐも、終戦後は夫と離れ次女を連れて大陸を流浪、帰国後の苦しい生活と長女の死……激動の人生を綴る自伝的昭和史。〈解説〉梯久美子

205659-6

あ-89-1
海軍基本戦術
秋山真之
戸高一成 編

丁字戦法、乙字戦法の全容が明らかに！　日本海海戦を勝利に導いた名参謀による幻の戦術論が甦る。本巻は同海戦の戦例を引いた最も名高い戦術論を収録。

206764-6

あ-89-2
海軍応用戦術／海軍戦務
秋山真之
戸高一成 編

海軍の近代化の基礎を築いた名参謀による組織論。巨大組織を効率的に運用するためのマニュアルが明らかに。前巻に続き「応用戦術」の他「海軍戦務」を収録。

206776-9

い-10-2
外交官の一生
石射猪太郎
日中戦争勃発時、東亜局長として軍部の専横に抗し、戦争終結への道を求め続けた著者が自らの日記をもとに綴った第一級の外交記録。〈解説〉加藤陽子
206160-6

い-16-5
城下の人
新編・石光真清の手記㈠
西南戦争・日清戦争
石光真清
石光真人 編
明治元年に生まれ、日清・日露戦争に従軍し、満州やシベリアで諜報活動に従事した陸軍将校の手記四部作。新発見史料と共に新たな装いで復活。
206481-2

い-16-6
曠野の花
新編・石光真清の手記㈡
義和団事件
石光真清
石光真人 編
明治三十二年、ロシアの進出著しい満洲に、諜報活動に従事すべく入った石光陸軍大尉。そこで出会った中国人馬賊やその日本人妻との交流を綴る。
206500-0

い-16-7
望郷の歌
新編・石光真清の手記㈢
日露戦争
石光真清
石光真人 編
日露開戦。石光陸軍少佐は第二軍司令部付副官として出征。終戦後も大陸への夢醒めず、幾度かの事業失敗を経てついに海賊稼業へ。そして明治の終焉。
206527-7

い-16-8
誰のために
新編・石光真清の手記㈣
ロシア革命
石光真清
石光真人 編
引退していた石光元陸軍少佐は「大地の夢」さめがたく再び大陸に赴く。そしてロシア革命が勃発した。近代日本を裏側から支えた一軍人の手記、完結。
206542-0

い-41-3
ある昭和史 自分史の試み
色川大吉
十五年戦争を主軸に、国民体験の重みをふまえつつ昭和という時代を鋭い視角から描き切り、「自分史」のさきがけとなった異色の同時代史。毎日出版文化賞受賞作。
205420-2

い-61-2
最終戦争論
石原莞爾
戦争術発達の極点に絶対平和が到来する。戦史研究と日蓮信仰を背景にした石原莞爾の特異な予見は、日本を満州事変へと駆り立てた。〈解説〉松本健一
203898-1

い-61-3
戦争史大観
石原莞爾
使命感過多なナショナリストの魂と冷徹なリアリストの眼をもつ石原莞爾。真骨頂を示す軍事学論・戦争史観・思索史的自叙伝を収録。〈解説〉佐高 信
204013-7

各書目の下段の数字はISBNコードです。978-4-12が省略してあります。

い-123-1　獄中手記　磯部浅一

「陛下何という御失政でありますか」。貧富の格差に憤り国家改造を目指して蹶起した二・二六事件の主謀者が綴った叫び。未刊行史料収録。〈解説〉筒井清忠

206230-6

お-19-2　岡田啓介回顧録　岡田啓介　岡田貞寛編

日清・日露戦争に従軍し、条約派として軍縮を推進、二・二六事件で襲撃され、戦争末期に和平工作に従事した海軍高官が語る大日本帝国の興亡。〈解説〉戸高一成

206074-6

お-47-3　復興亜細亜の諸問題・新亜細亜小論　大川周明

チベット、中央アジア、中東。今なお紛争の火種となっている地域を「東亜の論客」が第一次世界大戦後の〈復興〉という視点から分析、提言する。〈解説〉大塚健洋

206250-4

き-13-2　秘録　東京裁判　清瀬一郎

弁護団の中心人物であった著者が、文明の名のもとに行われた戦争裁判の実態を活写する迫真のドキュメント。ポツダム宣言と玉音放送の全文を収録。

204062-5

き-42-1　日本改造法案大綱　北一輝

軍部のクーデター、そして戒厳令下での国家改造シナリオを提示し、二・二六事件を起こした青年将校たちの理論的支柱となった危険な書。〈解説〉嘉戸一将

206044-9

さ-4-2　回顧七十年　斎藤隆夫

陸軍を中心とする革新派が台頭する昭和十年代、「粛軍演説」等で「現状維持」を訴え、除名されても信念を曲げなかった議会政治家の自伝。〈解説〉伊藤隆

206013-5

さ-27-3　妻たちの二・二六事件　新装版　澤地久枝

〝至誠〟に殉じた二・二六事件の若き将校たち。彼らへの愛を秘めて激動の昭和を生きた妻たちの三十五年をたどる、感動のドキュメント。〈解説〉中田整一

206499-7

し-5-2　外交五十年　幣原喜重郎

戦前、「幣原外交」とよばれる国際協調政策を推進した外交官であり、戦後、新憲法に軍備放棄を盛り込むことを進言した総理が綴る外交秘史。〈解説〉筒井清忠

206109-5

し-45-1
外交回想録
重光　葵
駐ソ・駐英大使等として第二次大戦への日本参戦を阻止するべく心血を注ぐが果たせず。日米開戦直前まで約三十年の貴重な日本外交の記録。〈解説〉筒井清忠
205515-5

し-45-2
昭和の動乱（上）
重光　葵
重光葵元外相が巣鴨獄中で書いた、貴重な昭和の外交記録である。上巻は満州事変から宇垣内閣が流産するまでの経緯を世界的視野に立って描く。
203918-6

し-45-3
昭和の動乱（下）
重光　葵
重光葵元外相は巣鴨に於いて新たに取材をし、この記録を書いた。下巻は終戦工作からポツダム宣言受諾、降伏文書調印に至るまでを描く。〈解説〉牛村　圭
203919-3

た-7-2
敗戦日記
高見　順
〝最後の文士〟として昭和という時代を見つめ続けた著者の戦時中の記録。日記文学の最高峰であり昭和史の一級資料。昭和二十年の元日から大晦日までを収録。
204560-6

と-2-2
時代の一面　東郷茂徳大戦外交の手記
東郷　茂徳
開戦・終戦時に外務大臣を二度務め、開戦阻止や戦争終結に尽力。両大戦にわたり直接見聞、関与した事件・諸問題等について克明に綴る第一級の外交記録。〈解説〉東郷茂彦
207090-5

と-28-1
夢声戦争日記 抄　敗戦の記
徳川　夢声
活動写真弁士を皮切りに漫談家、俳優としてテレビ・ラジオで活躍したマルチ人間、徳川夢声が太平洋戦争中に綴った貴重な日録。〈解説〉水木しげる
203921-6

と-28-2
夢声戦中日記
徳川　夢声
花形弁士から映画俳優に転じ、子役時代の高峰秀子らと共演した名優が、真珠湾攻撃から東京大空襲に到る三年半の日々を克明に綴った記録。〈解説〉濵田研吾
206154-5

と-31-1
大本営発表の真相史　元報道部員の証言
冨永　謙吾
「虚報」の代名詞として使われ、非難と嘲笑を受け続ける大本営発表。その舞台裏を、当事者だった著者が関係資料を駆使して分析する。〈解説〉辻田真佐憲
206410-2

各書目の下段の数字はISBNコードです。978―4―12が省略してあります。

と-32-1
最後の帝国海軍 軍令部総長の証言
豊田副武《そえむ》
山本五十六戦死後に連合艦隊司令長官をつとめ、最後の軍令部総長として沖縄作戦を命令した海軍大将が残した手記、67年ぶりの復刊。〈解説〉戸高一成
206436-2

は-73-1
幕末明治人物誌
橋川文三
吉田松陰、西郷隆盛から乃木希典、岡倉天心まで。歴史に翻弄された敗者たちへの想像力に満ちた出色の人物論集。文庫オリジナル。〈解説〉渡辺京二
206457-7

ほ-1-1
陸軍省軍務局と日米開戦
保阪正康
選択は一つ――大陸撤兵か対米英戦争か。東条内閣成立から開戦に至る二カ月間を、陸軍の政治的中枢である軍務局首脳の動向を通して克明に追求する。
201625-5

ほ-1-18
昭和史の大河を往く5 最強師団の宿命
保阪正康
屯田兵を母体とし、日露戦争から太平洋戦争まで、常に危険な地域へ派兵されてきた旭川第七師団の歴史を俯瞰し、大本営参謀本部の戦略の欠如を明らかにする。
205994-8

ほ-1-19
昭和史の大河を往く6 華族たちの昭和史
保阪正康
明治初頭に誕生し、日本国憲法施行とともに廃止された特権階級は、どのような存在だったのか？ 華族たちの苦悩と軌跡を追い、昭和史の空白部分をさぐる。
206064-7

ま-2-3
回顧録（上）
牧野伸顕
重臣として近代日本を支えた著者による、政治・外交の表裏にわたる貴重な証言。上巻は幼年時代より、イタリア、ウィーン勤務まで。〈巻末エッセイ〉吉田健一
206589-5

ま-2-4
回顧録（下）
牧野伸顕
文相、枢密顧問官、農商務相、外相などを歴任し、パリ講和会議にのぞむ。オーラル・ヒストリーの白眉。年譜・人名索引つき。〈巻末エッセイ〉小泉信三、中谷宇吉郎
206590-1

む-28-1
幕末 非命の維新者
村上一郎
大塩平八郎、橋本左内から真木和泉守、伴林光平まで。歌人にして評論家である著者が非命に倒れた維新者たちの心情に迫る、幕末の精神史。〈解説〉渡辺京二
206456-0

よ-56-1
憲政の本義　吉野作造デモクラシー論集
吉野作造
憲法、民主主義、ポピュリズム……大正デモクラシーを唱道し、百年前から私たちの抱える課題を見通した吉野の代表論文6篇を収録。〈解説〉苅部　直
206252-8

S-24-1
日本の近代1　開国・維新　1853～1871
松本健一
太平の眠りから目覚めさせられた日本は否応なしに開国、そして近代国家への道を踏み出していく。黒船来航に始まる十五年の動乱、勇気と英知の物語。
205661-9

S-24-2
日本の近代2　明治国家の建設　1871～1890
坂本多加雄
近代化に踏み出した明治政府を待ち受けていたのは、一揆、士族反乱、そして自由民権運動といった試練であった。廃藩置県から憲法制定までを描く。
205702-9

S-24-3
日本の近代3　明治国家の完成　1890～1905
御厨　貴
明治憲法制定・帝国議会開設と近代国家へのスタートを切った日本は、内に議会と藩閥の抗争、外には日清・日露の両戦争と、多くの試練にさらされる。
205740-1

S-24-4
日本の近代4　「国際化」の中の帝国日本　1905～1924
有馬　学
「日露戦後」の時代。偉大な明治が去り、関東大震災がおき、帝国日本は模索しながらどこへむかおうとしたのか。大正デモクラシーの出発点をさぐる。
205776-0

S-24-5
日本の近代5　政党から軍部へ　1924～1941
北岡伸一
政治の腐敗、軍部の擡頭。時代は非常時から戦時へと移っていく。しかし、社会が育んだ自由な精神文化は戦後復興の礎となった。昭和戦前史の決定版。
205807-1

S-24-6
日本の近代6　戦争・占領・講和　1941～1955
五百旗頭真
日本はなぜ対米戦争に踏み切り、敗戦をどう受け入れたのか。国内政治の弱さを内包したまま戦後再生し、冷戦下で経済大国となった日本の政治の有様は。
205844-6

S-24-7
日本の近代7　経済成長の果実　1955～1972
猪木武徳
一九五五年、日本は「経済大国」への軌道を走り出す。日本人は何を得、何を失ったのか。高度経済成長期を現在の視点から遠近感をつけて立体的に再構成する。
205886-6

各書目の下段の数字はISBNコードです。978－4－12が省略してあります。

S-24-8
日本の近代8 大国日本の揺らぎ 1972～
渡邉昭夫
沖縄の本土復帰で「戦後」を終わらせた日本だが、石油危機、狂乱物価、日米貿易摩擦など、内外の試練をうけ続ける。経済大国の地位を築いた日本の行方。
205915-3

S-25-1
シリーズ 日本の近代 逆説の軍隊
戸部良一
近代国家においてもっとも合理的・機能的な組織であるはずの軍隊が、日本ではなぜ〈反近代の権化〉となったのか。その変容過程を解明する。
205672-5

S-25-2
シリーズ 日本の近代 都市へ
鈴木博之
西欧文明との出会いは、日本の佇まいに何をもたらしたか。文明開化、大震災、戦災、高度経済成長――変容する都市の風貌から、日本人のアイデンティティの軌跡を検証する。
205715-9

S-25-3
シリーズ 日本の近代 企業家たちの挑戦
宮本又郎
三井、三菱など財閥から松下幸之助や本田宗一郎ら消費者本位の実業家まで、資本主義社会の光と影を担った彼らの手腕と発想はどのように培われたのか。
205753-1

S-25-4
シリーズ 日本の近代 官僚の風貌
水谷三公
この国を動かしてきた顔の見えない人々――政党勃興、戦時体制、敗戦など社会情勢の変動が、行政機構に与えた影響を探る、ユニークな日本官僚史。
205786-9

S-25-5
シリーズ 日本の近代 メディアと権力
佐々木隆
「社会の木鐸」「不偏不党」「公正中立」その実態は？知られざる新聞の歴史を豊富な史料で描き、現在のメディアが抱える問題点を根源に遡って検証。
205824-8

S-25-6
シリーズ 日本の近代 新技術の社会誌
鈴木淳
洋式小銃の導入は兵制を変え軍隊の近代化を急がせた。洗濯機の登場は主婦に家事以外の時間を与えた。新技術の導入は日本社会の何を変えたのだろうか。
205858-3

S-25-7
シリーズ 日本の近代 日本の内と外
伊藤隆
開国した日本が、日清・日露の戦を勝ち抜いて迎えた二十世紀。世界は、社会主義によって大きく揺すぶられる。二部構成で描く近代日本の歩み。
205899-6